검색광고의 이해

UNDERSTANDING SEARCH ADVERTISING

권오윤·김지영·문장호·부수현·이병규·최세정 지음

검색광고의 이해

한울
아카데미

책을 펴내며

우리는 멜론에서 음악을 듣기 위해서도, 넷플릭스에서 영화를 보기 위해서도, 해당 서비스 플랫폼에 사용료를 지불한다. 그런데 나의 디지털 생활을 돌이켜보면 내 삶에 꼭 필요한 서비스임에도 무료로 운영되는 것들이 생각보다 많음을 알 수 있다. 이메일이 그 대표적인 예다. 우리가 거의 평생 동안 사용해 온 이메일, 생활에 필수적인 커뮤니케이션 수단인 이 이메일을 사용하면서 한 번이라도 사용료를 내본 적이 있는가? 단순히 생각을 해봐도 이러한 방대한 이메일 시스템을 운영하려면 서버 비용 등과 같이 적지 않은 자본이 들어갈 것 같은데, 어떻게 이런 서비스가 무료로 운영될 수 있을까?

해답은 광고에 있다. 네이버, 구글, 페이스북의 운영 비용은 90% 이상이 광고에서 나온다. 광고가 존재하기에 우리가 누리고 있는 많은 인터넷 서비스가 무료로 운영될 수 있고, 지속적으로 사용자들에게 더 도움이 되는 서비스들이 탄생될 수 있는 것이다. 그리고 이 온라인광고 중에서도 가장 큰 시장을 이루고 있는 검색광고는 인터넷 서비스의 발전과 웹 생태계에서 젖줄과 같은 존재다. 검색광고는 사용자들이 생활 속에서 필수불가결한 많은 디지털 서비스를 무료로 즐길 수 있는 자양분을 공급한다. 검색광고와 같은 비즈니스 모델이 없다면, 네이버나 구글과 같은 주요 서비스들이 어떻게 재정적으로 버틸 수 있을지 상상이 가지 않는다. 역사적으로 봤을 때, 검색광고가 검색엔진에 탑재되지 않았다면 오늘날만큼의 웹 발전은 이루어지지 않았을 수도 있다.

검색광고가 웹 생태계의 자양분과 같은 중요한 역할을 담당하고 있음에도 이 분야에 관한 대학 교재 수준의 전공 서적이 없다는 점은 안타까운 부분으로 지적되어 왔다. 이에 학문적인 배경은 다르지만 검색광고에 대한 관심을 가지고 연구해 온 6명의 저자들이 힘을 합해 이 책을 집필했다.

『검색광고의 이해』는 총 10장으로 구성되어 있다. 1장 '검색광고 개괄'에서는 검색광고의 탄생 배경, 정의와 특징 및 의의에 대해 살펴보고, 2장 '검색광고 시장과 산업'에서는 검색광고 시장의 현황과 검색광고 산업의 생태계에 대해 소개한다. 3장 '검색광고 작동 원리'에서는 검색광고의 가격정책의 핵심인 경매에 대하여 설명하고, 4장 '검색광고 관리 전략'에서는 다양한 검색어 운용전략에 관한 이해를 시도한다. 5장 '소비자 의사결정 과정에 대한 이해'과 6장 '소비자의 검색 행동에 대한 이해'에서는 검색광고를 활용하는 소비자의 의사결정여정과 그 여정 속에서 일어나는 소비자의 검색 행동에 대해 정리한다. 7장 '검색광고 효과 측정'에서는 검색광고의 효과를 측정하는 방식과 그 활용에 대해 설명한다. 8장 '검색광고 규제 환경의 이해'에서는 검색광고를 둘러싼 기본적인 규제환경의 이해를 돕기 위한 내용을 다룬다. 9장 '검색광고 관련 기업과 직무'에서는 검색광고 산업의 다양한 직무와 그 역할을 소개하며, 마지막 10장 '검색광고의 가치와 미래'에서는 향후 검색광고의 발전 방향에 대해 논의한다.

이 책을 위해 도움을 주신 여러 분들에게 감사의 뜻을 전하고 싶다. 먼저 한국광고학회 제23대 회장 이시훈 교수님, 한국온라인광고협회 목영도 회장님과 신원수 부회장님의 출간 지원에 깊은 감사의 말씀을 드린다. 또한 실무 전문가들의 견해를 들을 수 있는 뜻깊은 기회를 마련해 주신 주식회사 이엠넷의 김영원 대표님, 이형준 부장님, 하샛별 과장님, 노우영 매니저님, 조민주 팀장님, 그리고 주식회사 플레이디의 허욱헌 대표님, 윤석재 실장님, 정재용 팀장님, 이영선 차장님, 김태우 AE님, 방나미 AE님, 고아름 AE님께 감사의 뜻을 전하고 싶다. 출판 과정에서 세심하게 신경 써주신 한울엠플러스(주)의

윤순현 차장님과 최진희 팀장님에 대한 고마움도 빼놓을 수 없다. 끝으로 이 책의 시작부터 끝까지 간사를 맡아 수고해 주신 한국온라인광고협회의 신명섭 선임연구원님께 고마움을 전한다.

온라인광고 시장과 산업은 하루가 다르게 그 규모가 커지는 데 반해, 대학에서 이루어지는 온라인광고 교육은 그 흐름을 제때 따라가지 못하는 형편이다. 이 책을 통해 더욱 심도 있는 온라인광고 교육이 이루어지고, 양질의 온라인광고 전문 인력이 배출되기를 희망한다.

2019년 8월

권오윤·김지영·문장호·부수현·이병규·최세정

차 례

3장 검색광고 작동 원리

4장 검색광고 관리 전략

5장 소비자 의사결정 과정에 대한 이해

6장 소비자의 검색 행동에 대한 이해

7장 검색광고 효과 측정

8장 검색광고 규제 환경의 이해

9장 검색광고 관련 기업과 직무

10장 검색광고의 가치와 미래

1장

검색광고 개괄

검색광고는 검색자가 입력한 특정 검색어에 대응하여 도출된 검색 결과 페이지상에서 해당 검색어 내의 키워드에 대응하여 맞춤형으로 노출되는 광고다. 검색광고는 소비자의 '검색'에 맞추어 개인화되기에 태생부터 기존 광고에서는 찾을 수 없는 독특한 특징이 있으며, 그 등장과 함께 광고의 패러다임을 바꾸었다. 또한 검색광고는 정확한 광고 성과의 측정 방식, 클릭당 과금 방식, 경매 기반의 가격 결정 방식 등 기존 광고에서는 찾아볼 수 없는 특징이 있으며, 무엇보다 광고를 집행하고자 하는 광고주들의 범위를 확장했다는 점에서 중요한 의의를 지닌다. 제1장에서는 검색광고의 탄생 배경을 통해 검색광고가 어떻게 광고산업의 혁신을 가져오는지 살펴보고, 검색광고의 정의와 작동 방식 그리고 그 주요 특징에 대한 탐색을 통해 검색광고가 광고로서 지니는 가치에 대해 개괄적으로 탐색하고자 한다.

현대 소비자들은 다양한 상황에서 다양한 목적으로 검색 서비스를 제공하는 플랫폼의 검색창에 검색어를 입력하여 자신이 원하는 정보를 탐색하는 검색 활동을 한다. 이러한 검색 서비스 사용자들을 검색자(searcher)라고 하는데, 검색은 광의로는 웹상의 모든 정보를, 협의로는 특정 플랫폼상에 산재하는 다양한 정보 중 검색자가 원하는 바를 선별해 제공하는 기능을 담당한다. 세계 최대의 검색엔진 구글의 경우, 매 초당 평균 4만 건 이상의 검색이 발생하며, 하루에 약 35억 건가량의 검색을 처리하는 것으로 집계된다(Internetlivestats.com, 2019). 네이버·구글과 같은 검색엔진에서, 쿠팡·아마존과 같은 이커머스 웹사이트에서, 인스타그램·유튜브와 같은 소셜 미디어에서 소비자들의 검색 활동은 지금도 끊임없이 이루어지고 있는 셈이다. 이러한 소비자들의 검색 활동 때마다 검색 결과 페이지에 노출되는 검색광고는 현대의 디지털 소비자들에게 매우 익숙한 형식의 광고로 자리 잡았다. 지금은 흔하게 경험할 수 있어 그 신선함은 다소 퇴색되었지만, 검색광고의 탄생 배경을 살펴보면 검색광고가 왜 광고산업의 혁신을 가져온 게임 체인저이자 온라인광고 시장 성장의 주역으로 평가받는지 알 수 있다. 광고의 패러다임을 바꾼 검색광고의 탄생 배경부터 살펴보자.

1 | 검색광고의 탄생 배경

1) 검색광고의 태동

1996년, 미국 캘리포니아의 파사데나(Pasadena)에 위치한 아이디어랩(Idealab)이라는 작은 회사의 아이디어로 인터넷마케팅의 역사는 새로 쓰이기 시작한다. 빌 그로스(Bill Gross)가 창립한 이 회사는 1998년에 고투닷컴(GoTo.com)이라는 검색엔진 웹사이트를 론칭하게 되는데, 이 고투닷컴에는 당시 검색엔진의 강자들이었던 라이코스(Lycos), 익사이트(Excite)와 같은 검색 서비스에는 존재하지 않는 검색광고 비즈니스 모델이 세계 최초로 탑재되었다. 1998년부터 시작된 이 단순하지만 혁신적인 비즈니스 모델은 당시 프리미엄 리스팅 서비스(premium listing service)라고 명명된 검색광고였는데, 이는 현재 우리가 경험하고 있는 검색광고의 초기 형태라고 할 수 있다. 프리미엄 리스팅 서비스는 고투닷컴 검색엔진의 사용자가 입력하는 검색어에 대응하여 노출되는 검색 결과 영역에 고투닷컴에서 광고를 운영하는 광고주들의 광고를 노출시키는 형식이었다. 즉, 고투닷컴에서 검색하는 사용자가 검색어를 검색창에 입력하고, 이때 만약 고투닷컴과 계약을 맺은 광고주가 해당 검색어에 대응해 자사 광고를 집행하기로 했다면, 이 광고주의 광고가 검색 결과에 나타나는 방식이었다.

해당 검색어에 대응하는 광고를 신청한 광고들의 순위는 경매 과정을 거쳐 정해졌는데, 흥미로운 점은 당시에는 지금과는 달리 광고주가 원하면 어떤 검색어든지 제약 없이 모두 구입할 수 있었고, 해당 검색광고가 클릭되었을 때, 광고주가 얼마를 고투닷컴에 지불해야 하는지도 검색광고의 일부분으로 소비자에게 같이 노출된다는 점이었다. 가장 주목할 만한 점은 광고비를 많이 제시한 순서대로 검색광고의 노출 순위도 정해지는 경매 방식을 도입했다는 점이다. 이 때문에 광고비를 많이 투자하는 기업일수록 검색 순위의 상단에 노출될 수 있었는데, 이러한 방식은 당시 수익 모델을 찾지 못해 고민하던 검색엔진 서비스 기업에는 큰 전환점이 되었다.

그림 1-1 최초의 검색광고 모델을 탑재한 검색엔진 고투닷컴

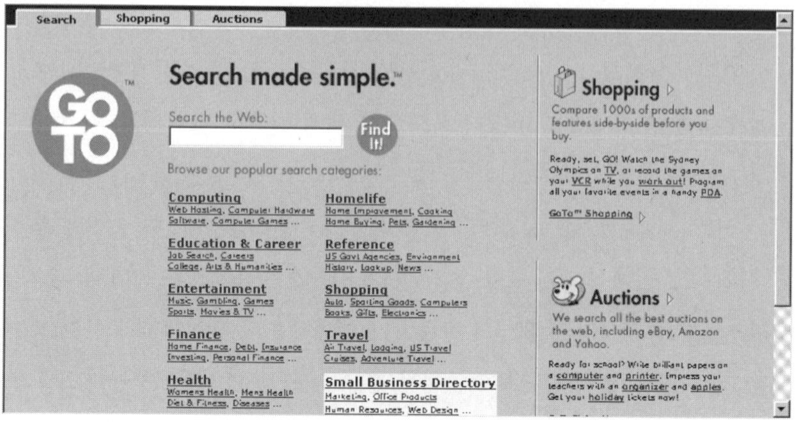

그림 1-2 고투닷컴의 검색광고인 '프리미엄 리스팅 서비스'의 결과 페이지

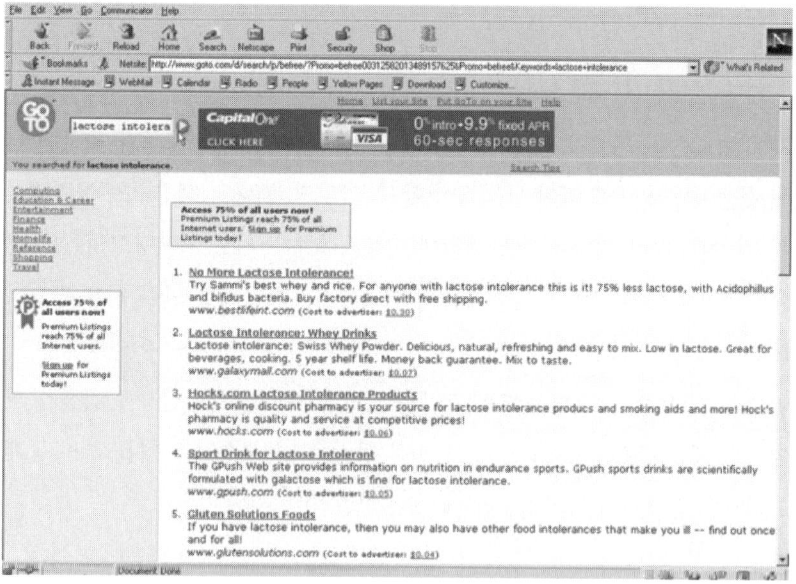

2) 검색광고의 발전

최초의 검색광고 모델을 탑재한 고투닷컴은 2001년에 오버추어(Overture)로 회사명을 바꾸게 되는데, 이들이 당면한 고민거리는 트래픽이 부족하다는 점이었다. 검색광고 플랫폼의 전제는 해당 사이트에 검색자(searchers)들이 충분히 방문해 검색어를 입력하고 광고를 클릭할 가능성이 확보되어야 한다는 점이다. 큰 볼륨의 트래픽을 확보한 사이트에서 사용자들에게 무료 검색 및 서비스를 제공하고, 이 트래픽의 일부를 검색광고를 통해 수익으로 만드는 방식은 현재까지도 검색광고를 제공하는 거의 모든 검색엔진과 검색 서비스들의 보편적인 요소다. 트래픽을 확보하기 위하여 오버추어는 AOL, CNN, Yahoo!, Microsoft 등과 같은 당시의 대형 포털사이트들과 협업하여 그들의 웹사이트에서 검색광고를 서비스하기 시작한다. 즉, 대형 포털들이 가지고 있는 트래픽을 통해 수익창출을 시작한 것이다. 또한 오버추어는 기존의 웹 검색엔진(AltaVista, AlltheWeb.com) 등도 인수해 더 많은 트래픽을 만들어낼 발판을 마련했다. 그 후 2003년에 야후!가 오버추어를 인수하면서 오버추어는 야후! 서치 마케팅(Yahoo! Search Marketing)으로 한 번 더 회사명을 변경한다.

한편, 구글은 2000년에 애드워즈(AdWords)라는 첫 번째 검색광고 서비스를 출시한다[현재 애드워즈는 구글 애즈(Google Ads)로 그 이름이 변경되었다]. 이 애드워즈의 초기 가격결정 모델은 클릭당지불(pay-per-click) 방식이 아닌 노출 횟수(sales-by-impression)에 바탕을 두었음에도 광고 서비스는 성공적이었다. 이후 2002년 2월에 구글은 오버추어의 클릭당지불 모델을 도입하게 되는데, 구글은 노출 횟수 기반(sales-by-impression) 모델과 클릭당지불 모델을 동시에 운영하다가 결국 클릭당지불 모델로 통일한다.

구글이 도입한 이 검색광고 모델은 오버추어 모델과 비교했을 때 몇 가지 중요한 변화가 있었다. 첫 번째로, 구글 애드워즈는 일차가격경매(first-price auction)보다 안정적으로 평가받았던 이차가격경매(second-price auction) 방식을 도입한다. 이차가격경매 방식에서는 가장 높은 가격으로 입찰한 광고주가 낙찰받지만, 지불하는 가격은 자신이 입찰한 가격이 아니라 경매에 참여한 입찰가 중에 두 번째로 높은 가격으로 책정되는 형식이다. 즉, 낙찰받은 광고주는 실제로 자신이 입찰한 가격보다 낮은 가격을 지불한다. 일차가격경매 방식에서는 최고가를 써서 낙찰받은 광고주가 그 가격 그대로 지불하게 되는데, 이때 광고주 간의 과잉경쟁 때문에 필요 이상으로 높은 가격이 형성되는 경우가 발생했고 이러한 광고주의 초과 지불을 예방하고자 이차가격경매 방식이 도입된다.

두 번째로, 구글은 오직 입찰가에 따라서 광고 노출 순위가 정해지는 모델을 탈피하여, 품질지수(quality score)를 통합 반영하는 방향으로 변화를 주었다. 이 품질지수 요인에는 클릭률(CTR, click through rate: 광고가 클릭된 횟수를 광고가 게재된 횟수로 나눈 값), 키워드와 광고의 연관성, 랜딩페이지의 질적 수준 등 다양한 변인들이 반영된다. 이를 통해 아무리 비싼 돈을 내는 광고주라 하더라도 소비자들의 클릭을 얻어내지 못하면 상위 순위에 노출될 수 없는 시스템을 구축했다. 이는 질 낮은 웹사이트를 운영하거나 기만적 광고를 하는 광고주들을 걸러낼 수 있는 방편을 마련했다는 점에서 검색광고 발전사에서 큰 의의가 있다고 평가된다.

이러한 일련의 변화를 통해 검색광고 운영 과정에서 검색엔진이 오직 수익만 추구하는 것이 아니라 소비자들에게 좀 더 양질의 검색 결과를 제공하는 방향으로 발전적인 변화를 추구했다. 또한 검색 서비스 제공자 입장에서는 자사의 경매를 기존의 일차가격경매 방식보다 안정적이고 더 수익성 있는 방향으로 발전시킬 수 있었다. 이렇게 초창기의 검색광고 모델을 보완·발전시킨 구글의 검색광고 운영 방식은 그 핵심적인 요소들이 현재까지 별로 변하지 않았을 정도로 그 완성도가 높았으며, 이후 검색광고 산업을 대표하는 비즈니스 모델로 자리 잡는다.

이렇게 고투닷컴에서 시작되어 오버추어를 거쳐 구글에 이르기까지 발전해 온 검색광고의 탄생 배경에 대해 알아보았다. 검색광고는 그 탄생 이후 빠르게 온라인광고 시장을 장악해 나갔으며, 그 과정에서 광고주에게는 더 합리적이고, 소비자에게는 덜 기만적이고 덜 성가신 광고로 자리매김하기 위한 진화를 거듭해 나갔다. 그렇다면 이제 이렇게 변화를 거듭해 온 현재의 검색광고는 어떤 특징이 있는지에 대해 좀 더 자세히 살펴보도록 하자.

2 ı 검색광고의 이해

1) 검색광고의 정의

검색 서비스에서 검색자(searcher)가 검색어(search term)를 입력해 검색했을 때, 검색 결과 페이지(SERP: search engine results page)가 출력된다. 이 검색 결과 페이지는 크게 검색광고(SA: search advertising)와 검색 서비스가 검색자가 입력한 검색어와 관련성이 높은 콘텐츠들을 웹상에서 선별해 노출하는 결과물인 자연검색결과(organic search results)로 나뉜다. 이때, 검색광고는 검색자가 입력한 특정 검색어에 대응해 도출된 검색 결과 페이지에서 해당 검색어 내의 키워드에 대응해 맞춤형으로 노출되는 광고를 뜻한다. 검색광고는 흔히 키워드광고, CPC 광고, PPC 광고, 스폰서드 검색 등 다양한 용어로 통용되는데, 흥미롭게도 이 검색광고의 또 다른 이름들은 검색광고의 특징을 잘 담고 있어, 이를 통해 검색광고를 더욱 잘 이해할 수 있기도 하다.

키워드광고(Keyword Advertising) 키워드는 검색 서비스에서 검색광고를 하고자 하는 광고주들이 그들의 검색광고를 노출하고자 설정한 단어 혹은 단어의 집합을 말한다. 검색광고는 소비자가 입력한 검색어(searcher query 혹은 search term)와 광고주들이 설정한 키워드가 매치될 때 작동해 소비자에게 노출된다.

검색광고주들은 경매 과정을 거쳐 특정 키워드에 대응해 노출되는 검색 결과 페이지상의 검색광고 영역을 구매하게 된다. 키워드광고는 키워드가 중요시되는 이러한 검색광고의 특징을 반영한 용어이다.

스폰서드 검색(Sponsored Search) / **페이드 검색**(Paid Search) 검색광고는 검색 서비스의 검색 결과상 일부분으로 노출되는 형식인데, 소비자에게 노출되는 검색 결과는 크게 검색광고 영역과 자연검색결과 영역으로 구분된다. 이때 검색광고의 영역을 '광고주가 후원하는 검색 결과'라는 의미에서 '스폰서드 검색' 혹은 '지불된 검색 결과'라는 의미에서 페이드 검색이라고 부른다. 미국 온라인 광고협회(IAB)는 검색광고를 네이티브광고로 분류했는데, 여기서 네이티브 광고는 '해당 플랫폼의 콘텐츠와 응집력 있게 결합되어 있고, 디자인이 동화되어 있으며, 플랫폼의 구성과 일치해 사용자가 이질감을 느끼지 못하게 하는 유료광고'를 말한다(IAB, 2013). 이처럼 검색광고가 네이티브광고의 한 유형으로 분류된 것은 검색광고가 검색 결과 페이지상에서 해당 검색 서비스의 자연검색결과와 유사한 형태로 노출되는 특징에 근거를 둔 것이다. 이러한 노출 형식의 유사성 때문에 검색광고는 때때로 자연검색결과와 혼동될 수 있는데, 검색 서비스들은 이를 방지하기 위하여 검색광고에는 '광고, AD, Sponsored' 등 광고임을 알리는 표식을 부착하고, 배경색 혹은 테두리 디자인을 달리하는 등의 노력을 기울여 자연검색결과와 구분되도록 하고 있다.

CPC 광고(Cost-Per-Click Advertising), **PPC 광고**(Pay-Per-Click Advertising) 검색광고는 검색 결과를 통해 소비자에게 노출이 되더라도 소비자가 해당 검색광고를 클릭하지 않는 한 과금이 발생하지 않는다. 즉, 광고주는 검색을 한 소비자가 자사 광고를 클릭했을 때 한해 검색 서비스를 제공한 자에게 광고비를 지불하는데, CPC 광고, PPC 광고와 같은 이름은 이러한 검색광고 특유의 과금 방식인 클릭당지불 방식을 반영한 용어이다.

검색엔진마케팅(SEM: Search Engine Marketing) 검색엔진에 광고를 구입함으로써 자사의 웹사이트 트래픽을 획득하는 방식의 마케팅을 뜻하며, 검색광고는 이 검색엔진마케팅의 핵심 수단이다. 검색엔진마케팅이 검색광고를 구입함으로써 검색엔진 결과페이지의 상위에 노출되어 웹사이트 트래픽을 획득하는 방식이라면, 검색엔진 최적화(SEO: search engine optimization)는 웹사이트의 구조 및 내용을 개선해 검색엔진의 결과페이지 중 자연검색결과 페이지상에 자사의 웹사이트가 상위에 노출될 수 있도록 하는 방식이다. 따라서 검색엔진 최적화와 검색광고는 서로 방법론적으로 이질적이나 트래픽을 획득하는 것을 목표로 한다는 점에서 그 지향점은 같다고 하겠다.

각 검색 서비스 기업마다 자사 고유의 검색광고 상품을 하나 이상 보유하고 있는데, 네이버의 대표적인 검색광고 브랜드로는 '파워링크' 등 유형의 사이트 검색광고가, 구글의 대표적인 검색광고 브랜드로는 '구글 애드(Google Ad, 이전 애드워즈)'가 있다. 〈그림 1-3〉과 〈그림 1-4〉는 주요 검색 서비스 플랫폼에서 '미국 어학연수'라는 검색어를 입력했을 때 PC와 모바일 기기에서 도출되는 검색 결과 페이지이다. 검색 결과 페이지상에서 미국 어학연수와 관련된 다양한 업체들의 정보는 물론 업체들이 집행한 검색광고를 볼 수 있다. 검색광고는 '광고'임을 명확히 하는 레이블이 표기되어 있으므로 자연검색결과와 구분된다. 제시된 그림을 살펴보면 자연검색결과(organic search results)의 영역과 지불검색결과(paid search results)의 영역이 구분됨을 알 수 있다. 이때 지불검색결과에 해당되는 광고가 검색광고의 노출영역이다. 네이버의 경우는 파워링크, 파워콘텐츠, 비즈사이트 등의 검색광고 브랜드가 노출되고, 구글의 경우는 구글 애드가 노출됨을 확인할 수 있다.

그림 1-3 네이버 검색 결과 페이지상에서 검색광고 영역과 자연검색결과 영역 구분

주: 1) 왼쪽은 PC, 오른쪽은 모바일로 검색한 것이다. 2) •••••• 은 광고 영역, ······ 은 자연검색결과 영역이다.

그림 1-4　구글 검색 결과 페이지상에서의 검색광고 영역과 자연검색결과 영역의 구분

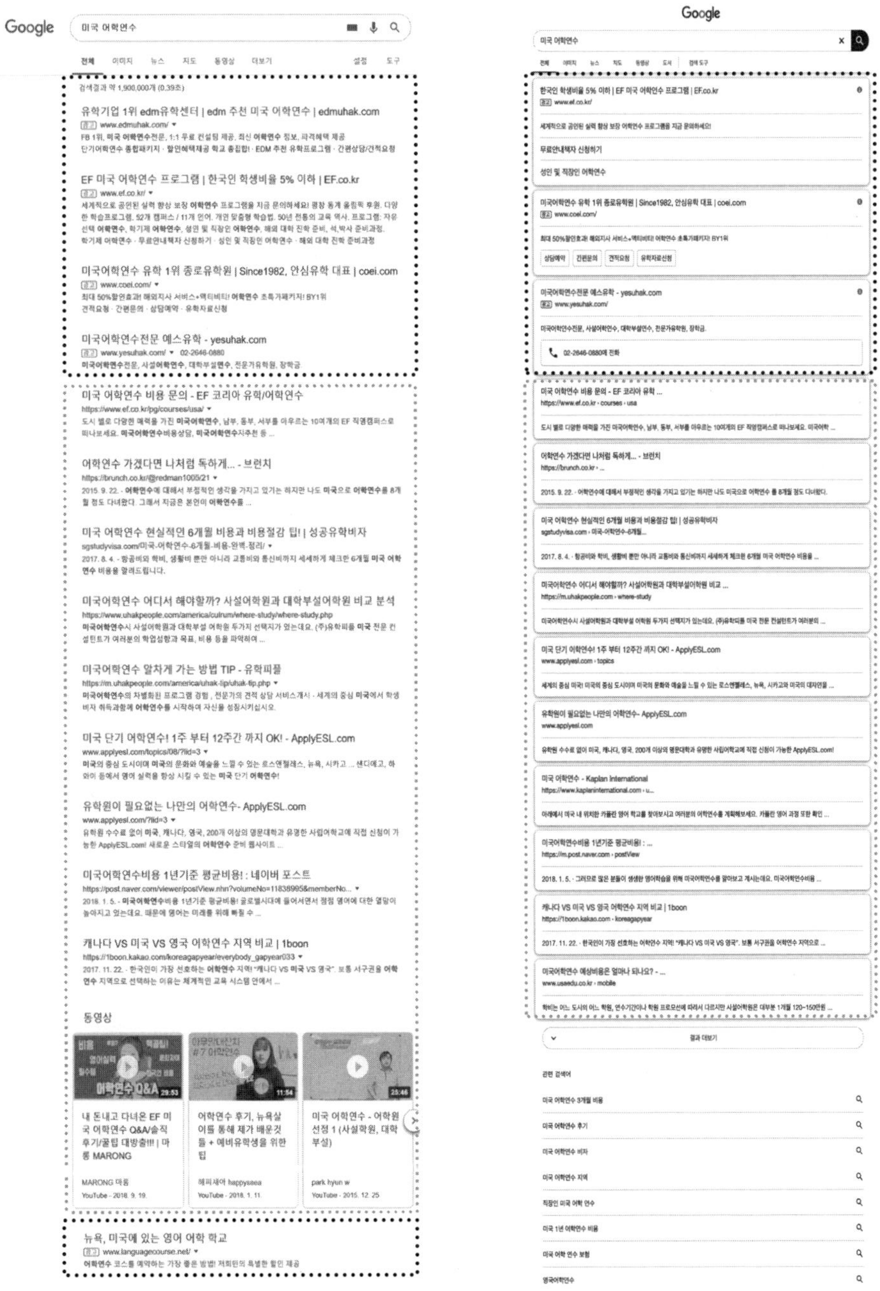

주: 1) 왼쪽은 PC, 오른쪽은 모바일로 검색한 것이다. 2) •••••• 은 광고 영역, ⋯⋯ 은 자연검색결과 영역이다.

2) 검색광고의 작동 원리

검색광고는 더욱 정교한 과정을 통해 소비자에게는 더욱 관련성 있는 정보를 제공하고, 광고주에게는 좀 더 양질의 트래픽을 획득할 수 있도록 여러 방면으로 변화를 거듭해 왔다. 이러한 변화의 과정에서도 검색광고의 주요 작동 원리는 크게 변하지 않았는데, 검색광고의 참여자, 목표, 과정을 구성하는 주요 요소들을 통해 검색광고의 작동 원리를 도식화하면 〈그림 1-5〉와 같다.

광고주(Advertiser) 특정 목표를 가진 웹사이트로 사용자 트래픽을 획득하고자 하는 의도가 있고 이를 위해 광고비를 지불할 의사가 있는 기업, 사람 혹은 단체를 말한다.

광고주 콘텐츠(Advertiser Contents) 검색광고의 내용을 뜻하며 이는 키워드의 세트로 특정 웹사이트로 연결되는 URL, 제목, 광고 문구로 구성되어 있다.

광고주 입찰(Advertiser Bid) 트래픽 획득을 가능하게 하는 특정 키워드에 대한 경제적 가치를 평가해 그 가치만큼의 가격을 지불할 의도를 밝히는 것을 말한다.

검색엔진(Search Engine) 검색자의 검색어(searcher queries)에 대응해 광고주 콘텐츠를 검색 결과 페이지상에 노출해 주는 정보검색 플랫폼을 뜻한다.

검색엔진 검토 과정(Search Engine Review Process) 검색엔진이 광고주의 콘텐츠가 타기팅된 키워드에 맥락이 통하게 연관되어 있는지 검토하는 방식을 뜻한다.

검색엔진 키워드와 콘텐츠 인덱스(Search Engine Keyword and Content Index) 광고주의 키워드와 검색자의 검색어를 매치시키는 기제를 뜻한다.

검색엔진 사용자 인터페이스(Search Engine User Interface) 검색자에게 광고주 콘텐츠를 노출하는 애플리케이션을 뜻한다.

검색엔진 트래킹(Search Engine Tracking) 광고주 콘텐츠, 입찰, 노출, 클릭에 대한

그림 1-5 검색광고 작동의 개념적 모형

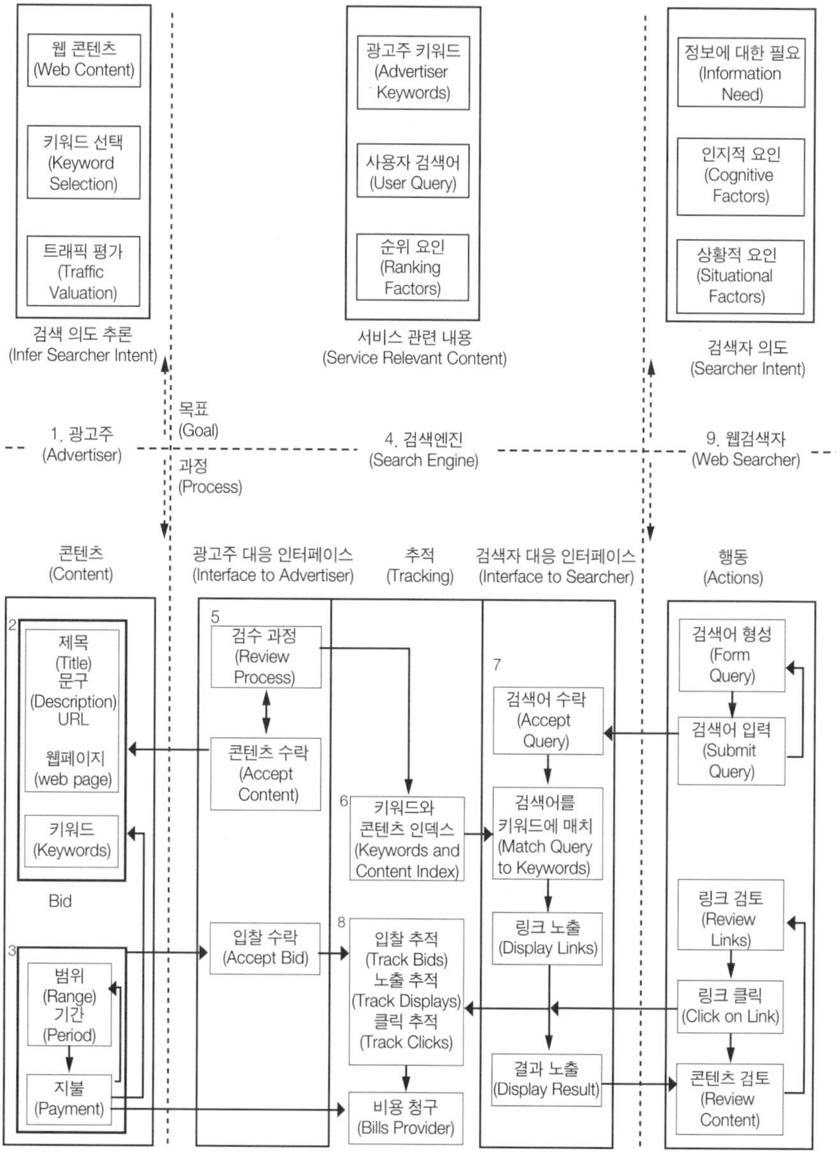

자료: Jansen(2011).

정보를 종합하여 비용을 청구하는 과정을 말한다.

검색자(Searcher) 검색어(query)를 입력하고 검색광고를 클릭할 가능성이 있는 개인을 뜻한다.

3) 검색광고 역할의 변화

전통적으로 검색광고는 소비자가 검색엔진에서 검색했을 때, 검색 결과 페이지에 광고주의 사이트로 이동할 수 있는 링크를 광고 카피와 함께 노출하는 텍스트 위주의 광고 형식이 일반적이었다. 따라서 기존의 검색광고에 대한 정의들을 살펴보면 "인터넷 이용자가 특정 키워드로 검색했을 때 검색 결과의 하나로 해당 키워드와 관련이 있는 광고를 노출시키고, 이용자가 노출된 검색광고를 클릭할 경우 링크를 통해 바로 광고주의 웹사이트로 연결해 주는 방식의 온라인광고 또는 인터넷광고"(네이버, 2014), "네이버나 다음(DAUM) 등의 검색사이트에 특정의 키워드로 검색하는 유저들에게 광고주의 사이트를 노출시키는 광고기법"(김은화 외, 2017) 등 광고주 사이트로의 트래픽 획득에 한정되어 있는 것이 특징이었다.

전통적 검색광고들은 주로 광고주 사이트로의 트래픽 획득에 그 주목적을 두고 있는 유형이었으나 이후 검색광고는 다양한 형태로 진화하여 현재는 전통적인 랜딩페이지형 텍스트 기반 광고는 물론, 사진과 동영상 등의 멀티미디어 기반의 검색광고, 콘텐츠 기반의 검색광고 등으로 다변화되어 왔다. 또한 네이버, 구글과 같은 검색엔진 사이트에 한정되어 사용되던 검색광고는 이제 그 범위를 넓혀 현재 대부분의 온라인 쇼핑 사이트에서도 쇼핑검색광고(PLA: product listing ads) 형식으로 사용되고 있다.

이렇게 사용자 검색에 연동하여 노출되는 검색광고의 형식이 다양해지면서 검색광고의 목적도 다변화되고 있다. 기존 검색광고는 트래픽을 유도하여 구매로의 전환, 회원가입, 다운로드 등의 퍼포먼스를 내는 것에 그 목적

그림 1-6 **멀티미디어형 검색광고: 네이버의 브랜드 검색**

이 있었다면, 현재는 소비자들이 콘텐츠형 검색광고를 통해 해당기업에 대한 브랜디드 콘텐츠에 노출되고, 멀티미디어형 검색광고를 통해 랜딩페이지로의 이동이 이루어지지 않을 때도 제품 및 브랜드의 이미지와 동영상에 노출되는 등 검색광고는 브랜드 인지도 상승과 같은 브랜딩의 영역에서도 큰 역할을 기대할 수 있게 되었다.

이렇게 검색광고의 형식, 그 종류와 명칭은 시시각각 변화하는 산업의 흐름과 함께 다양한 형식으로 변화해 왔고, 앞으로도 그 진화는 계속될 것이다.

2 | 검색광고의 특징과 의의

검색광고는 기존의 광고와는 많은 부분에서 대비되는 고유한 특징이 있다. 광고 성과의 측정, 소비자 맞춤형 광고, 과금 방식, 경매 기반의 가격 결정, 셀프서비스 등으로 나누어 검색광고의 특징과 의의에 대해 살펴보자.

1) 광고 성과의 측정

전통매체를 사용해 온 이전의 광고들은 "Spray and Pray", 즉 몇 명인지 정확히 알지 못하는 불특정 다수의 소비자에게 메시지를 뿌리고 될 수 있으면 많은 사람이 우리 광고를 봐주기를 바라던 방식이었다. 물론, 예를 들어 주부들이 많이 보는 TV프로그램에 주부들이 관심을 가질 만한 세탁기 제품 광고를 집행하는 식으로 제한적이나마 타기팅(targeting)이 이루어지기는 했으나, 해당 TV 프로그램을 시청하는 시청자 중 주부가 얼마나 되며, 그 주부들 중에서 세탁기 구매에 관심을 가질 만한 사람은 얼마나 되는지에 대해 정확히 파악하는 일은 요원했다. 가장 큰 문제는 과연 몇 명이 우리 광고를 봤는지 정확히 알 수 없다는 점이었다. 그리고 오늘날에도 전통 매체를 활용한 광고는 수십 년 전의 상황과 크게 다르지 않다.

현재도 TV, 라디오, 신문, 잡지, 옥외광고 등 전통 매체를 통해 광고를 집행하는 광고주들은 여전히 '소비자들이 광고를 볼 기회'에 광고비를 지불한다. 예를 들어 아침 6시 뉴스보다 저녁 9시 뉴스의 광고비가 더 비싼 이유는 아침 뉴스보다 저녁 뉴스가 시청률이 더 높으므로 '광고를 볼 기회'가 더 크기 때문에, 같은 2호선이지만 종점 까치산역보다 강남역의 지하철역 광고비가 더 비싼 이유는 강남역이 유동인구가 더 많으므로 보행자들의 '광고 볼 기회'가 더 크기 때문이다. 이렇듯 전통매체를 통한 광고는 '몇 명이 내 광고를 보았느냐'가 아닌 '몇 명이 내 광고를 볼 기회가 있느냐'에 의지해 왔다.

이렇게 기회를 토대로 운영되던 전통 광고산업은 1994년에 배너광고가 등장하고, 이어서 1998년에 검색광고가 등장하면서 대변혁을 맞이한다. 배너광고(banner ad, display ad)와 검색광고(search ad)로 대표되는 온라인광고는 그동안 광고산업의 가장 큰 약점으로 지적되어 왔던 '측정'의 불명확성을 해결해 주었다. 광고주는 온라인광고가 제시하는 측정지표를 통해 드디어 자사의 광고가 정확히 몇 명의 사람들에게 노출되었고, 그중 몇 명의 사람들이 해당 광고를 통해 나의 웹사이트를 방문하고, 회원가입을 하며, 자사의 물건을 구매하는지 파악할 수 있게 된 것이다. 그리고 광고주는 비로소 자신이 쓴 광고 비용이 얼마만큼 효과적인지를 알 수 있게 되었다. 물론 부정 클릭과 같은 어뷰징(서비스의 제공 목적이나 룰을 오용하거나 의도적으로 무시하는 사용형태) 이슈가 존재하기 때문에 온라인광고 역시 오차가 존재하지만 새로운 시대가 열린 것은 틀림없다. 이렇게 전통적 광고에서 광고주가 가지던 갈증을 해결해 준 온라인광고가 이른바 '퍼포먼스' 광고로 불리며 급성장한 것은 당연한 일이었다. 우리는 TV, 신문, 잡지, 라디오 등의 비온라인 매체를 흔히 '전통매체', '올드광고주', '레거시광고주' 등으로 부르는데, 온라인 매체와 비온라인 매체를 통한 광고를 가장 잘 구분하는 특징으로 바로 이 광고 성과 측정의 정확성을 꼽을 수 있다.

2) 풀 기반 소비자 맞춤형광고

검색광고와 함께 광고산업의 혁신을 가져온 온라인광고의 또 다른 한 축은 흔히 배너광고라고 불리는 노출형 광고이다. 이 둘은 광고 성과를 정확히 측정할 수 있다는 점에서 같은 특성을 공유하지만, 본질적인 부분에서 그 성격이 다르다. 검색광고는 오직 검색자가 입력한 검색어와 광고주가 타기팅한 키워드가 매치되었을 때만 작동된다. 즉, 검색광고는 소비자가 자발적으로 직접 입력한 특정 검색어에 대한 검색 결과의 일환으로 노출되며, 소비자가 입력한 검색어에 어떤 형식으로든 연관되어 있어야 한다. 이처럼 검색광고는 자신의 필요에 따라 자발적으로 정보를 탐색하는 소비자의 여정을 방해하지 않으면서 상품정보에 자연스럽게 노출될 수 있도록 하는 풀(pull) 형식의 광고이며, 이는 광고 수신을 동의하지 않은 소비자들에게 도달하기 위해 일방적으로 메시지를 전달하는 푸시(push) 형식으로 집행되는 배너광고와 차별된다.

배너광고의 경우, 그 시작부터 우연적 노출(incidental exposure)을 기반으로 하여 다수의 사람에게 도달(reach)하게 함으로써 빠른 시간에 많은 사용자에게 광고주의 설득 메시지를 전달하는 것을 지향해 왔다. 예를 들어 포털사이트에 PC 혹은 모바일로 접속했을 때, 큼직하게 노출되어 주목도가 높은 메인 배너광고를 한 번쯤 보거나 더 나아가서 클릭해 본 적이 있을 것이다. 지상파 TV 최고 인기프로그램 방영 직전의 광고처럼, 많은 사람이 방문하는 웹사이트의 배너광고는 다수의 사람에게 빨리 도달하는 것을 목표로 하는 전형적인 푸시 기반의 광고방식이다. 이후 배너광고는 애드테크의 발전에 힘입어 지속해 진화를 거듭해 왔고, 현재는 사용자 데이터에 기반해 정밀한 타기팅을 할 수 있게 되었다. 예를 들어 세탁기 배너광고는 가전제품 브랜드 웹사이트를 최근 여러 번 방문한 소비자들, 혹은 소비자의 다른 행동과 관심사를 파악해 세탁기 구매에 관심이 있을 것 같은 소비자들만 타기팅하여 노출할 수 있는 쪽으로 진화해 그 효율성을 더욱 높이고 있다. 게다가 해당 광고를 클릭해 세탁기 웹사이트에서 브라우징한 소비자들만 타기팅하여 광고를 반복 노출해 상기시켜 주는 리타기팅 광고 역시 그 효과를 입증하며 급성장했다.

이렇게 배너광고가 애드테크의 발전과 함께 정밀한 타기팅을 할 수 있는 광고형식으로 거듭났다면, 검색광고는 그 탄생부터 타기팅이 가능한 광고로 등장했다. 검색광고를 통해 전통매체와 온라인매체를 통틀어 광고 역사상 처음으로 매스미디어를 통한 풀 기반의 광고가 가능해졌다고 해도 과언이 아니다. 즉, 소비자가 수동적으로 광고에 우연히 노출되는 푸시 방식의 광고를 탈피하여, 소비자가 검색엔진에 직접 자신이 원하는 검색어를 입력했을 때에만 해당 검색어와 관련이 있는 광고가 노출되는 풀 기반의 광고가 탄생하게 된 것이다. 아무 때나 불특정 다수에게 광고 메시지를 강제 노출하는 것이 아니라 소비자가 원하는 때에만 그 소비자가 관심이 있는 검색어와 관련이 있는 광고들에 한해서 맞춤형으로 노출되는 혁신을 이룬 것이다.

따라서 검색광고는 소비자가 실시간으로 검색을 통해 얻고자 하는 정보에 가장 근접하여 도움을 줄 수 있는 상품 및 서비스들을 광고로 제공하므로 그 어떤 타기팅보다 정밀할 수밖에 없다. 소비자가 원하는 때만(검색할 때만), 소비자가 관심 있어 할 만한 광고들에 한해(검색어와 연관이 있는 광고들만) 소비자들에게 전달된다. 이러한 검색광고의 풀 방식은 그간의 푸시 기반의 마케팅 방식, 광고 커뮤니케이션 방식과 차별화되는 검색광고 고유의 특성이다.

3) PPC 과금 방식

광고의 혁신을 이끈 검색광고의 세 번째 중요한 특징은 클릭당지불이라고 불리는 합리적인 과금 방식에 있다. 검색광고에서 광고주는 오직 사용자가 검색광고를 클릭했을 때만 광고비를 지불한다. 단순히 소비자의 검색 결과 페이지상에 검색광고가 노출되는 것만으로는 광고비를 지불하지 않는 것이다. 검색광고가 흔히 퍼포먼스 광고로 불리는데, 이처럼 검색광고의 과금 방식이 광고를 통해 '클릭'과 같은 성과가 발생한 경우에만 비용을 지불한다는 의미를 담기 때문이다. 다양한 국내외 학자들의 연구를 살펴보면, 클릭이 이루어지지 않고 검색 결과가 단순히 노출되는 것만으로도 상당한 영향을 미칠 수 있다는 것을 알 수 있다. 이는 검색광고가 클릭을 통한 트래픽 획득이라는 본래의 취지 외에도, 브랜드 인지도 확보와 같은 브랜딩 도구로서도 충분히 활용될 수 있음을 시사한다. 즉, 광고 클릭이 이루어지지 않은 상태에서도 광고주들은 무료로 소비자에게 자사의 광고를 노출시켜 추가적인 성과를 챙길 수 있는 셈이다.

4) 경매 기반의 가격 결정 방식

검색광고의 네 번째 중요한 특징은 경매 기반의 가격 결정(auction-based pricing)

시스템이다. 검색광고의 비용은 광고주가 직접 하는 경쟁 입찰방식을 통해 결정된다. 이때 광고주가 경쟁 입찰하는 상품은 특정 키워드에 기반해 광고가 노출되는 영역으로 볼 수 있다. 배너광고가 인벤토리(inventory)라고 불리는 광고가 노출되는 웹상의 공간을 상품으로 한다면, 검색광고는 사용자가 검색할 가능성이 있는 특정 키워드에 의해 노출되는 검색 결과 페이지 중 검색광고 영역이 상품이 된다. 검색광고는 이처럼 경매 기반의 가격 결정 방식에 기반하기에 기본적으로 시장원리를 따른다. 시청률이 높은 시간대의 TV광고일수록 더 많은 사람들이 볼 가능성이 있으므로 그 가격이 더 비싸진다. 마찬가지로, 검색광고에서는 검색이 많이 일어날 가능성이 있는 키워드일수록 자사의 검색광고를 더 많은 사람에게 노출할 수 있으므로 경쟁은 심해지고 그 가격은 비싸진다. 이때, 경매 기반의 가격 결정 방식에서는 상품의 가치가 판매자(검색플랫폼)가 제시하는 가격이 아닌 구매자들(광고주)이 제시하는 가격으로 정해지기 때문에, 판매되는 상품의 가치가 구매자들이 제시하는 가격으로 반영된다는 특징이 존재한다. 따라서 검색광고 영역에서 최상단 노출을 위해 다수의 광고주가 경쟁 입찰을 할 경우, 그 키워드의 가격은 상품이 가지는 가치 이상으로 올라갈 가능성도 존재한다.

일반적으로 대표 키워드, 즉 특정 상품 혹은 서비스를 대표하며 해당 카테고리에서 조회 수가 가장 많은 인기 키워드들에 대한 경쟁이 심화되어 가격이 높게 책정되는 경우가 존재한다. 조회 수가 높은 인기 키워드의 경우 과다 경쟁으로 그 가격이 매우 높아져 광고비의 증가를 감당하기 힘든 광고주들이 존재한다는 점도 부정할 수 없는 현실이다. 검색광고의 집행은 국내외를 막론하고 유사한 형식의 경매기반 가격결정 방식으로 이루어지므로 전통적으로 비싼 인기 검색광고 키워드들은 어느 시장의 어느 검색플랫폼에나 유사한 형태로 존재하기 마련이다. 이러한 한계를 극복하기 위해서 검색광고를 운용하는 광고주들에게는 상품명, 서비스명 등과 같은 세부 키워드, 혹은 특정 이슈, 이벤트, 계절에 따라 조회 수가 증가하는 시즌 키워드 등을 발굴해 키워드를 확장해 나가는 롱테일 키워드의 활용이 필수적으로 요구된다. 대표 키워드의 경우 조회 수와 클릭 수는 높지만 구매전환율이 낮은 특징이 있다면, 롱테일 키워드들은 일반적으로 조회 수가 낮지만 구매로 연결될 가능성이 높고, 상대적으로 광고비가 저렴하다는 특징이 있다. 롱테일 키워드의 발굴과 활용은 소규모 광고예산으로 성공적인 광고 효과를 만들어내는 데 필수적인 운영전략이다(Geddes, 2014).

경매 기반의 가격 결정 방식으로 이루어지는 검색광고의 집행은 끊임없는 개선과 노력이 필요하다. 소비자 행동을 분석하고, 경쟁사를 분석하고, 시즌별로 트렌드와 이슈를 분석해 저렴하지만 효과적인 결과를 얻어낼 수 있는 키워드를 발굴하고 적용하는 노력이 지속적으로 이루어져야 한다. 경매기반 가격결정 방식은 광고주들의 운영전략에 따라서 적은 비용으로도 충분히 효과적인 광고를 운영할 수 있도록 만드는 검색광고의 핵심적인 특징으로 보는 것이 합리적이다. 경매기반 가격결정 방식은 3절에서 상세히 살펴볼 것이다.

5) 셀프서비스(self-service)를 통한 누구에게나 열린 광고

검색광고는 광고주가 광고비를 정하고, 광고를 만들고, 트래픽을 스스로 모니터링할 수 있다. 검색광고의 이러한 특징으로 인해 검색광고는 중소상공인들이 자사의 상품과 서비스를 알릴 수 있는 효율적인 방법으로 자리매김했다. 검색광고가 등장하기 이전, 매스미디어를 통한 광고는 그 진입장벽이 높아 모두에게 열려 있지 않은 그들만의 리그였다. 예를 들어 TV광고를 떠올려 보자. TV광고에서 동대문에 위치한 단체티셔츠 제작업체의 광고가, 거제도의 유람선 업체 광고가 송출되는 것은 거의 불가능에 가깝다. 기본적으로 TV광고는 중소상공인인 광고주가 직접 제작할 수가 없는 영역이기 때문이다. 광고회사에 의뢰해야 하고, 전문가들이 광고를 기획하고 제작하는 비용이 들어가며, 광고가 완성된 후에는 광고를 내보낼 매체를 기획하고 시간을 사야 하는데 이 역시 미디어랩을 거쳐야 하는 데다가 중소상공인들이 감당하기에는 무리인 액수이다. 더욱이 TV광고는 1회 노출당으로 판매를 하지 않기에 그 부담은 더욱 커진다. 그래서 TV광고는 지금도 그렇듯이 언제나 자본이 충분한 기업들의 영역이다. 온라인광고가 등장하기 전까지 중소상공인들이 광고가 전국적으로 도달하는 것은 매우 어려웠다. 그러나 온라인광고, 특히 검색광고의 등장과 함께 비로소 광고시장은 누구에게나 열린 환경이 되었다.

이처럼 검색광고는 대기업, 중소기업은 물론 중소상공인 및 자영업자 개인까지 모두에게 그 기회가 열려 있으며 국내는 물론 국제적으로도 노출이 가능한, 거의 유일한 광고 수단이다. 검색을 통해 나의 상품이나 서비스에 관심이 있는 소비자들에게만 노출이 되고, 그 소비자가 나의 검색광고를 클릭했을 때만 과금이 되는 방식인 검색광고를 통해 중소상공인들이 자신의 상품을 전국은 물론 세계에 있는 소비자들을 대상으로 알릴 수 있는 환경이 열린 것이다. 더욱이 같은 온라인광고지만 검색광고 같은 경우는 배너광고와 달리 광고주가 직접 운영하기가 용이하다. 검색광고회사에 대행을 맡길 수도 있지만 이마저도 여력이 안 되는 이들은 스스로 계정을 만들어서 검색엔진 기업에서 제공하는 교육의 도움을 받아 시행착오를 거치면서 배워나갈 수 있다. 물론 검색광고는 자영업자와 중소업체들뿐만 아니라 대기업에도 열려있으므로 다윗과 골리앗의수 있이 존재할 수밖에 없는 구조다. 즉, 앞서 살펴본 바와 같이 경매 기반의 가격 결정 방식에 의해 일부 인기 대표 키워드들은 매우 비싼 가격을 지불해야 하는 한계점들이 존재하지만, 이러한 문제들은 효율적인 키워드 운용을 통해 극복할 수 있다. 검색광고로 인해 어디에서나 누구나 동일한 과금 방식을 거쳐 소비자들에게 자신의 메시지를 전달할 기회를 얻게 되었다는 점은 부정할 수 없는 사실이다.

광고 전공 대학생들이 중소상공인들의 검색광고 운영을 지원하는 산학협력 프로젝트를 국내 검색 포털사이트와 함께 진행하면서 관찰한 사례를 하나 살펴보자. 대한민국에서는 한 해에도 수천 개의 온라인 쇼핑몰이 생겨나는 중이다. 부산의 한 대학가에서 작은 옷가게를 시작한 사장님이 있다. 회사에 다니다가 자신의 사업을 하고 싶어 창업을 결심한 케이스다. 감각이 있어 입소문을 타고 이 사장님의 옷가게는 늘 문전성시다. 오프라인에서의 성공에 힘입은 사장님은 20대 타깃 여성 의류 온라인 쇼핑몰 창업을 결심하고 공들인 준비 끝에 자신만의 브랜드로 쇼핑몰 웹사이트를 오픈하게 된다(브랜드명은 편의상 H라고 하자). 웹사이트의 신뢰성은 충분히 검증되었고, 디자인도 매력적으로 완성되었으며, 사장님의 제품은 디자인과 가격 면에서 전국 소비자들을 대상으로도 경쟁력을 갖췄다. 다음은 무엇을 해야 하는가? 브랜드를 알리고 자사 온라인 쇼핑몰을 소비자들에게 알리는 작업이 필요하다. 가장 먼저 하는 작업은 바로 네이버와 구글과 같은 검색엔진에 H 쇼핑몰 웹사이트를 등록해 소비자들이 '20대 여성 의류'를 검색했을 때 그들의 검색 결과 페이지상에 내 웹사이트가 노출되게 하는 것이다. 그런데 대부분 여기서 첫 번째 난관이 발생한다. 모든 비즈니스가 그렇듯 세상에는 경쟁자가 너무 많다. 지금까지 경쟁하던 같은 대학가 앞의 옷가게들은 쉬운 상대였다. 그러나 이제 이 사장님이 경쟁하는 '20대 여성 의류' 테마의 온라인 쇼핑몰은 우리나라에만 수백 개가 존재한다. 게다가 막강한 권력을 가진 20대 여성 의류를 생산하는 기성복 브랜드와도 경쟁해야 한다.

이런 상황에서 검색창에 '20대 여성 의류'라는 검색어를 입력한 소비자의 검색 결과 첫 페이지에 H 쇼핑몰이 노출되게 하는 방법은 이론적으로 크게 두 가지가 존재한다. 첫 번째는 검색엔진 최적화 방안이다. H 쇼핑몰 웹사이트의 구조 및 내용을 개선해 검색엔진의 결과페이지에 사장님의 웹사이트가 더 상위에 노출될 수 있도록 하는 전략이다. 검색광고 지면이 아닌 자연검색 결과 지면에 나오기 때문에 신뢰성 면에서 뛰어나지만 시간이 오래 걸린다는 단점이 있다. 비록 검색엔진에 돈을 지불할 필요는 없지만, 웹사이트에 대한 프로그램적인 면에서의 지식이 필요하므로 비용을 지불하고 전문 업체에 맡겨야 하는 부분도 고려해야 한다. 결정적으로, 검색엔진에서 우선 노출되는 알고리즘을 변경하면 그에 따라 웹사이트를 계속 변경해야 하는 점도 한계점일 수 있다. 검색 결과 페이지에서 자사보다 역사가 오래되고 규모가 큰 경쟁사들을 제치고 첫 페이지에 노출되기는 쉽지 않음을 깨달은 사장님은 좀 더 빠른 방법을 택할 것이다.

그 방법이 바로 검색광고를 활용하는 방법이다. 검색광고는 검색엔진에 광고비를 지불하고 소비자가 검색을 했을 때 결과 화면에 H 쇼핑몰의 광고가 노출되게 하는 작업이다. 이는 검색광고 최적화작업에 비해 그 효과가 즉각적이라는 데 매력이 있다. 다만, 자연검색결과 페이지가 아닌 검색광고 영역에 '광고'로 노출되어 소비자들이 무시하고 넘어갈 수도 있고 소비자들이 인지한다고 하더라고 신뢰를 덜 한다는 단점이 존재한다. 이때 사장님은 검색광고에 다양한 유형이 있다는 것에 주목한다. 단순히 H 쇼핑몰로 유입시키는 것을 목표로 하는 검색광고도 존재하지만, 우리 쇼핑몰의 제품들이 어떻게 제작되고 어떤 식으로 차별화되는지를 충분히 설명할 수 있는 콘텐츠를 제작해 콘텐츠형 검색광고로 소비자들과 소통하는 것도 좋은 방식이라는 것을 깨닫는다. 또 '20대 여성 의류'라는 일반적인 검색어는 인기가 좋은 키워드다 보니 가격이 비싸 비효율적임을 파악하고, 경쟁사들이 많지 않은 세부 키워드로 확장을 해서 더욱더 효율적인 광고 운영을 꾀한다. 이런저런 시행착오가 존재했지만 분명한 사실은 검색광고 집행을 통해 전국의 소비자들이 H 쇼핑몰로 유입되어 주문하기 시작한 것이다. 부산의 한 대학가에 있는 옷집이지만 이제 전국의 소비자들을 상대로 장사를 시작하게 된 것이다. 쟁쟁한 광고회사에 대행을 맡기고 모든 종류의 광고를 집행할 만한 여력이 있는 기업에게 검색광고는 소비자들과 커뮤니케이션할 수 있는 수많은 옵션 중 하나일 뿐이다. 그러나 중소업체와 자영업자들에게는 자신들의 지역적 한계를 벗어날 수 있는 거의 유일한 광고 수단이자 생존의 수단임을 간과해서는 안 된다.

이 장에서는 검색광고의 탄생 배경을 통해 검색광고가 어떻게 광고산업의 혁신을 가져오게 되었는지, 그리고 그 정의와 특징은 무엇인지에 대해 탐색해 보았다. 광고의 패러다임을 바꾼 검색광고는 소비자의 '검색'에 대응해 맞춤형으로 노출되는 방식으로, 그 태생부터 다른 어떤 광고 방식에서도 찾을 수 없는 독특한 특징이 있다. 또한 검색광고는 CPC 방식의 과금 방식과 경매 기반의 가격 결정 방식 등의 기존 광고에서는 찾아볼 수 없던 특징이 있으며, 무엇보다 광고를 집행하고자 하는 광고주들의 범위를 확장했고, 광고주들에게 정확한 광고 성과의 측정 방식을 제공한다는 점에서 그 의의가 있다. 이러한 검색광고의 다양한 면면을 이어지는 장에서 더 심층적으로 살펴보도록 하자.

참고문헌

김은화·김남진·천현숙. 2017. 『검색광고마케터』. 명진C&P.

네이버 검색광고 스토리. 2014.

Geddes, B. 2014. *Advanced Google AdWords*. Sybex.

Jansen, J. 2011. *Understanding Sponsored Search: Core Elements of Keyword Advertising*. Cambridge.

IAB. 2013. "The Native Advertising Playbook: Six Native Ad Categories, Six Marketplace Considerations, and IAB Recommended Disclosure Principles." https://www.iab.com/wp-content/uploads/2015/06/IAB-Native-Advertising-Playbook2.pdf(검색일: 2019년 3월 10일).

Internetlivestats.com. 2019. "Google Search Statistics." https://www.internetlivestats.com/google-search-statistics/?office=3535(검색일: 2019년 4월 15일).

2장

검색광고 시장과 산업

검색은 온라인 미디어와 플랫폼을 활용해 가장 많이 이용하는 활동으로서 전 세계적으로 구글이 압도적인 1위를 차지하고 있는 검색엔진이다. 중국, 러시아 등 구글이 1위 검색엔진이 아닌 소수의 예외국가에 우리나라도 포함되며 네이버 등 국내 사업자들의 활약이 주축을 이루어 왔다. 하지만 더는 텍스트 중심이 아닌 이미지, 동영상 중심의 검색이 급성장하며 유튜브와 인스타그램 등 기존 검색엔진이 아닌 플랫폼의 약진이 국내 검색시장에서도 두드러진다. 최근 검색시장의 변화와 함께 검색엔진 혹은 플랫폼을 기반으로 하는 검색광고 시장도 급변하고 있으며 검색광고 시장의 성장과 광고 기술의 발달과 함께 다양한 사업자들이 검색광고 생태계에서 검색광고의 정교화와 고도화를 위해 노력하고 있다. 이 장에서는 검색과 검색광고 시장을 개괄하고 산업으로서 검색광고의 생태계와 참여자들을 살펴본다.

1 | 검색광고 시장 현황과 변화

1) 검색의 중요성

한국인터넷진흥원이 발간한 보고서 「2017 온라인광고 산업 동향 조사 및 분석」에 의하면 검색은 가장 많이 이용하는 인터넷 서비스다. 모바일을 포함한 온라인 미디어와 서비스는 일상생활의 필수불가결한 부분이 되었으며 우리는 온라인에서 다양한 콘텐츠를 소비하고 게임을 즐기며 다른 사람들과 소통하고 필요한 제품을 쇼핑하고 구매하는 등 다양한 활동을 한다. 하지만 〈그림 2-1〉에서 보듯이 필요한 정보를 찾고 얻는 검색이야말로 50% 넘는 응답자들이 가장 많이 이용하는 인터넷 서비스로 답할 만큼 가장 핵심적인 인터넷 서비스다.

그림 2-1 **주로 이용하는 인터넷 서비스**

(단위: %)

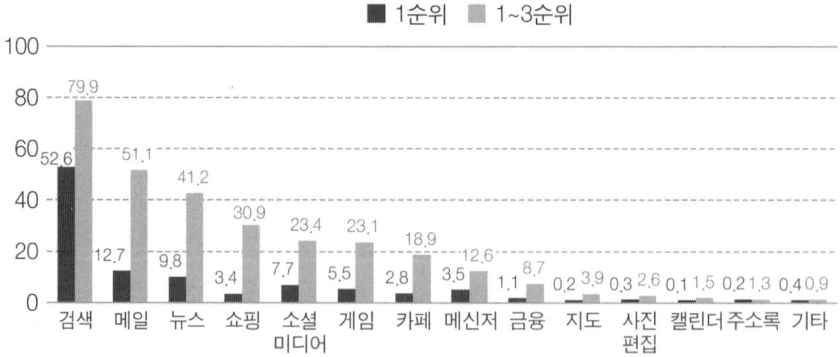

자료: 「2017 온라인광고 산업 동향 조사 및 분석」(한국인터넷진흥원, 2017).

2) 검색시장 현황

가장 중요한 인터넷의 검색 서비스는 누가 제공하는가? 검색엔진 혹은 검색 서비스 업체들이 경쟁하는 이른바 검색시장을 살펴보면 글로벌 시장의 독보적 1위는 구글(Google)이다. 아일랜드의 시장조사업체 스탯카운터(StatCounter)가 2017년 PC와 모바일에서의 검색엔진 이용 데이터를 분석한 결과를 보면 구글이 전 세계적으로 92.06%의 점유율을 차지하며 1위를 기록했고, 2위는 2.76%의 빙(Bing), 3위는 1.73%의 야후(Yahoo)였다. 1위인 구글과 2위 업체의 점유율 격차가 거의 90%에 다다르기 때문에 구글이 글로벌 검색시장에서 압도적 우위에 있다는 것을 알 수 있다(<그림 2-2>).

검색엔진의 점유율을 국가별로 살펴보았을 때도 구글이 대부분의 국가에서 압도적인 1위를 차지하고 있음을 알 수 있다. 2018년 스탯카운터의 자료에 따르면 구글은 모국인 미국에서 80% 이상의 점유율을 가질 뿐 아니라 조

그림 2-2 **글로벌 검색엔진 점유율**

(단위: %)

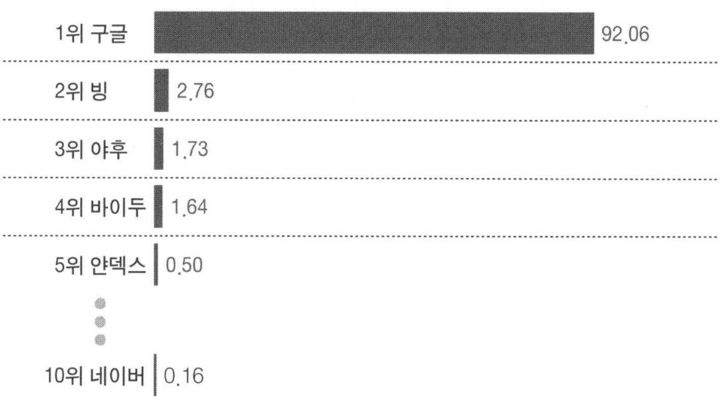

주: 2017년 11월 PC·모바일 합계 기준이다. 스캣카운터를 근거로 정리한 것이다.
자료: http://news.bizwatch.co.kr/article/mobile/2017/12/21/0010

그림 2-3 **2018 국가별 검색엔진 점유율**

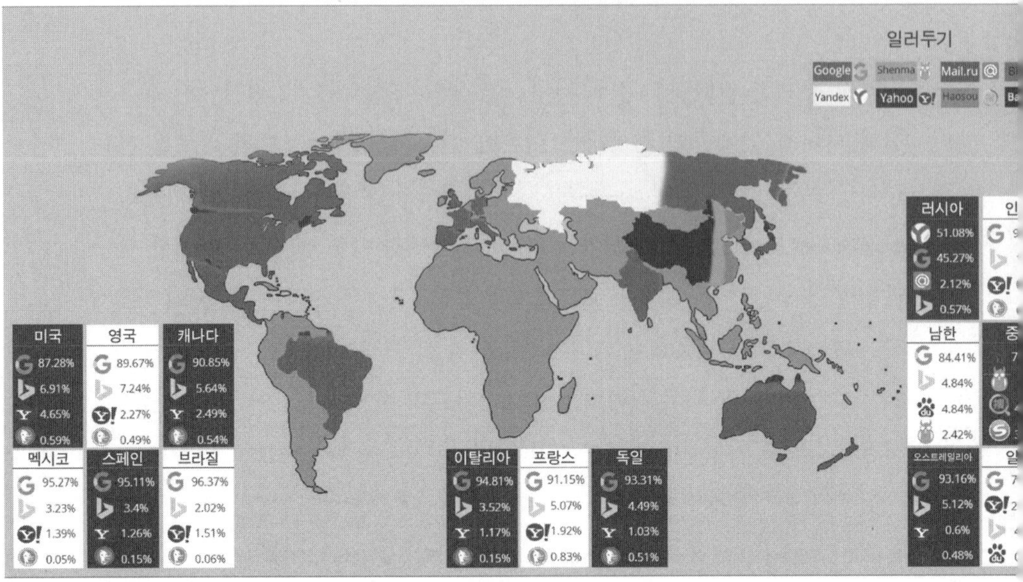

자료: https://medium.com/@SearchDecoder/global-search-engine-market-share-for-2018-in-the-top-15-gdp-nations-2cf65c11e5f5

사 대상 국가인 캐나다(90.85%), 영국(89.67%), 독일(93.31%), 이탈리아(94.81%), 프랑스(91.15%), 스페인(95.11%), 호주(93.16%), 멕시코(95.27%), 브라질(96.37%), 인도(97.35%) 등에서 모두 90% 이상의 점유율로 1위를 기록했다(<그림 2-3>). 15개국을 대상으로 조사한 이 결과에서 구글이 검색 점유율 1위를 차지하지 않은 국가는 러시아와 중국뿐인 것으로 나타났다. 러시아는 얀덱스(50.08%), 중국은 바이두(70.26%)가 각각 점유율 1위로서 글로벌 사업자가 아닌 토종 검색사업자의 위력을 보여주는 예외적인 사례다. 이 조사에서는 한국에서도 구글이 84.41%의 점유율로 1위인 것으로 나타났지만, 네이버가 포함되지 않는 등 자료의 정확성에 우려가 있어 다른 자료도 추가로 살펴보았다.

2015년 자료에 따르면 중국(바이두 70.49%), 러시아(얀덱스 64.1%), 일본(야후 51%), 한국(네이버 61.9%) 등 4개국을 제외하고는 모두 구글이 1위를 차지하는 것으로 나타났다(<그림 2-4>). 데이터 출처, 연도와 분석 방법에 따라 다소 정

그림 2-4 **2015 국가별 검색엔진 점유율**

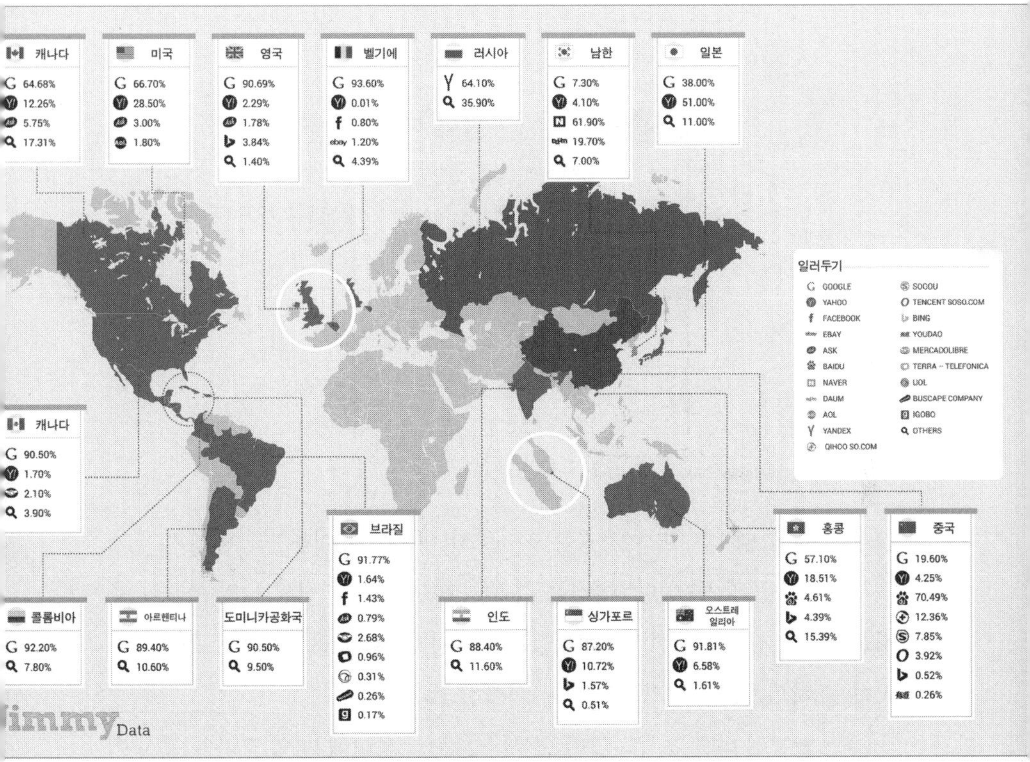

자료: https://1boon.kakao.com/bloter/56c2ca67a2b88147a50be561.

확한 수치의 차이는 있을 수 있지만, 구글이 소수의 국가들을 제외한 대부분의 국가에서 1위의 검색엔진이며 글로벌 검색시장에서 압도적인 1위라는 것은 명백하다.

국내 검색광고 시장을 살펴보면, 시장조사기관 오픈서베이가 2018년 1월 발표한 전국 20세 이상 성인 남녀 500명을 대상으로 한 조사 결과를 보면, 주로 이용하는 검색엔진은 네이버로 75.2%의 점유율을 나타냈으며, 검색 서비스에서도 1위 사업자 자리를 차지했다. 구글이 11.8%, 다음이 10.2%, 네이트가 1.8%로 그 뒤를 이었다(<그림 2-5>). 최근 한 달 동안 이용한 검색 서비스

그림 2-5 **2018 최근 한 달 이내 이용 및 주이용 검색 포털 사이트**

(단위: %)

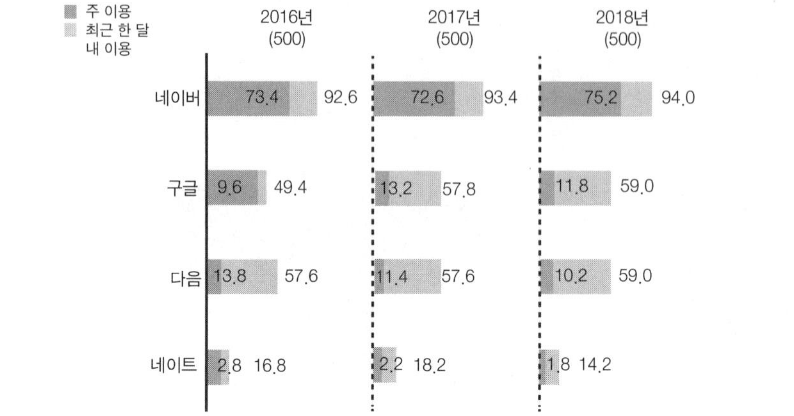

자료: https://contents.opensurvey.co.kr/form_report_social_2018.

를 조사했을 때 네이버 이용률은 94%로서 대부분의 이용자들이 즐겨 찾는 검색엔진임을 알 수 있다. 이러한 결과는 2016년, 2017년의 동일 조사와 유사한 결과로서 구글이 아닌 국내 검색 사업자가 1위를 차지하는 소수의 예외 국가 중 하나가 우리나라라는 것을 여실히 보여준다.

최근 발표된 다른 조사는 2018년부터 2019년 사이에 PC와 모바일 동시 이용자 2000명을 대상으로 설문을 실시했고, 중복 응답을 포함해 네이버가 92.4%의 이용률을 나타내 검색엔진으로 가장 많이 활용된다는 것을 보여주었다. 이 결과는 앞서 살펴본 조사 결과와 유사하지만 주목해야 할 점은 네이버에 이어 유튜브가 60%의 이용률을 차지하며 2위에 올랐다는 것이다. 이는 동영상 중심으로 검색하는 검색 행위의 변화를 나타내는 것이며, 특히 이러한 현상은 젊은 세대에서 더 많이 일어난다는 것을 알 수 있다. 구글(56.0%), 다음(37.6%)에 이어 소셜미디어인 인스타그램(Instagram)을 검색을 위해 이용했다는 응답이 27.1%인 것은(<그림 2-6>) 이미지, 동영상 중심의 새로운 검색 행동 유형과 함께 검색시장이 다양한 모바일 플랫폼의 등장으로 파편화되는 현상을 보여준다. 원하는 정보의 유형에 따라 이미지와 동영상 중심으로 검색

그림 2-6 **검색 서비스 이용 채널**

(단위: %)

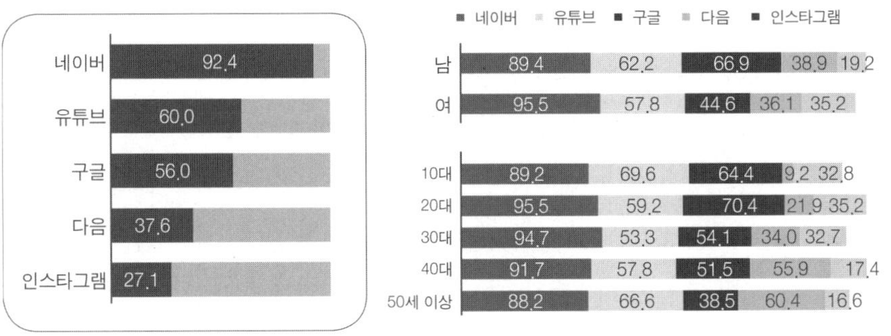

주:N=2,000, 중복 응답.
자료: 2019 인터넷 이용자 조사(나스미디어), https://www.mk.co.kr/news/business/view/2019/03/152991/

하고, 다양한 버티컬 애플리케이션(vertical application)을 이용해 쇼핑·뉴스·음악·영화 등 주제별, 분야별, 목적별로 검색하는 현상이 증가하고 있다.

또한 흥미로운 점은 유튜브와 구글이 각각 60%와 56%의 이용률을 차지해, 이 글로벌 사업자들이 전통적인 검색엔진을 이용한 검색뿐 아니라 동영상 기반의 검색 이용까지 주도하며 국내 검색시장에서의 영향력이 급성장하고 있다는 것이다. 현재까지는 중국, 러시아와 함께 국내 사업자가 1위를 차지하는 예외적인 사례에 해당했지만, 유튜브를 포함한 구글의 급성장으로 국내 검색시장의 판도 역시 변화할 것으로 예상된다.

2 | 국내 검색광고 생태계

1) 검색광고 시장 현황

검색광고는 앞서 1절에서 설명한 것과 같이 이용자가 자발적·능동적으로

행하는 검색 행위를 기반으로 검색어에 적합한 상품, 서비스 정보와 메시지를 전달하는 유형의 광고를 의미한다. 디스플레이 혹은 노출형 광고와 함께 주요 인터넷 혹은 온라인광고 유형으로서 자리매김해 왔다. 검색광고의 현황을 이해하기 위해 전체 광고시장을 살펴볼 필요가 있다.

2017년은 국내 광고시장을 이해하는 데 중요한 해다. 2017년 국내 총광고비는 전년(10조 9318억 원) 대비 1.8% 성장한 11조 1295억 원으로 집계됐다.[1] 특히 방송과 인쇄, OOH(out of home) 광고 시장이 전년 대비 감소한 가운데 모바일과 PC를 포함한 디지털광고 시장이 홀로 성장세를 보인 점이 주목받았다. 또한 괄목할 만한 점은 모바일광고 시장이 2017년 처음으로 2조 원을 돌파해 2010년 집계 이래 처음으로 점유율 1위에 올랐다는 것이다. 2017년 디지털광고 시장은 2016년 대비 13.5% 성장한 3조 8402억 원을 기록했다. 모바일 광고비는 2016년 36.3% 성장한 데 이어 2017년에도 27%에 이르는 높은 성장세를 이어가며 2조 2157억 원을 기록했다. 또한 동영상광고를 중심으로 한 노출형 광고가 전년 대비 36.7% 성장, 모바일광고 시장 내 점유율 52.7%를 기록하며 검색광고(47.3%)를 처음으로 앞지른 것으로 조사됐다. 제일기획은 "모바일을 통한 방송 다시보기 등 동영상 콘텐츠 시청이 폭발적으로 증가하고, 국내외 주요 미디어들이 동영상 서비스를 강화하면서 모바일 동영상광고 시장이 큰 폭으로 성장한 결과"라고 분석했다. 상대적으로 PC 광고는 디지털광고 예산이 모바일광고에 집중되면서 전년 대비 0.8% 하락한 1조 6245억 원으로 집계됐다.

2018년에도 국내 총광고비는 증가해 11조 7020억 원으로 집계되었다. 이는 전년 대비 4.6%의 성장률로, 2016년과 2017년 각각 1%대에 머물던 성장률에 비해 높은 것이다. 평창 동계올림픽과 월드컵, 아시안게임 등 국제 스포츠 이벤트의 영향도 있지만, 모바일광고의 성장이 전체 광고시장 성장을 견

---

1 http://news.heraldcorp.com/view.php?ud=20180226000537

표 2-1 **국내 미디어별 광고비**

구분	매체	광고비(억 원)			성장률(%)	
		2017	2018	2019(F)	2018	2019(F)
방송	지상파TV	15,313	14,425	14,700	-5.8	1.9
	라디오	2,777	2,503	2,480	-9.9	-0.9
	케이블/종편	18,455	19,632	20,524	6.4	4.5
	IPTV	994	1,163	1,307	17.0	12.4
	위성, DMB 등 기타	2,003	1,913	1,843	-4.5	-3.7
	방송계	39,542	39,636	40,854	0.2	3.1
인쇄	신문	14,370	14,294	14,250	-0.5	-0.3
	잡지	3,437	3,082	2,900	-10.3	-5.9
	인쇄계	17,807	17,376	17,150	-2.4	-1.3
디지털	PC	16,245	15,924	15,660	-2.0	-1.7
	모바일	22,157	28,011	33,260	26.4	18.7
	디지털계	38,402	43,935	48,920	14.4	11.3
OOH	옥외	3,392	3,255	3,400	-4.0	4.5
	극장	2,280	2,213	2,300	-2.9	3.9
	교통	4,352	4,874	5,000	12.0	2.6
	OOH계	10,024	10,342	10,700	3.2	3.5
제작		6,072	5,731	6,075	-5.6	6.0
총계		111,847	117,020	123,699	4.6	5.7

자료: http://www.hankookilbo.com/News/Read/201902191191027220

인하고 있다는 의견이 지배적이다. 모바일광고비가 26.4%나 증가하며 2조 8011억 원을 기록했고, 2017년에 이어 2년 연속으로 매체별 광고비 1위를 차지했다. 모바일광고의 성장에 힘입어 디지털광고비도 전년 대비 14.4%의 성장률을 보이며, 최초로 4조 원(4조 3935억 원)대를 돌파했을 뿐 아니라 처음으로 TV와 라디오를 합친 방송광고비를 추월한 것으로 기록되었다.

앞서 살펴본 매체별 광고비 중 급성장하고 있는 모바일을 포함한 디지털 광고는 주로 배너광고를 포함한 노출형 광고(디스플레이광고)와 검색형 광고로 나뉜다. 배너광고는 규격화된 크기의 직사각형 혹은 정사각형 모양으로 웹사이트의 정해진 위치에 노출되어 소비자가 클릭하면 연결된 광고주 사이트로 이동해 구체적인 제품 정보와 서비스를 제공받도록 한다. 초기 배너광고는 단순한 그래픽과 텍스트로 이루어졌지만, 인터넷 속도의 개선과 함께 멀티미디어를 구현하는 리치미디어광고(rich media ad)로 진화했다. 즉 비디오, 오디오, 애니메이션 등을 활용해 더 주목을 끄는 다양한 형태의 광고로 변화했으며, 노출의 방법도 다양화되어 새로운 웹브라우저 창을 열어 원래 이용하고 있던 브라우저 창 위에 나타나는 팝업(pop-up)광고, 원래의 브라우저 창 아래에 새로운 창을 띄워 광고를 보여주는 팝언더(pop-under)광고, 원래의 브라우저 창에 겹쳐 노출되는 플로팅(floating) 혹은 오버레이(overlay) 광고 등이 이용되고 있다.

검색형 광고는 소비자의 능동적 행위인 검색을 기반으로 제공된다는 점에서 차별화된다. 인터넷은 정보의 바다라고 불리며, 우리는 인터넷을 통해 필요한 정보를 원할 때 바로 찾아볼 수 있다. 네이버, 다음, 네이트, 구글 등 다양한 검색엔진이나 포털을 통해 원하는 검색어를 입력하고 검색을 요청하면 검색 결과가 제공된다. 이러한 검색 결과는 크게 자연검색결과(natural/organic search results/listings)와 유료검색결과(sponsored/paid search results/listings)로 나뉜다. 자연검색결과는 검색엔진의 알고리즘에 의해 제공된 관련 정보와 콘텐츠를 의미하는 반면, 유료검색결과는 광고주가 보통 실시간 비딩(bidding)을 통해 사전에 구매한 검색어에 광고 문구나 링크를 등록해 보여주는 검색광고를 의미한다. 검색광고를 클릭하면 연결되어 있는 광고주의 제품 혹은 서비스 사이트로 연결된다.

앞서 지적한 바와 같이 최근 노출형과 검색형 광고 외에 동영상광고가 급성장하며 주목받고 있다(<그림 2-7>). OTT(over-the-top) 이용의 확산과 페이스북, 인스타그램 등 소셜미디어의 동영상광고 상품 개발은 온라인 동영상광고의 성장을 가속화하고 있다. 유튜브, 네이버TV, 옥수수 등 주요 온라인 동영상 플

그림 2-7 **국내 온라인 동영상광고비 점유율**

(단위: %)

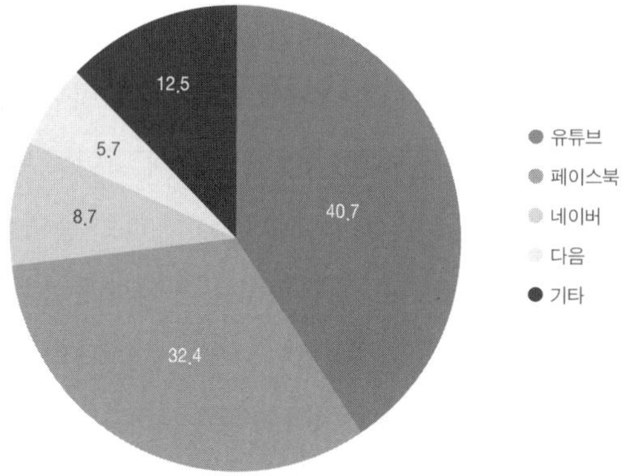

자료: https://www.ad.co.kr/mobile/journal/column/info.mjsp?ukey=528222&oid=@315550l3l4

그림 2-8 **국내 온라인광고 유형별 점유율**

(단위: 억 원)

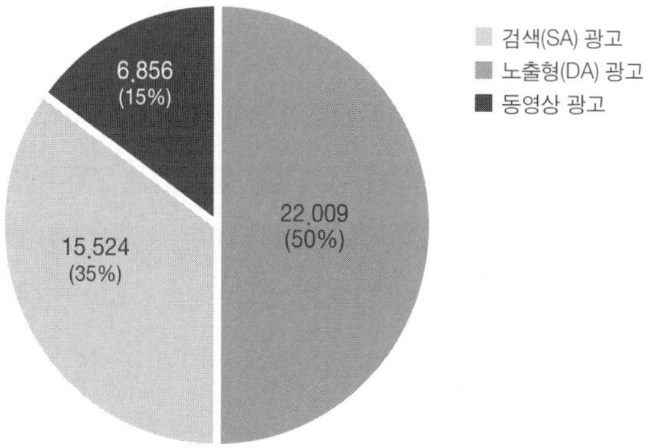

자료: https://www.ad.co.kr/journal/column/show.do?ukey=520265

랫폼들의 동영상광고는 노출 시점에 따라 요청한 동영상 시청 전에 보게 되는 프리롤광고(pre-roll ad), 동영상 시청 중간에 나타나는 미드롤광고(mid-roll ad), 동영상이 종료된 직후 삽입된 포스트롤광고 혹은 엔드롤광고(post roll/end roll ad)로 구분된다. 2017년 자료에 따르면 국내 온라인광고 유형별 점유율을 보면 노출형, 검색형, 동영상광고 순서로 나타난다(<그림 2-8>).

급성장세를 보이는 국내 온라인 동영상광고 시장은 2018년 상반기에 유튜브와 페이스북이 각각 1, 2위를 차지하며 함께 70% 이상의 점유율을 보이는 반면 3위인 네이버와 4위 다음은 각각 8.7%와 5.7%에 머무른 것으로 나타났다. 앞서 살펴보았던 국내 이용자들이 검색을 위해 네이버 다음으로 유튜브를 가장 많이 이용한다는 조사 결과와 함께, 국내 온라인 동영상광고 매출 1위가 유튜브라는 점은 검색광고 시장의 변화라는 면에서 주목할 만하다.

2) 검색광고 생태계 참여자

애드테크(AdTech)의 발전, 다양한 광고기법의 개발과 함께 디지털광고는 더욱 다양화·정교화되고 디지털광고 생태계는 더욱 전문화·세분화되고 있다. 디지털 마케팅 대행사 모비인사이드의 국내 디지털광고 생태계 지도인 모비스케이프(Mobiscape, <그림 2-9>)에서 보듯이 디지털광고를 집행하는 광고주와 광고가 전달되는 소비자 사이에 광고를 다양한 플랫폼에서 다양한 방식으로 효과적·효율적으로 기획·집행하기 위해 다양한 기업이 참여하고 있다. 전통적인 종합광고대행사(full service ad agency)뿐 아니라 디지털광고/마케팅 대행사(digital agency), 검색광고/마케팅 대행사(search agency), 미디어 렙사(media rep.) 등이 디지털광고의 기획·집행을 주도하고 있으며, 대표적인 소셜미디어 페이스북의 공식 파트너사(FMP: Facebook marketing partners)들도 찾아볼 수 있다. 디지털광고를 게재하는 퍼블리셔(publisher)는 매우 다양한데 플랫폼과 광고의 유형에 따라, 디스플레이광고, 검색광고, 메신저광고, 소셜미디어광고, 리워드광고, 비디오광고, 커뮤니티광고, 앱광고 영역 등으로 구분된다.

앞서 언급했듯이 전통적으로 광고주, 대행사, 퍼블리셔가 주도적으로 기획·운영하는 디지털광고는 애드테크의 발달과 함께 기획·구매·집행·분석 측면의 정교화·효율화가 가속화되고 있다. DMP(data management platform),

그림 2-9 국내 디지털광고 생태계 2018

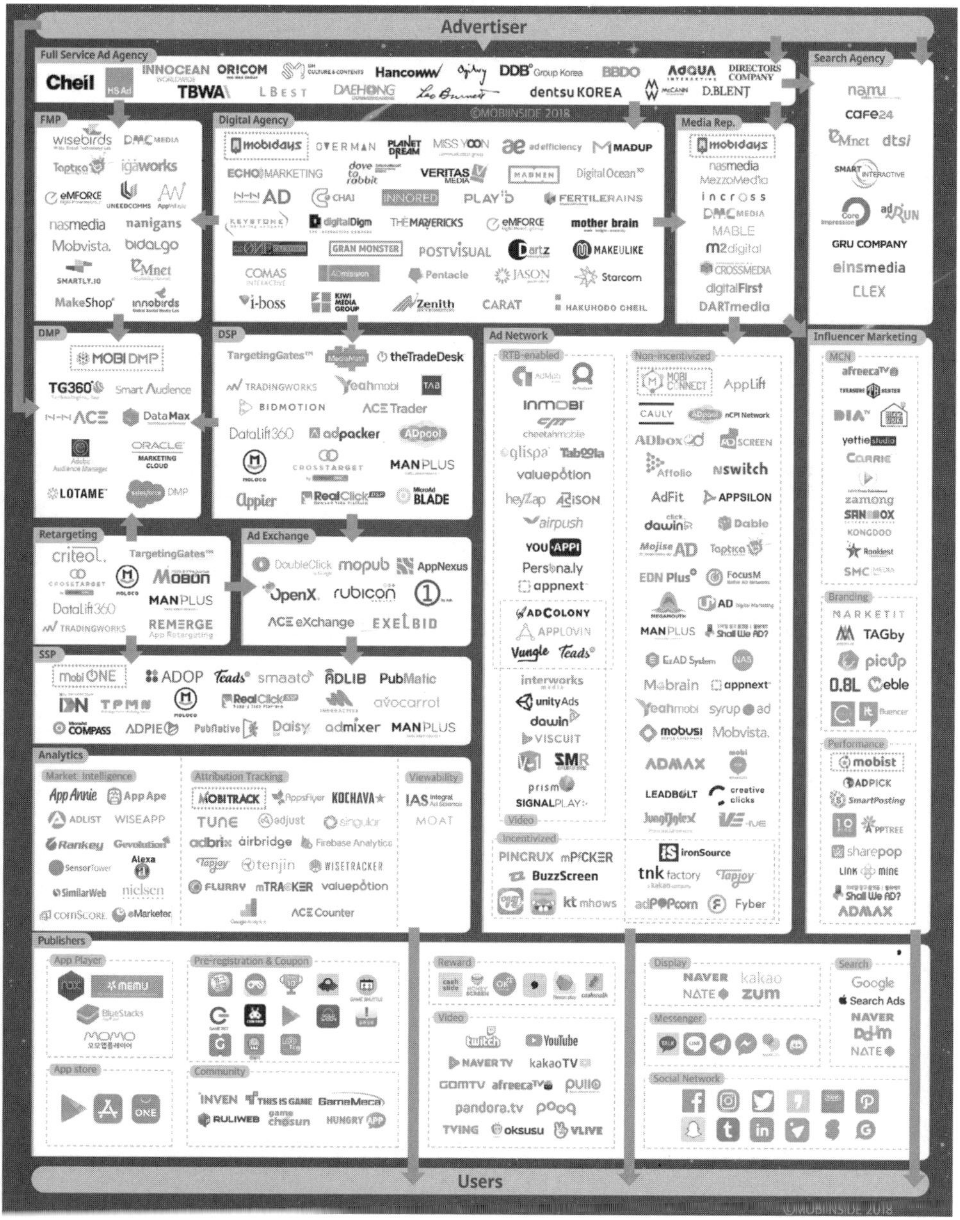

자료: 모비인사이드, https://www.mobiinside.com/kr/2018/11/15/mobiscape-4/

DSP(demand side platform), SSP(supply side platform), 애드 익스체인지(ad exchange) 등은 데이터에 기반을 둔 광고 거래의 자동화를 통해 광고 목표 달성과 효율성을 실시간으로 관찰하고 조정할 수 있도록 하며, 디지털 환경에서 생산되는 막대한 양의 데이터와 광고 효과를 분석해 활용할 수 있도록 하는 분석(analytics) 영역에도 다양한 기업이 활약하고 있다. 여러 개별 퍼블리셔를 연결해 광고 인벤토리 정보를 공유하는 애드 네트워크(ad network), 이용자의 브라우징 이력 정보를 활용해 이미 노출되었던 광고를 다시 보여주어 상기시키는 리타기팅(retargeting)광고, 최근 소셜미디어 중심으로 주목받고 있는 인플루언서 마케팅 영역에도 많은 기업이 참여하고 있다.

앞서 살펴보았듯이 검색광고는 다른 디지털광고 유형과 함께 디지털광고 생태계를 이루고 있다. 즉 검색광고 생태계는 다른 디지털광고와 유사하게 주요 참여자인 광고주, 광고대행사, 퍼블리셔로 구성된다. 〈그림 2-10〉에서 제시하는 2015년 국내 검색광고 생태계는 최근 변화를 보여주지는 않지만, 전반적인 생태계에 대한 이해를 돕는다. 검색광고 퍼블리셔는 네이버, 다음, 네이트, 구글 등 검색엔진을 운영하며 검색광고 서비스를 제공하는 공급자들이며 다양한 검색광고 상품을 개발·판매한다. 검색광고주는 상품과 서비스를 판매하기 위해 검색광고 퍼블리셔에 비용을 지불하고 검색광고를 게재하는 수요자다. 검색광고 대행사는 광고주를 도와 검색광고 기획과 구매를 전문적으로 수행하기 위해 검색엔진 혹은 퍼블리셔는 각각 고유의 광고 관리시스템을 운영하며, 대행사, 퍼블리셔, 제3자 기관들은 효율적·효과적인 광고 기획·집행을 위해 모바일을 포함한 웹사이트를 분석하는 다양한 솔루션을 개발·활용하고 있으며 데이터 분석 서비스를 제공한다.

검색광고 구매는 대행사를 통하거나 광고주가 검색광고 퍼블리셔에게 직접 구매하는 두 가지 방식으로 이루어진다. 대행사를 통해 검색광고 퍼블리셔와 거래하는 경우는 대행수수료가 발생하며, 두 가지 지급 방식이 이용된다. 네이버 등 국내 검색광고 퍼블리셔들은 주로 커미션(commission)을 지급하

그림 2-10 **국내 검색광고 생태계 2015**

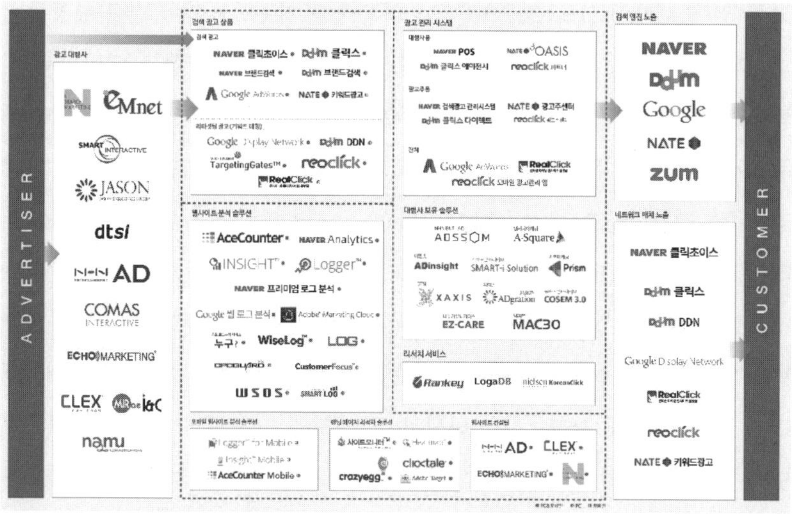

자료: https://www.i-boss.co.kr/ab-6141-13643.

는데, 이는 대행사가 광고주가 지불하는 광고비의 일부를 퍼블리셔로부터 받는 방식이다. 구글 등 해외 검색광고 퍼블리셔들은 주로 피(fees) 방식을 채택하고 있어, 광고주가 광고비와는 별도로 정해진 비용을 대행사에 지불한다.

검색광고는 이용자가 검색어로 입력할 것으로 예상되는 검색어를 고안하고 입찰 경쟁이 적은 연관 검색어를 구매하는 등의 전략을 고안할수록 광고 효율성을 높일 수 있는데, 실시간으로 입찰 상황이 변하므로 지속적인 관리가 필요하다. 검색광고를 비롯해 디지털광고의 전략이나 기법, 결과 분석에 대해 전문적 조언을 얻기 위해 광고주가 직접 광고를 운영하기보다는 광고대행사의 전문적인 서비스를 받는 경우가 많다. 또한 검색광고 퍼블리셔들이 누구나 쉽게 검색광고를 운영·관리할 수 있도록 시스템을 구축하고 관련 자료와 정보를 제공하려는 노력을 기울이면서 광고주가 직접 거래하는 것이 점차 용이해져 대행사를 고용하지 않고 스스로 검색광고를 운영하는 경우도 증가하고 있다.

이렇게 직접 검색광고를 기획·집행하는 중소 광고주를 위해 네이버는 광고주 온·오프라인 교육 프로그램과 스튜디오를 비롯한 창작 공간을 제공하는 파트너스퀘어[2], 웹사이트와 광고 데이터 분석 결과를 제공하는 애널리틱스[3] 등을 제공해 광고주의 직접 운영[4]을 지원한다. 대표적인 글로벌 검색광고 퍼블리셔인 구글은 오프라인 공간에서의 지원은 없지만, 온라인과 전화로 검색광고주를 지원[5]하고 있으며, 애널리틱스[6]를 제공하여 웹사이트 트래픽을 추적하고 보고해 광고주들에게 유용한 정보를 제공하고 있다. 한편 디지털광고 생태계의 경쟁이 심화되면서 많은 대행사들이 검색광고 대행 서비스를 제공받기에 지식과 경험이 충분하지 않은 광고주들의 피해를 방지하고 대행사 선정을 돕기 위해 네이버는 공식 대행사[7]를 선정해 이에 대한 정보를 제공하고 있다. 구글은 구글 파트너[8] 프로그램을 통해 자사의 광고를 운영하는 광고대행사, 디지털 마케팅 전문가, 컨설턴트 등의 전문성을 인증하고 지원한다.

3) 검색광고 시장의 변화

검색광고 시장은 전통적인 검색엔진 사업자들 외에도 다양한 사업자의 참여와 영향력의 증가와 함께 변동이 예상된다. 〈표 2-2〉에서 보듯이 미국 검색광고 시장은 수익의 80%를 차지하는 구글의 영향력이 두드러진다. 하지만 모바일 쇼핑의 성장과 함께 이커머스 기업들은 단순한 커머스 기업이 아

---

2 https://partners.naver.com/
3 https://analytics.naver.com/
4 https://saedu.naver.com/adguide/manage/directManaging.nhn
5 https://support.google.com/google-ads#topic=7456157
6 https://analytics.google.com/analytics/web/
7 https://saedu.naver.com/adguide/manage/adAgency.nhn
8 https://www.google.com/partners/about/

표 2-2 **미국 사업자별 검색광고 수익**

(단위: 10억 미국 달러)

	2016	2017	2018	2019
구글	24.60	28.55	32.40	36.62
% 변화	20.2	16.1	13.5	13.0
전체 중 비율(%)	75.8	77.8	80.0	80.2
마이크로소프트	2.61	2.79	2.92	3.02
% 변화	8.1	6.9	4.7	3.3
전체 중 비율(%)	8.0	7.6	7.2	6.6
야후	0.99	1.00	1.02	1.04
% 변화	-20.8%	1.0%	2.0%	2.0%
전체 중 비율(%)	3.0%	2.7%	2.5%	2.3%
옐프(Yelp)	0.61	0.73	0.86	1.00
% 변화	37.8	20.0	19.0	16.0
전체 중 비율(%)	8.2	6.9	5.1	5.8
IAC	0.51	0.50	0.51	0.51
% 변화	-30.5	-0.5	1.0	1.0
전체 중 비율(%)	0.9	1.0	1.2	1.3
아마존	0.28	0.37	0.48	0.60
% 변화	58.0	32.0	29.2	26.3
전체 중 비율(%)	1.9	2.0	2.1	2.2
버라이즌(AOL)	0.21	0.21	0.21	0.22
% 변화	-1.4	1.6	1.0	0.8
전체 중 비율(%)	1.6	1.4	1.3	1.1
검색광고 총매출	32.47	36.69	40.49	45.63

주: PC, 노트북, 휴대폰, 태블릿과 여타의 인터넷 연결 기기의 모든 광고를 포함하며, 유료 링크, 유료 검색광고, 검색엔진 최적화 등 트래픽 유입 비용을 협력 사이트에 지불한 후의 순수 광고수입이다.

자료: eMarketer(2017).

니라 미디어 기업으로 영역을 확장하고 있으며, 다양한 영역에서 영향력을 키우는 아마존이 주목받고 있다. 특히 아마존은 광고시장에서의 영향력을 확대하고 있다. 예를 들어 시장조사기관 이마케터는 "검색광고 영역에서 아마존이 페이스북이나 구글보다 더 많은 시장을 점유하고 있다"면서 "아마존이 이런 검색광고 상품의 니즈가 높은 회사를 적극적으로 공략하고 있다"라고 언급했다.[9] CNBC는 "일부 브랜드가 구글에 할당한 검색광고 예산의 최대 60%를 아마존으로 이전하는 것을 발견했다"라고 밝혔다. 투자사 파이퍼제프리의 애널리스트 마이클 올슨(Michael Olsen)도 "아마존의 광고 영업 이익은 2021년에 AWS를 넘어설 것으로 확신"하며 "투자사는 이제 아마존 광고에 집중해야 할 때"라고 평가했다.[10] 그는 아마존 광고사업의 규모가 2021년에는 150억 달러의 AWS보다 10억 달러 많은 160억 달러로 성장할 것으로 예측했다. 아마존 광고사업 성장의 원동력은 상품검색이다. 마이클 올슨은 세계 최대 상품검색엔진을 보유한 아마존이 이미 상품검색 시장의 50% 이상을 차지하며 상품광고 시장의 광고점유율도 확대하고 있다고 보았다. 또한 알렉사 기반 스마트 인공지능 스피커 에코에 광고를 노출하기 위한 방안을 대형 소매업체들과 협의하는 등 플랫폼을 확장해 상품검색 시장의 우위를 활용한 광고시장 점유율 확대 전략을 펼치고 있다. 〈표 2-2〉의 미국 검색광고 시장의 기업별 수익을 볼 때 아마존의 점유율은 아직 미비하지만 가장 높은 성장률을 보이고 있다.

아마존과 함께 검색광고 시장에서 새로이 주목받고 있는 또 다른 기업은 애플이다. 애플은 미국을 비롯해 일부 국가에서만 운영하던 검색광고 상품 '서치 애즈(search ads)'를 국내에도 도입했다.[11] 실제로 2018년 11월에 업데이

9 http://biz.newdaily.co.kr/site/data/html/2018/10/30/2018103000105.html

10 http://www.inews24.com/view/1117329

11 http://www.edaily.co.kr/news/read?newsId=01725286619278456&mediaCodeNo=

트된 국내 디지털광고 생태계 지도 〈그림 2-9〉는 검색광고 퍼블리셔에 애플 서치 애즈를 포함하고 있다. 구글의 서치 애즈와 유사한 애플의 서치 애즈는 앱스토어 이용자의 검색과 연관성이 높은 특정 앱을 검색 결과의 상단에 보여주며 이용자가 광고임을 알 수 있도록 일반 검색 결과와 구분되는 배경색과 '애드(Ad)' 표기를 이용한다. 애플이 서치 애즈 서비스를 확장하는 이유는 그동안 애플은 스마트폰, 태블릿PC, 컴퓨터, 스마트 워치 등 하드웨어를 주로 판매했지만, 기기 매출액은 감소 추세인 반면 아이튠즈, 애플뮤직, 앱스토어, 아이클라우드 등 소프트웨어를 기반으로 한 서비스의 매출은 증가하고 있기 때문이다.[12] 즉 하드웨어 매출의 부진을 성장률이 높은 콘텐츠와 디지털광고 사업을 확대해 만회하고 소프트웨어 사업의 성장을 추구하는 전략을 꾀하고 있다. 애플 서치 애즈의 성장이 예측되는 이유는 애플이 밝힌 바에 의하면 70% 이상의 앱스토어 방문자들이 검색으로 필요한 앱을 찾고 앱스토어 검색 결과로 찾은 앱을 바로 다운로드하는 비중이 전체 다운로드의 65%로서 앱스토어 검색이 이용자의 앱 이용과 직결되는 행위로 이어지기 때문이다. 실제 앱 개발자들은 서치 애즈를 통해 50% 이상의 전환율이라는 높은 성과를 얻은 것으로 나타났다.[13]

아마존과 애플 등 검색광고 시장에서 새롭게 영향력을 확대하는 글로벌 사업자들의 약진이 기대되지만, 현재 독보적인 강자 구글은 유튜브의 성장에 힘입어 시너지 효과를 내며 지속적으로 성장할 것으로 예측된다. 이마케터는 구글 광고 수익의 83%가 검색 기반 광고에 기인한다고 보고했는데 유튜브가 미국에서 이용자 수가 두 번째로 많은 검색엔진[14]이며 약 60%의 구

257&OutLnkChk=Y

12 https://www.mk.co.kr/news/business/view/2019/04/230326/

13 http://www.edaily.co.kr/news/read?newsId=01725286619278456&mediaCodeNo=257

14 http://news.g-enews.com/view.php?ud=201810021519032161 25b4ac5ede_1&md=20181002155929_K

글 쇼핑 이용자들이 유튜브에서 추가로 관련 정보를 얻는다는 것을 고려하면 두 플랫폼을 연계한 검색광고 상품을 개발하는 등 시너지를 도출할 수 있다는 전망이 가능하다.

국내 검색시장에서도 유튜브의 약진은 주목할 만하다. 최근 유튜브는 카카오톡 메신저를 앞질러 가장 오랫동안 이용하는 앱으로 자리매김했다.[15] 특히 젊은 세대들은 글이나 이미지가 아닌 영상을 선호하고 네이버 등 전통적인 검색엔진을 이용하기보다는 동영상 검색이 용이한 유튜브를 이용하는 경향이 강하게 나타나고 있다. 글이나 그림 등의 이미지에 비해 동영상은 생생하며 직관적이고 이해하기 쉬운 편이다. 특히 이른바 '하우 투(how to)' 영상은 요리, 게임, 메이크업, 운동, 화장 등 다양한 사용법을 쉽게 배울 수 있도록 도와준다. 전 세계 압도적인 수의 이용자들이 스스로 제작자로서 다양한 동영상을 만들어 업로드하기 때문에 엄청난 양의 풍부한 동영상 콘텐츠 중 필요한 영상을 쉽게 찾아 이용할 수 있는 동영상 중심의 검색은 '검색의 패러다임'의 변화를 가져오고 유튜브는 검색시장의 재편을 촉발할 것으로 전망된다.[16]

검색시장에서 각 사업자의 점유율은 광고 매출과 직결되기 때문에 이러한 검색시장의 변화는 검색광고 시장의 변화도 가져올 것으로 예측된다. 네이버를 비롯해 구글도 검색뿐 아니라 쇼핑 사업을 확대·강화하고 있는데 다양한 검색 중 상품검색이 구매와 직접적으로 연관이 있고 높은 검색광고 전환율을 이끌 수 있어 쇼핑과 검색의 결합 혹은 시너지를 창출하려는 노력의 일환으로 볼 수 있다. 동영상, 상품검색이 검색광고 시장을 견인하고 있는 현 시점에서 국내 검색광고 시장의 역동적인 변화를 이끌고 있는 국내 사업자와 글로벌 사업자들이 어떻게 대응하고 나아가 선제적으로 어떠한 혁신을 가져올지 검색과 검색광고의 미래가 기대된다.

15 http://www.businesspost.co.kr/BP?command=article_view&num=82964

16 http://www.businesspost.co.kr/BP?command=article_view&num=82964

참고문헌

모비인사이드, https://www.mobiinside.com/kr/2018/11/15/mobiscape-4/
2019 인터넷 이용자 조사(나스미디어), https://www.mk.co.kr/news/business/view/2019/03/52991/2cf65c11e5f5
eMarketer(2017).

http://biz.newdaily.co.kr/site/data/html/2018/10/30/2018103000105.html
http://news.bizwatch.co.kr/article/mobile/2017/12/21/0010.
http://news.g-enews.com/view.php?ud=2018100215190321612 5b4ac5ede_1&md=20181002155929_K
http://news.heraldcorp.com/view.php?ud=20180226000537
http://news.heraldcorp.com/view.php?ud=20180226000537
http://www.businesspost.co.kr/BP?command=article_view&num=82964
http://www.edaily.co.kr/news/read?newsId=01725286619278456&mediaCodeNo=257
http://www.edaily.co.kr/news/read?newsId=01725286619278456&mediaCodeNo=257&OutLnkChk=Y
http://www.hankookilbo.com/News/Read/201902191191027220.
http://www.inews24.com/view/1117329
https://1boon.kakao.com/bloter/56c2ca67a2b88147a50be561.
https://analytics.naver.com/
https://contents.opensurvey.co.kr/form_report_social_2018.
https://medium.com/@SearchDecoder/global-search-engine-market-share-for-2018-in-the-top-15-gdp-nations-2cf65c11e5f5
https://partners.naver.com/
https://saedu.naver.com/adguide/manage/adAgency.nhn
ttps://analytics.google.com/analytics/web/
https://saedu.naver.com/adguide/manage/directManaging.nhn
https://www.ad.co.kr/journal/column/show.do?ukey=520265
https://www.ad.co.kr/mobile/journal/column/info.mjsp?ukey=528222&oid=@315550|3|4
https://www.google.com/partners/about/
https://www.mk.co.kr/news/business/view/2019/04/230326/
NHN Entertainment AD.

3장

검색광고 작동 원리

2000년대 초 소개된 검색광고(generalized second price) 경매는 검색광고 업계에 빠르게 자리 잡아 전 세계 대다수의 검색엔진에서 보편적으로 사용되고 있다. 검색광고 경매는 차가 경매로서 특정 광고 위치의 낙찰 광고주는 바로 후순위 입찰자의 낙찰금을 기반으로 광고비를 지불하게 된다. 검색광고 경매의 기본 요소는 소비자의 광고 클릭에 대해 광고주가 생각하는 가치를 기반으로 하는 입찰금, 소비자 검색 의도와의 부합도를 기반으로 한 광고주의 품질 요인, 경매 결과에 따라 낙찰받는 광고의 위치요인으로 들 수 있다. 이러한 요소들을 종합적으로 고려해서 경매가 진행되는데 특히 현행 검색광고 경매 방식에서의 순위 결정은 광고주의 광고 품질을 입찰금과 함께 고려해서 광고 위치를 배정하고 있다. 이 장에서는 먼저 경매의 기본 원리 및 현재 널리 사용되고 있는 검색광고 경매의 작동 원리와 중요 요소들을 살펴본다.

1 | 경매란 무엇인가?

1) 경매란?

경매(auction)란 어떤 상품에 대해 구매자들의 입찰 과정을 거쳐 가격을 정하는 판매 방식으로서 오늘날 다양한 형태의 상품을 판매하기 위해 사용된다. 판매자가 경매를 통해 한 가지 특정 상품을 판매할 때 각각의 잠재적 구매자들은 그 상품에 대한 자신의 가치를 기반으로 한 지불 의사를 입찰금의 방식으로 표현하며, 판매자는 그 모든 입찰금 중 하나를 선택해(이를 낙찰이라고 한다) 최종적으로 판매자의 물건과 낙찰된 구매자의 입찰금을 교환하는 과정을 경매라고 한다.

경매는 그 역사가 매우 오래되었으며 다양한 상품의 판매에 응용되고 있는데 경매 방식을 사용해 운영하는 대표적인 시장으로 미술품 및 골동품 등의 희귀한 물건을 다루는 시장, 농수산품과 원자재 시장, 부동산 시장, 주파수 시장 등이 있으며 많은 판매자와 구매자들이 존재하는 시장에서 다양하게 이용되고 있다. 특히나 최근에는 인터넷과 기술의 발전으로 인해 온라인 상거래 시장에서의 상품 판매(예: eBay), 검색엔진과 포털 및 SNS에서의 광고 판매(예: 구글, 페이스북, 네이버) 등 광범위하게 이용되고 있다.

2) 경매의 특징

그렇다면 경매가 왜 필요한지 경매의 특징에 대해 간단히 알아보고자 한다. 일반적으로 경매는 어떠한 특정 상품 혹은 복수의 상품에 대해서 참가자들이 자유롭게 자신이 생각하는 상품에 대한 가치와 이를 바탕으로 한 지불

의사를 입찰 방식으로 표현하고, 입찰 결과에 따라서 상품 가격이 책정되고 가격을 지불한 낙찰자에게 분배되는 방식이다. 이러한 경매는 공급이 한정적이거나 일정하지 않은 상품에 대해, 판매자와 구매자들의 상품에 대한 가치 및 지불 의사를 정확히 알 수 없을 때 유용하게 사용될 수 있다. 예를 들어 판매자들이 구매자들의 가치나 지불의사에 대한 정보가 부족할 때 구매자들 스스로 자신의 가격을 결정하게 함으로써 거래를 원활하게 할 수 있다.

구매자들 또한 서로 간의 가치를 알지 못하더라도(물론 본인의 가치는 알고 있을 것이다) 경매 방식을 통한 효율적인 배분과 거래 비용 감소 등으로 효용을 얻을 수 있다. 만약 모든 구매자들이 서로의 가치와 지불의사를 잘 알고 있다면 구매자와 판매자들은 굳이 경매를 통하지 않고도 원활하게 상품의 거래를 할 수도 있다(물론 이런 경우에도 모두가 만족할 만한 거래를 하는 것은 쉽지 않을 것이다). 하지만 현실에서는 완벽한 정보를 보유하기는 쉽지 않고 이러한 정보는 여러 거래 참가자들 사이에 비대칭적으로 존재할 확률이 높다. 만약 판매자가 상품에 대한 가격 없이 상품에 대한 가격을 책정해 버린다면 어떤 구매자들은 상품의 가격이 자신들이 생각하는 가치보다 높아서 상품 취득 기회를 상실할 것이다. 반면 어떤 구매자들 입장에서는 그들이 생각하는 가치보다 낮은 가격을 지불해 이익을 볼 수도 있지만 판매자 입장에서는 기회 손실이 될 수도 있다. 또한 구매자 입장에서는 이러한 가격에 대해 적절성과 공정성의 의문을 제시할 수 있고 결국 상품거래에서 비효율성을 유발할 가능성이 크다. 특히나 검색광고처럼 엄청난 수의 잠재적 상품(각 검색어별로 존재하는 광고 위치들)이 존재하고 그에 따른 수많은 구매자(광고주)들이 존재하며, 이런 구매자들이 단수의 상품이 아닌 복수의 상품에 대한 구매를 시행할 때(보통 검색광고주는 많은 수의 검색어에 대한 검색광고를 동시에 집행하고 있으며 이에 따른 광고 키워드 선택, 입찰 등의 결정은 언제 어디에서나 만들고 바꿀 수 있다), 이러한 정보 취득과 관리는 판매자와 구매자 모두에게 복잡하고 어려운 작업이 될 것이고 개별 상품(검색어)에 대한 적정가격을 책정한다는 것은 어려울 것이다.

이런 경우에 경매가 사용된다면 판매자와 경매 참가자들이 서로 간의 지불 의사를 모르더라도 경매의 과정을 통해서 판매자와 구매자 사이의 균형가격을 형성해 거래가 원활히 이루어지게 할 수 있다. 이러한 균형가격은 판매자가 생각하는 상품의 최소가치보다는 높을 것이며 구매자가 생각하는 상품의 가치보다는 낮을 것이다. 예를 들면, 판매자가 상품을 생산하는 가격이 1만 원이라면 판매자의 최소가치는 1만 원 이상이 되어야 하며, 따라서 그 가격 아래로 판매하고자 하지 않을 것이며, 마찬가지로 구매자가 생각하는 제품을 통한 가치가 2만 원이라면 그 가격보다 높이 지불하고자 하지 않을 것이다. 즉 이럴 경우 경매를 통한 균형가격은 여러 요소(판매자와 구매자 수 등)를 고려하여 1만 원과 2만 원 사이에 형성될 것이다. 비슷한 일례로 경매는 농수산물과 광물 등을 거래하는 선물거래 및 여타 금융시장, 정부의 공공재 분배(예: 주파수 경매) 등에 사용되고 있다.

3) 경매의 종류

현재 여러 산업에서 사용하는 경매의 종류는 산업의 특성에 따라 진화해 왔고, 따라서 그 세부적인 내용은 조금씩 다를 수 있지만 여기서 우리는 대표적인 4가지 종류의 경매에 대해서 간단히 살펴보고자 한다. 경매 방식은 일반적으로 경매 참가자들이 서로의 입찰가를 알지 못한 채 동시에 입찰가를 써내는 비공개 경매 방식(이러한 방식들을 sealed bid auction이라고 부른다) 그리고 공개적으로 한자리에 모여(꼭 물리적으로 모이는 것을 의미하는 것은 아니다) 서로 간의 입찰가를 통해 최종 낙찰가를 결정하는 공개 경매 방식으로 나눌 수 있다. 또한, 낙찰자가 지불하는 가격이 낙찰자 본인의 입찰금인지 혹은 낙찰자를 제외한 입찰금 중 가장 높은 입찰금을 지불하는지에 따라 최고가 경매(first price auction) 또는 차가 경매(second price auction)로 나눌 수 있다.

그림 3-1 **경매의 종류**

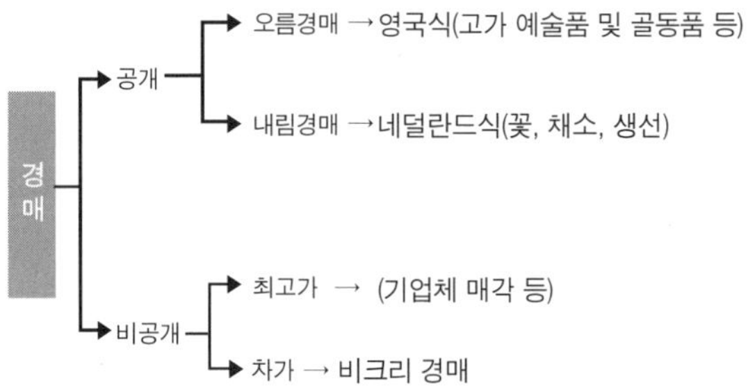

영국식 경매(English Auction) 영국식 경매 방식은 공개 경매 방식으로 참가자들이 현시점의 최고 입찰금액보다 높은 금액을 입찰하는 방식이다. 다시 말해 가장 낮은 입찰금(혹은 경매 주최자가 설정해 놓은 최소 입찰금액)부터 시작해서 개별 참가자들이 조금씩 높은 입찰금을 순차적으로 제시한 후, 가장 높은 입찰금을 제시한 사람에게 상품이 주어지는 방식, 즉 입찰금이 점점 올라가는 방식이다. 이러한 방식이 사용되는 대표적인 예로는 고가의 미술품 및 골동품 경매를 들 수 있다.

네덜란드식 경매(Dutch Auction) 영국식 경매와 마찬가지로 네덜란드식 경매 또한 공개 경매 방식이지만 영국식 경매와는 달리 입찰금이 점점 내려가는 방식이다. 경매 주최자가 먼저 최고가의 희망금액을 제시한 후, 제시된 가격이 선택받을 때까지 제시 가격을 일정한 금액만큼 내린다. 이런 과정 속에서 제시 가격을 가장 먼저 선택한 참가자는 제시된 낙찰금액을 지불하고 상품을 소유하게 된다. 이러한 경매 방식은 네덜란드 화훼시장에서 오랫동안 사용되었으며, 그래서 이 방식을 네덜란드식 경매라고 부르게 되었다. 경매 진행을 빨리할 수 있으며 꽃, 채소, 생선 등의 경매에 널리 사용된다.

최고가 비밀경매(Sealed-bid First Price Auction)　최고가 비밀경매 방식은 참가자들이 자신의 입찰금을 비밀리에(다른 참가자들이 알지 못하게) 봉인된 상태로 제시하고 그중에 가장 높은 입찰금을 제시한 참가자가 낙찰받는 방식이다. 이때 낙찰받은 참가자는 자신이 제시한 입찰금을 지불해야 한다. 그래서 이 방식을 최고가 가격경매라고 부른다. 최고가 비밀경매가 응용되는 대표적인 분야는 기업체 경매 혹은 부동산 경매나 정부 조달 상품을 들 수 있다.

차가 비밀경매(Vickrey Auction/ Sealed-bid Second Price Auction)　차가 비밀경매는 경매의 참가자들이 다른 참가자들이 알지 못하게 개개인의 입찰금을 제시하는 점에서 최고가 비밀경매와 비슷하다. 그런데 최고가 경매와 다른 점은 가장 최고가의 입찰금을 제시한 낙찰자는 본인의 입찰금을 지불하는 대신 두 번째로 높은 입찰금(낙찰자를 제외한 가장 높은 입찰액)을 지불하는 경매이며, 이차가격 경매라고도 한다. 이 방식은 비크리(Vickrey) 경매라고도 불리는데, 이는 이차가격 경매 방식을 최초로 제안하고 이러한 업적을 바탕으로 하여 1996년도에 노벨 경제학상을 수상한 윌리엄 비크리(William Vickrey)라는 경제학자를 기리기 위한 것이다. 차가 비밀경매 방식은 실제 상품 경매 시장에서 많이 사용되지는 않았지만, 이어서 언급할 검색광고 경매 방식에 가장 직접적인 영향을 미친 방식이다. 이차가격 비밀경매에서의 입찰자 자신의 상품에 대한 가치를 입찰가로 써내는 것(truthful bidding)이 입찰자의 우월 전략이다. 즉 다른 입찰자의 숫자나 그들의 입찰금과 상관없이 자신의 가치를 입찰하는 것이 입찰자의 합리적인 전략이다.

2 | 검색광고 경매

1) 검색광고 경매란?

먼저 검색광고 경매의 기초적인 원리에 대해 살펴보고자 한다. 일반적으로 검색광고 경매는 검색어를 기반으로 이루어진다. 개별 광고주들이 운용하는 검색광고 캠페인에는 보통 여러 검색어가 포함되어 있는데, 이론적으로는 개별 검색어별로 경매가 이루어진다고 볼 수 있다. 보통 각 검색어당 여러 개의 광고 위치가 존재하는데 이러한 광고 위치의 결정은 기본적인 검색광고 경매의 원리인 GSP 경매 혹은 위치 경매(position auction) 등으로 정의될 수 있다(Edelman et al., 2007; Varian 2007). 검색광고 경매는 차가 경매 방식(검색광고와 같이 복수의 경매품이 존재하는 경우에 대해)을 일반화한 방식으로 여러 개의 상품(검색광고의 경우 광고 위치)을 차가 경매 방식으로 판매하는 것이다. 예를 들어 단순히 입찰금으로만 순위를 책정한다면 각 위치를 차지한 광고주는 바로 밑에 위치한 광고주의 입찰금을 광고비로 지불하게 되는 방식이다. 검색광고 경매에서 광고주들의 입찰은 소비자의 광고 클릭에 대한 광고주들의 지불 의사를 기반으로 하는데(즉 소비자들의 클릭이 자신에게 얼마의 가치가 있는지), 이를 PPC(pay per click) 혹은 CPC(cost per click) 방식이라고 부른다. 일반적인 광고주들은 하나의 검색광고 캠페인에서 복수의 광고검색어를 운용하지만, 검색광고 경매는 개별 검색어 단위로 이루어진다. 물론 복수의 키워드를 하나의 광고그룹 및 캠페인 안에 운용하는 광고주 입장에서는 개별 검색어 운용 전략이 서로 연관되어 있을 것이고, 따라서 검색어별 입찰 전략이 독립적이진 않을 것이다. 하지만 여기서는 경매 원리와 기본 개념의 명확한 이해를 돕기 위해 우선 각 검색어별 검색광고는 다른 검색어의 경매와 독립적이라고 가정하고, 각 검색어에 대한 경매가 이뤄지는 방식에 대해 살펴보기로 하자. 또한 광고주들은 검색광고 경매당 하나의 위치를 차지할 수 있는데, 이는 검색어 별로 하나의 광고를 노출시킬 수 있다는 뜻이다.

그렇다면 각 검색어에 대한 경매는 어떻게 이루어지는가? 일반적인 경매에서는 경매 참가자들이 입찰을 하고 가장 높은 금액을 제시한 참가자가 상품을 획득하여 최고가 혹은 차가의 경매원칙에 따라서 입찰금을 지불하는 방식이다. 마찬가지로 검색광고에서도 모든 광고주들은 특정 검색어에 대해서 입찰을 하고 가장 높은 입찰금을 부른 광고주들이 광고 위치를 차지한다고 생각하기 쉽다. 하지만 검색광고에서는 단순한 입찰금뿐만 아니라 다른 하나의 요인을 더 고려하게 되는데 이를 광고주의 품질요인이라고 부른다. 다시 말해 검색광고 경매에서는 검색광고주들의 입찰금, 광고주들의 품질요인을 고려해서 경매 순위를 정하고 이를 바탕으로 하여 서로 다른 효과를 지닌 광고 위치를 배정받는다. 소비자가 검색할 때 광고들이 노출되고 클릭되면 이때 차가과금 방식에 따라서 자신보다 한 등수 낮은 광고주의 입찰금을 각각의 품질요인에 따라 조절한 금액을 지불하게 된다. 그렇다면 검색광고 경매의 핵심요소인 광고 입찰금, 품질 및 위치 요인, 이를 바탕으로 한 순위 선정과 과금 방식을 좀 더 자세히 알아보도록 하자.

2) 검색광고 경매 균형 소개

2002년 2월, 구글의 경쟁자들이 모두 최고가 경매(generalized first price 경매, 즉 광고주들이 자신의 입찰금을 지불하는 방식이다)를 사용하고 있을 때 일반화된 차가 경매(GSP 경매)를 구글에서 처음으로 도입했다. 현재 GSP 경매는 온라인 검색광고 시장의 표준가격 경매 방식으로 자리 잡았을 뿐 아니라 검색광고 외에도 디스플레이광고 및 여러 다른 온라인광고의 판매에도 사용되고 있다.

1997년 오버추어(Overture)에 의해 도입된 최고가 경매 방식의 가장 큰 문제점은 광고주들이 합리적인 입찰가를 결정하기가 매우 어려우며 따라서 안정적인 입찰 전략을 찾기가 어렵다는 것이었다. 소위 '입찰가 순환의 문제'가

그림 3-2 **입찰가 순환 예시**

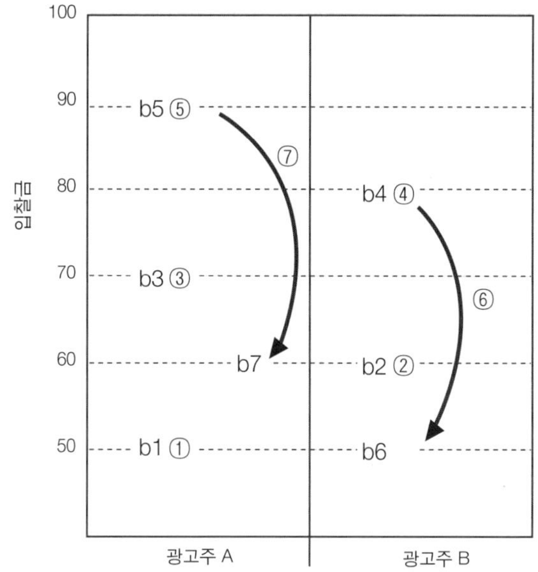

발생하는 것이 그 원인인데 입찰가 순환 문제는 아래 사례에서 잘 설명해 준다. 먼저 50원의 최저 입찰가와 10원의 입찰 단위로 광고주 A와 B가 경매에 참여했다고 가정해 보자. 〈그림 3-2〉에서 볼 수 있듯이 최초에 ① 광고주 A는 50원을 입찰하고, ② 광고주 B는 60원을 입찰했지만, 최상위 낙찰을 위해 ③ 광고주 A가 입찰금을 70원으로 올리고, ④ 광고주 B는 이에 대응하여 80원으로 올린다. 이에 ⑤ 광고주 A가 90원으로 올린다면, 광고주 A가 첫 번째, 광고주 B가 두 번째 광고 위치를 차지하게 된다. 이때 ⑥ 광고주 B는 100으로 올려 첫 번째 광고 위치를 차지할 필요를 느끼지 못한다면 최저 입찰가인 50원으로 입찰금을 내릴 것이다. 이러한 경우에도 광고주 B는 두 번째 광고 위치를 차지할 뿐만 아니라 좀 더 낮은 광고 비용을 낼 것이기 때문이다. 하지만 이 경우 ⑦ 광고주 A의 입장에서는 광고주 B의 입찰금이 50원으로 내려갔기에 자신의 입찰금을 60원으로 내려도 첫 번째 광고 위치를 차지할 수 있음을 알게 될 것이며, 이에 따라 60원으로 입찰금을 내릴 것이다. 이 사실을 광고주 B가 알면 다시 입찰금을 70원으로 올릴 것이고 이렇게 입찰금이 등락을 거듭하는 입찰금 순환이 발생한다. 이러한 입찰금 순환이 지속적으로 발생하면 장기적인 관점에서 광고주들의 최적입찰 전략 수립이 어렵고 복잡해진다. 이는 또한 광고주들의 비효율적인 입찰을 유도하며 결과적으로 입찰 및 검색광고 비용을 증가시킨다.

따라서 구글에서는 이러한 문제점을 보완하는 방편으로 차가 방식인 GSP 경매를 도입했는데, GSP 경매는 Envy-free 내쉬 균형을 기반으로 해서 정의할 수 있다(Edelman et al., 2007). 또 다른 논문(Varian, 2007) 역시 검색광고 경매의 균형을 대칭적 내쉬 균형(symmetric Nash equilibrium)을 통해 소개했는데 여기서는 Envy- free 내쉬 균형에 기반해 설명하고자 한다. Envy-free 내쉬 균형이란 광고경매 참가자들이 현재 자신이 입찰한 금액과 그에 따라 주어진 광고 위치에 만족하고, 다른 광고 위치로 옮겨갈 요인이 없는 균형 상태를 의미한다. 예를 들어, 3등의 광고 위치를 차지한 광고주 A는 자신의 입찰금을 올려 2등으로 올라갈 수도 있고, 혹은 입찰금을 내려 4등의 위치로 갈 수도 있다고 생각해 보자. 하지만 Envy-free 내쉬 균형상에서는 그러한 광고 위치 변경이 광고주 A의 수익을 증대시킬 수 없다(Edelman et al., 2007; Varian, 2007). 이는 입찰금을 올려 좀 더 상위의 광고 위치에서 더 많은 소비자의 클릭과 이에 따른 상품 판매가 일어나더라도 이에 따른 추가적인 이득이 상위의 위치를 차지함으로써 발생하는 광고비의 증가보다 낮을 것이라는 의미이다. 마찬가지로 입찰금을 내려 하위 순위를 차지하고 광고 비용을 줄이더라도 이러한 이득이 줄어든 클릭과 상품 판매로 인한 손해를 보전하지는 못할 것이다. 즉 광고주 A에게는 3등이 가장 만족스러운 위치이며, 이때의 수익은 다른 위치에서 얻을 수 있는 수익보다 광고주가 생각하는 클릭당 가치가 크거나 최소한 동일해진다.

박스 3-1 내쉬 균형

내쉬(Nash)균형이란 게임에 참가한 모든 참가자들의 전략적 선택이 균형을 이루는(선택을 바꿀 요인이 없는) 상태를 말한다. 내쉬 균형 상태에서는 게임 참가자들이 다른 참가자들이 최선의 선택을 할 때 자신에게 최선의 전략을 선택하게 되며 따라서 모두가 전략을 바꾸지 않는 균형 상태가 된다. 이러한 내쉬 균형을 설명하는 가장 대표적인 예로 죄수의 딜레마(prisoners' dilemma)를 들 수 있다. 다음 표에서 볼 수 있듯이, 두 명의 죄수(게임의 참가자)는 자백을 하거나 침묵을 하여 죄수들 간 협력을 하는 두 가지의 전략적 선택을 할 수 있다. 죄수들은 각각의 선택에 따른 다른 형량을 받게 되는데 이러한 형량은 상대 죄수의 선택에 따라서 달라진다. 만약 두 죄수가 다 같이 자백을 한다면 각각 6년의 형량을 받고, 같이 침묵을 선택한다면 둘은 3년의 형량을 받게 된다. 만약 두 죄수의 선택이 달라져서 한 명은 자백을 하고 다른 죄수는 침묵을 택한다면 자백을 한 죄수는 1년의 형량을 받는 반면, 침묵을 선택한 죄수는 10년이라는 형량을 받는다. 다음 표에서 각 죄수의 형량은(죄수 A의 형량, 죄수 B의 형량)으로 나타난다. 이러한 상황에서 각 죄수들의 최선의 선택은 내쉬 균형에 의해 다음과 같이 설명될 수 있다.

죄수의 딜레마 게임

죄수 B		죄수 A	
		침묵	자백
	침묵	(3,3)	(1,10)
	자백	(10,1)	(6,6)

먼저 죄수 A의 입장에서 보면, 만약 죄수 B가 침묵을 한다면 죄수 A는 같이 침묵을 할 경우 3년의 형량을 받게 되고 반면 혼자 자백을 할 경우 1년의 형량만 받게 된다. 따라서 A의 입장에서는 죄수 B가 침묵을 할 경우 자백을 하는 것이 유리하다. 그렇다면 죄수 B가 자백을 할 경우 죄수 A의 선택을 어떻게 될 것인가? 이 경우 A는 침묵을 할 경우 10년의 형량을 받게 되고 같이 자백을 할 경우 6년의 형량을 받게 된다. 따라서 이 경우도 죄수 A는 자백을 하는 것이 유리하다. 즉 죄수 B가 침묵을 하든 자백을 하여도 죄수 A의 입장에서는 자백을 하는 것이 유리한 전략인 것이다[이 경우 죄수 B가 어떤 선택을 하든 죄수 A는 자백을 선택하는 것이 합리적인데 이러한 경우 자백은 죄수 A의 (상대방의 전략과 상관없이 최적의 선택이 되는) 우월 전략인 셈이다]. 마찬가지로 죄수 B의 입장에서도 죄수 A의 전략에 상관없이 자백을 하는 것이 다 나은 전략이 되며 따라서 여기서 내쉬 균형은 두 명의 죄수가 다 자백을 하여 6년의 형량을 받게 되는 것이다.

경매에서도 이와 마찬가지로 모든 경매 참가자들의 자신들의 보수 즉 수익을 최대화할 수 있는 내쉬 균형이 형성되는데 여러 가지 제품(즉 광고 위치)을 경매에서 판매하는 GSP 경매상에서는 일반적인 내쉬 균형을 응용한 Envy-free 내쉬 균형이라는 개념을 사용한다.

3) 광고주의 입찰금: 광고주의가 생각하는 클릭당 가치

검색광고 경매를 포함한 모든 경매에서 가장 중요한 구성 요소는 광고주들의 입찰금인데 이는 광고주들이 경매에 나온 상품에 대해 가지고 있는 자신들의 가치를 기반으로 결정된다. 예를 들어 전자제품과 생활용품을 판매하는 광고주들은 자신들이 판매하는 제품의 종류와 수익 구조에 따라서 서로 다른 가치를 가지고 있을 것이다. 즉 검색광고 경매상에서는 이런 상품의 가치를 기반으로 각 광고 클릭에 대해 광고주들이 생각하는 가치가 있는데 이를 기반으로 광고주들은 입찰에 참여한다. 예를 들어 특정 상품을 판매할 때 X의 수익이 발생하고 한 번의 상품 판매를 위해서는 평균적으로 Y번의 소비자가 방문이 필요하다면 이 광고주는 X와 Y를 바탕으로 삼아 소비자 클릭당 가치를 측정할 수 있을 것이다.

보통 특정 검색어에 관한 K개의 광고 위치가 있는데 이 검색어에 관심을 가지고 있는 N명의 광고주가 있다고 가정해 보자. N명의 광고주들은 자신의 광고 클릭당 지불의사를 바탕으로 하여 광고경매에서 입찰을 하게 되고 입찰 결과에 따라 광고 위치를 부여받는다. 광고주들은 일반적으로 같은 제품을 판매하더라도 각각의 특성과 차이점에 따라서 서로 다른 수익을 낼 수 있는데 이는 광고주들의 소비자 클릭에 대한 가치는 서로 다름을 의미한다. 예를 들어, 가격이 비싸거나 마진율이 높은 광고주와 가격이 낮거나 마진율이 낮은 광고주는 같은 상품, 같은 소비자의 클릭이라 할지라도 소비자 클릭에 대한 가치가 다를 수 있다. 이러한 광고 수익률 측면에서 보면 광고주들은 자신들이 가지고 있는 상품에 대한 가치보다 높은 금액을 검색광고 금액으로 입찰하지는 않을 것이다(단기적인 전략적 측면에서는 오버 비딩이 가능할 수도 있겠지만 장기적인 관점에서는 광고주의 입찰금은 그들이 생각하는 가치보다 낮을 것이다). 꽃배달 검색어를 예로 들어보면, 화려하게 장식된 고급 화환을 판매하는 광고주 A의 평균 판매수익은 1만 원이고 작은 화분을 판매하는 광고주 B의 평균 판매수익은 1000원이라고 가정해 보자. 이럴 경우 광고주 A와 B에게 소비자 클릭의 최대가치는 각각 1만 원과 1000원이 될 수 있고, 따라서 광고주 A와 B는(다른 여타 비용은 없다는 가정 아래에) 1만 원과 1000원 이상 입찰하지 않을 것이다.

모든 광고주들은 입찰 후에 경매 결과에 따라 광고 위치를 부여받고 자신의 광고를 노출시킨다. 광고경매에 참여하는 광고주 수가 광고 위치의 수보다 많은 경우 몇몇의 광고주는 광고를 게재하지 못할 수도 있지만 그렇지 않은 경우 모든 광고주들(최저 입찰액 이상 입찰한 경우)의 광고가 노출된다. 광고가 노출된 후 검색사용자들은 노출된 광고의 클릭 여부를 선택을 하게 되는데, 이때 검색사용자들의 클릭 여부에 영향을 끼치는 두 가지 주요인은 ① 광고 품질요인과 ② 위치요인으로 나눌 수 있다.

4) 품질요인

검색광고의 가장 큰 특징은 소비자의 검색을 기반으로 발생한다는 점이다. 그렇다면 소비자들이 검색을 하는 이유가 중요한데 소비자들이 검색을 하는 가장 큰 이유는 자신들이 원하는 정보의 획득이다. 이를 다시 말하면 검색엔진의 가장 큰 책무 중 하나는 소비자에 대한 정보 제공이며 소비자들은 정보 획득이 가장 용이한 검색엔진을 찾게 된다. 따라서 검색엔진의 입장에서는 소비자들의 의도와 부합하는 검색 결과를 노출하는 것이 매우 중요하며, 검색 결과 노출 면의 주요 부분을 차지하는 검색광고의 결과도 소비자의 의도에 부합해야 한다.

그렇기 때문에 검색 결과로 사용자에게 노출된 광고가 검색사용자의 검색 의도와 일치할수록, 또 노출 위치가 더 좋을수록 검색사용자의 클릭을 받을 확률은 일반적으로 올라간다. 여기서 광고 품질요인은 노출된 광고가 소비자의 검색 의도에 얼마나 적합하며 좋은 정보를 제공하는지에 대한 지표라 할 수 있다. 만약 노출된 광고가 소비자의 의도와 일치하여 소비자가 원하는

그림 3-3 **품질요인의 주요 요소**

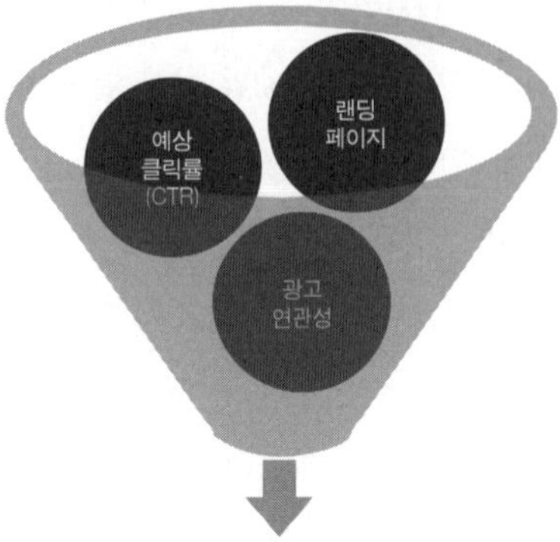

정보를 제공하고 있다면 그 광고에 클릭을 할 확률은 높을 것이고 그렇지 않을 경우 소비자는 다른 광고를 고려할 것이다. 예를 들어, 운동화라는 검색어를 검색할 때, 구두 판매자의 광고가 노출된다면 아마도 운동화를 검색하는 소비자의 클릭을 유도하기는 쉽지 않을 것이다. 반면에 소비자가 검색하고 있는 운동화를 판매하는 광고주라면 소비자는 클릭을 할 것이며 최종적으로 구매에 이를 확률도 높을 것이다. 또한 운동화를 판매하는 두 광고주가 있는데 한 광고주는 좋은 품질의 운동화를 많이 판매하는 것으로 널리 알려진 저명한 광고주이고 다른 광고주는 평판이 좋지 못한(예를 들어 낮은 소비자 평점) 광고주라면, 이 경우 첫 번째 광고주의 광고에 소비자가 클릭할 확률이 높을 것이다. 마찬가지로 만약 소비자가 클릭 후 방문하게 되는 광고주의 랜딩페이지가 사용자들의 의도와 편의를 충분히 고려하여 잘 구성되어 있다면 이 또한 소비자들의 사용 편의성을 향상해 향후 더 많은 소비자의 클릭을 받을 수 있다. 이렇듯 소비자의 검색 의도와 부합하고 더 많은 클릭을 유도할 수 있는 광고주의 광고 품질요인에 지정된 값은 그렇지 않은 광고주의 광고 품질요인값보다 높을 것이다.

보통 광고주는 각각의 검색어별로 다른 광고 품질요인이 있다. 이는 광고주들이 검색어당 보통 하나의 광고만을 노출시킬 수 있고 같은 광고주라 할지라도 다른 검색어에 대해서는 다른 광고 품질을 가질 수 있기 때문이다. 광고요소는 실제 검색광고 경매에서 품질지수 혹은 품질점수라고도 불리며, 위의 설명과 마찬가지로 해당 광고가 검색사용자의 의도와 잘 맞아 많은 클릭을 유도할 때 높은 품질지수를 얻게 된다. 반대로 검색어와 연관성이 낮고 소비자들의 클릭을 유도하지 못하는 광고는 낮은 품질지수를 받게 된다. 물론 이러한 품질요인을 결정하는 정확한 알고리즘은 알려져 있지 않지만 대체로 예상되는 클릭 수(보통 과거의 클릭률이 우수했다면 앞으로도 높은 클릭률을 예상할 수 있다), 소비자가 클릭 후에 방문하게 되는 랜딩페이지의 구성과 품질이 우수한지, 또한 광고와 검색어의 연관성 등에 의해서 결정된다.

이러한 광고 품질요인은 검색광고 경매에서 순위 결정 시, 즉 위치와 가격에 사용된다. 높은 광고 품질요인(혹은 품질지수), 즉 소비자들의 검색 의도와 부합하는 품질이 우수한 광고는 검색을 통해 소비자가 얻는 만족(예를 들어 검색을 통한 정보 획득과 이를 통한 구매 과정 및 구매 결과)을 증가시킬 것이며, 이에 따른 소비자의 클릭도 증가할 것이다. 이러한 품질효과는 검색광고 경매 방식에 반영되어 광고 순위 결정에서 긍정적인 영향을 준다.

5) 위치요인

광고의 위치는 검색광고의 광고 효과에 영향을 미치는 중요한 요인 중 하나다. 보통(그 밖의 다른 조건들이 비슷하다면) 상위에 위치한 높은 순위의 광고가 하위에 위치한 낮은 순위의 광고보다 효과가 좋다고 알려져 있다. 소비자의 검색 후 노출되는 검색광고 구성은 광고 타이틀, 광고주의 사이트 주소 URL과 짧은 광고 문구(ad creative) 정도인데, 따라서 노출 후, 클릭 전의 광고 자체가 많은 정보를 제공하지는 않는다. 즉 검색 후 노출되는 광고의 짧은 분량과 한정된 정보의 특성상 광고 구성을 크게 차별화하는 것은 쉽지 않고 따라서 소비자의 주목도가 상대적으로 높은 상위 순위의 광고가 더 선호된 측면도 있다. 예를 들어 소비자의 검색 후에 총 10개의 광고가 수직적으로 노출된다고 가정해 보자. 화면 상단에 위치한 1등 혹은 2등의 광고들이 화면 하단에 위치한 9등 혹은 10등의 광고보다 클릭될 확률이 더 높다. 물론 개별 검색자들이 모두 위에서 아래로 순차적인 클릭을 하는 것은 아니다. 어떤 개별 검색자는 순차적으로 검색하지만 중간에 몇몇 광고를 건너뛸 수 있고, 어떤 검색사용자는 위에서 아래로 순차적으로 내려오지 않고 아래부터 클릭하거나 아니면 무작위로 여러 광고들을 클릭할 수도 있다. 그럼에도 각 광고 위치에서 광고주들이 받을 수 있는 클릭을 평균적으로 비교하자면 다른 모두가 동일하다는 전제하에 광고가 상단에 위치할수록 평균적으로 더 많은 클릭을 받는다고 볼 수 있다.

그렇다면 특정 위치를 차지한 광고주가 받을 수 있는 잠재적 클릭 수는 위치요인과 광고 품질요인을 감안한 값인데, 이는 광고 위치가 높거나 혹은 광고 품질이 우수한 경우 더 많은 검색사용자의 클릭을 받을 수 있다는 뜻이다. 예를 들어 2등 광고 위치를 차지한 광고주의 광고 품질이 충분히 높을 경우 1등 위치의 광고주보다 총클릭 수가 더 많을 수 있다는 것을 의미한다.

6) 최소 입찰가격

보통 경매에서는 최소 입찰가격(minimum bid 혹은 reserve price라고 불린다)을 설정할 수 있다. 경매 방식마다 설정하는 법은 조금씩 차이가 있지만 기본적으로 최소입찰가격의 설정은, 경매를 주관하는 판매자가 최소 입찰가 이하의 입찰금은 받지 않겠다는 의미이다. 최소 입찰가격이 설정되어 있고 최소 입찰가가 증가한다면 경매 주최자가 실현할 수 있는 이익이 증가할 수 있지만, 이럴 경우 잠재적인 구매자들 중 일부가 경매에 참여하지 않을 수도 있다. 검색경매상에서도 최소 입찰가가 존재하는데 너무 높은 최소 입찰가는 광고주들의 참여를 막을 수도 있고 광고비의 증가를 가져올 수도 있다. 또한 경매에 참여하는 광고주 수가 줄어들 경우 참가자들 사이의 경쟁이 줄어들어 광고비가 하락할 수도 있다. 한편 최소 입찰금액의 존재는 차가 경매의 속성을 악용한 가짜 경매참여자들을 예방하는 효과를 주기도 한다. 따라서 검색 엔진의 입장에서는 여러 가지 상반된 작용들을 면밀히 고려해서 최소 입찰금을 결정하게 된다. 또한 최소 입찰금은 일괄적으로 설정되기도 하고 키워드별로 설정되기도 하는데 보통 검색 엔진에서는 모든 키워드에 일괄적으로 설정되는 편이다.

7) 경매 순위 및 광고비 결정 방식

검색광고 경매는 차가 경매 방식으로, 경매로 정해지는 광고 순위는 광고주들의 입찰금과 각 광고주들의 광고 품질요인을 고려해서 결정된다. 여기서 주목할 점은 일반적인 차가 경매와는 달리 단순히 입찰금만 고려하는 것이 아니라 광고의 품질요인을 동시에 고려해 순위를 정한다는 것이다. 위에 언급했듯이, 광고주의 품질요인을 고려하는 이유는, 소비자들이 키워드를 검색할 때 그들의 의도에 가장 맞는 검색 결과를 노출시킴으로써 소비자의 검색 만족도를 올려 검색 결과의 전반적인 품질을 향상시킬 수 있기 때문이다. 소비자의 검색 만족도에 가장 큰 영향을 미치는 것은 검색 결과가 소비자 검색 의도와 얼마나 부합하느냐 하는 점인데 이를 만족시키지 못할 경우 검색광고는 매체로서의 가치를 상실하여 소비자들과 검색광고주들에게도 외면받을 것이다. 따라서 검색엔진은 검색사용자들의 키워드 검색 의도를 잘 파악하고 그에 상응하는 높은 품질의 광고를 노출시키는 것이 중요하다. 검색엔진의 입장에서는 입찰금을 올려 높은 광고비를 지불하려는 의도를 가진 광고주보다는 좀 더 장기적인 관점에서 광고 품질이 우수하여 즉 좋은 정보를 제공함으로써 검색사용자들에게 높은 검색 만족도를 제공하는 광고주

표 3-1 경매 순위 결정 방식 예시

광고 위치	광고주	입찰금	품질지수	입찰금 × 품질지수
1	A	30	9	270
2	B	40	6	240
3	C	50	3	150
4	D	60	2	120

들이 더 중요할 것이다.

검색사용자의 클릭 시에만 과금하는 검색광고 경매의 CPC 방식은 검색엔진과 광고주 양쪽에게 도움이 될 수 있는 방식이다. 전통적인 광고비 책정 방식과 같이 광고주들과 광고매체 간의 협상 등을 통해 노출기반 가격을 책정했던 최초의 온라인광고는 검색엔진들에 의해서 소비자의 클릭을 기반으로 광고비를 책정하는 CPC 방식으로 진화했다. 이러한 변화를 광고주들 입장에서 보면 검색사용자들에게 주목을 받고 있는지 확실치 않은 단순한 노출이 아니라 그들의 광고에 관심 있는 사용자들의 클릭을 바탕으로 하여 광고비를 지불함으로써 훨씬 정확한 광고 성과 측정 및 자신들이 원하는 사용자들에게 효율적으로 타기팅 광고를 집행할 수 있다. 검색엔진 입장에서도 이러한 방식은 키워드를 관리하는 비용을 현저히 줄이고 경매를 통한 안정적인 수입을 얻을 수 있는 길을 열어주었다.

위를 종합해 보면 입찰금뿐만 아니라 광고주의 품질도 함께 고려하는 현행 검색광고 경매상에서는 광고주들이 단순히 입찰금만 올릴 경우 자신들이 원하는 사용자들에게 효율적으로 순위를 보장받을 수 없으며 검색사용자들의 의도와 편의를 고려한 검색 만족도를 함께, 즉 품질지수를 고려해야 한다. 예를 들어 특정 검색어에 3개의 광고 위치가 노출되며 이 검색어 경매에 품질이 다른 4명의 (각 9, 6, 3, 2의 품질지수를 가진) 광고주가 참여하고 있다고 가정해 보자. 〈표 3-2〉와 같이 광고주 A의 품질지수는 9이며 광고주 B의 품질지수는 6이라고 가정해 보자(물론 실제 검색광고 경매에서 사용하는 품질지수의 상대적 중요성은 정확히 알려진 것은 없고 검색광고를 운용하는 검색엔진과 사이트별로 다를 것이다). 만약 광고주 A가 30원을, B가 40원을 입찰한 경우 광고주 A의 품질지수를 고려한 입찰가는 270이 되어 광고주 B의 같은 값인 240보다 높아진다. 이 경우 광고주 A는 광고주 B보다 입찰가가 낮음에도 높은 품질을 바탕으로 해서 B의 광고보다 상위에 위치한다. 마찬가지로 광고주 C와 D 또한 입찰금은 높지만 그들의 낮은 품질지수로 인해 광고주 A와 B보다 낮은 순위를 차지하게 된다.

이 상황을 일반화해 N명의 광고주가 존재하여 광고 경매에 참여할 때, 경매의 주최자는 각 광고주들의 품질지수를 반영한 입찰가를 고려해서 순위를 정하고 그중 상위 K명의 광고주에게 1등부터 K등까지 광고 위치를 배정한다. 이와 같이 광고주의 순위는 입찰금과 광고 품질지수를 동시에 고려해서 정해지므로 특정 광고주의 품질지수가 다른 광고들보다 현저히 우수하다면 상대적으로 낮은 입찰금으로도 좋은 광고 위치를 차지할 수 있다. 마지막으로 검색광고 경매는 광고 참여자들이 언제든지 자신들의 입찰금을 조절할 수 있기에 실시간으로 이루어진다고(물론 모두가 동시에 입찰금을 내는 것은 아니지만) 볼 수 있다. 광고주들이 언제나 원하는 시점에 자신의 입찰금을 조절할 수 있기에 그에 따른 순위 변동도 실시간으로 이루어진다.

이렇게 결정된 광고 순위를 바탕으로 하여 광고들이 노출될 때 소비자들은 클릭을 하게 되고 이런 소비자 클릭을 바탕으로 하여 광고주들은 클릭당 과금(cost per click: CPC)을 지불하게 된다. 검색광고는 차가 경매 방식이므로 순위 i에 위치한 광고주 i는 순위 i+1의 광고주의 입찰금을 기반으로 해서 CPC를 지불한다. 위의 순위 결정 방식과 동일하게 광고주의 품질요소를 고려해서 CPC를 정하게 되는데 광고주의 CPC는 그 광고주보다 한 순위 낮은 광고주의 입찰금을 기반으로 각 광고주의 품질요소를 고려해서 정해진다. 예를 들어 2명의 광고주가 입찰에 참여하고 단 하나의 광고 위치가 존재하는 경우를 생각해 보자. 이 경우 1등을 한 광고주의 클릭당 광고비는

표 3-2 **GSP 경매 광고비 결정 방식 예시**

광고 위치	광고주	입찰금	품질지수	입찰금*품질지수	클릭당 비용(CPC)
1	A	30	9	270	$\frac{40\times6}{9}=26.7$
2	B	40	6	240	$\frac{50\times3}{6}=25$
3	C	50	3	150	$\frac{60\times2}{3}=40$
4	D	60	2	120	

$1등광고주의\,CPC=\frac{2등\ 광고주의\ 입찰가\times 2등\ 광고주의\ 품질지수}{1등\ 광고주의\ 품질지수}$ 로 나타난다. 다시 말해 품질지수 2의 광고주 A가 10을 입찰하고 품질지수 1의 광고주 B가 10을 입찰한다면 광고주 A가 경매에서 이기게 되고 광고주 A의 클릭당 비용은 26.7($광고주\ A의\ CPC=\frac{40\times6}{9}=26.7$)이 됨을 알 수 있다. 비슷한 예로 〈표 3-2〉를 살펴보자. 우리는 여기서 광고주 A가 광고주 B보다 낮은 30원을 입찰했음에도 광고주 A의 높은 품질 때문에 경매에서 승리하고 클릭당 비용 또한 광고주 B의 입찰금(40원)보다 심지어 본인의 입찰금보다 낮아짐을 알 수 있다. 만약 광고주 B가 입찰금을 50으로 올려 경매에서 승리한 경우, 광고주 B의 클릭당 비용은 $광고주\ B의\ CPC=\frac{30\times9}{6}=45$이 됨을 알 수 있다. 이 경우 상대적으로 품질이 낮은 광고주 B의 비용은 광고주 A보다 현저히 높음을 볼 수 있다.

만약 광고주 수가 총광고 위치 수보다 작은 경우(N < K), 가장 순위가 낮은 광고주는 앞에 언급된 최소 입찰금액을 지불하게 되며, 입찰자가 1명인 경우에도 최소 입찰금액을 지불한다.

3 ㅣ 검색광고 위치와 광고주 품질의 중요성

2절에서 우리는 검색광고 경매의 원리를 간단히 살펴보았다. 앞서 살펴본

것과 같이 검색광고에서 광고 위치는 광고 성과에 중요한 영향을 미칠 수 있으며, 따라서 광고주들은 자신들의 광고 품질을 개선하고 검색광고 경매 안에서 자신들의 입찰금을 조절하는 것을 통해 더 좋은 광고 위치를 차지할 수 있다. 즉 단순히 입찰금의 증가만으로는 경매에서 좋은 순위를 보장받을 수 없고 광고주의 광고 품질요인을 잘 관리해야 한다.

1) 광고 품질요인의 중요성

광고 품질요인의 몇 가지 특징은 정리하면 다음과 같다.

- 앞에서 언급되었듯 광고 품질요인은 소비자의 검색 의도와 부합할 때 높아진다. 따라서 광고주들은 타깃 소비자의 키워드 검색을 잘 이해하고 이에 알맞은 검색어를 선택하는 것이 중요하다. 검색어의 종류에 따라 소비자들의 의도가 비교적 동일하거나 혹은 다양할 수도 있는데 이러한 차이점을 잘 파악하고 그에 따른 적절한 대응을 해야 한다. 예를 들어 한 단어가 여러 가지 상반된 의미를 지닐 수 있는 검색어는 상대적으로 높은 검색량과 CPC를 가질 수 있지만 광고주가 가진 의도와 검색 소비자들의 의도가 일치하지 않을 경우 품질요소는 낮을 수 있다.
- 광고 품질요인에 영향을 주는 또 다른 요인들은 랜딩페이지의 높은 품질과 효과적인 구성과 같은 사용자 친화적인 사이트의 구성 및 잘 짜인 검색광고 문구(ad creative)와 그림 등이 있다.
- 광고주들은 운용하는 검색어별로 여러 개의 광고 품질지수를 가질 수 있다. 이 경우 연관 검색어들과 광고 품질요인들의 상관관계는 대체적으로 높을 수 있다.
- 광고주들의 소비자 클릭에 대한 가치와 품질요인은 긍정적인 상관관계를 가질 수 있지만 늘 그런 것은 아니다. 예를 들어 광고 수익률이 좋은, 따라

서 클릭에 대한 높은 가치를 가진 광고주들이 상대적으로 그렇지 않은 광고주보다 높은 광고 품질지수를 가질 수 있다. 하지만 이것이 광고 품질요인과 늘 비례하는 것은 아니다. 예를 들어 '중고차' 검색어에 노출된 광고들이 중고차 판매 관련 광고와 중고차 구매 시 필요할 수도 있는 대출광고라고 가정해 보자. 이럴 경우 중고차 판매뿐만 아니라 대출 관련 광고주들의 가치는 매우 높을 것이다. 보통 대출은 판매당 수익이 매우 높아서 광고 ROI(return on investment: 투자수익률)가 높은 편에 속하며 따라서 중고차 판매 광고주의 소비자 클릭에 대한 가치는 높을 것이다. 이때 만약 이 "중고차"를 검색하는 대다수의 소비자들이 중고차 차종에 관심을 가지고 검색을 한다면 대출 관련 광고주의 광고는 소비자의 클릭을 받지 못할 것이며 결국 이 광고주의 품질지수는 그리 높지 않을 것이다. 비슷한 예로 "신용대출"이라는 검색어에 중고차 판매 광고주가 노출된다면 관련 품질지수는 매우 낮을 수 있을 것이다. 이는 신용대출을 고려하는 소비자들의 의도와 중고차 구매는 크게 연관성이 높지 않기 때문이다. 중고차 구매를 위해 신용대출을 할 수도 있지만 대다수의 신용대출은 중고차 구매보다는 다른 목적으로 발생한다.

- 여러 요소를 종합해 볼 때, 품질요인에 가장 영향력이 큰 요소는 과거 소비자들의 클릭률(과거 CTR)이라고 알려져 있다. 예를 들어 최근 한 달간 특정 키워드 검색 소비자들에게 많은 클릭을 받고 노출당 클릭률도 높다면 현재의 품질지수는 높을 확률이 크다. 즉 광고에 대한 과거의 CTR은 이 광고에 예상되는 미래 CTR의 중요한 지표가 된다.
- 품질요인과 소비자 전환(구매)당 비용은 반비례한다. 다시 말해 품질요인이 높은 광고주는 낮은 소비자 전환당 비용을 누릴 확률이 크다. 아래 그림에서 볼 수 있듯 품질지수가 증가할수록 전환 비용은 감소하는 경향성을 띤다. 잘 관리된 품질요인은 입찰 과정에서 이점으로 활용되며 이는 단순히 광고 위치 선정에 도움이 될 뿐 아니라 광고 비용 또한 감소시키며 광고

그림 3-4 **품질지수와 전환 비용의 관계**

(단위: 달러)

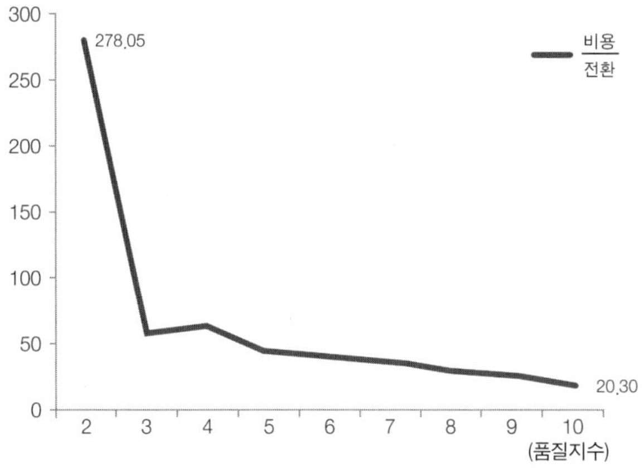

자료: www.portent.com

집행에서 효율성을 증가시켜 준다. 하지만 높은 전환율이 다 그런 것은 아니지만 품질요인을 올려주는 것은 아님을 명심해야 한다. 대체로 전환율의 높고 낮음은 품질지수를 결정하는 데 큰 영향을 주지 않는다.

- 품질요소가 높으면 그렇지 않은 광고보다 광고 위치에 따른 영향력에 덜 민감할 수 있다. 그 이유는 (앞서 언급했듯이) 높은 품질요소는 현시점에 이르는 동안 많은 소비자들이 클릭하였던 광고일 확률이 높다. 보통 많은 소비자들의 클릭을 통해 좀 더 많은 소비자들에게 정보를 제공하며 그들과 다양한 상호작용과 소통의 기회를 가지면 이를 바탕으로 하여 더 좋은 소비자 경험을 제공할 수도 있을 것이다. 이러한 광고주들은 보통 높은 인지도와 명성을 보유하고 있으며 이러한 인지도와 명성을 기반으로 광고의 위치효과에 덜 민감하게 반응하게 된다.
- 효과적인 품질요인은 검색어의 종류(예: 브랜드 키워드와 항목 키워드)와 소비자의 의도(예: 고관여와 저관여 소비자) 등 상황에 따라 달라질 수 있다. 다시 말해, 특정 광고주는 모든 검색어에 가장 높은 품질지수를 획득하는 것이 최

적 전략이 아닐 수 있으며 자신에게 알맞은 검색어에 집중하여 품질지수를 개선하는 전략이 필요할 것이다.

2) 검색광고 위치의 중요성

앞서 언급했듯 광고주의 품질요인이 검색광고 성과에 중요한 영향을 끼칠 수 있지만 모든 광고주가 높은 품질요인을 가진 것은 아니며 단기간에 품질요인이 개선되지 않을 수도 있다. 이런 경우 고려할 수 있는 것은 광고의 위치에 따른 효과인데, 검색광고는 광고 위치에 따라 클릭률이 달라진다. 모든 광고주의 품질요인이 동일할 때 평균적으로 받을 수 있는 클릭 수는 최상단부터 아래로 순차적으로 감소하는 경향을 띤다. 이와 관련해서 과거 연구들이 제시하는 몇 가지 이유는 다음과 같다(Narayanan and Kalyanam, 2015).

- 소비자 검색은 보통 가장 품질이 좋을 것 같은 제품부터 순차적으로 진행되는 경향을 보인다(Weitzman, 1979). 일반적인 GSP 경매 환경에서는 광고 품질이 우수하고 소비자의 검색 의도와 부합하는 광고들이 상위 위치를 부여받을 확률이 높고 소비자들 또한 자신의 검색 경험을 바탕으로 하여 이와 같이 인지하고 있을 수 있다.
- 비슷한 예로 검색사용자들은 상위에 위치한 광고들이 자신들에게 더 높은 효용을 줄 것이라고 생각하는 경향이 있다. 품질이 우수한 광고주는 광고에 더 많은 예산을 투입하는 등 광고에 많은 신경을 쓰는 것으로 높은 품질의 신호를 보내는 경향이 있는 것으로 나타났다(Kihlstrom and Riordan, 1984). 검색광고에서 상위에 위치한 광고들은 일반적으로 광고비가 더 비싸다는 것은 잘 알려진 사실이며 이러한 사실을 바탕으로 하여 소비자들은 높은 순위를 가진 광고주와 상품의 품질을 추측할 수도 있다. 이러한 경향은 경험재와 같은 특정 상품에서 더 많이 관찰할 수 있다.

- 아이트래킹 실험 등 검색사용자의 행동을 분석한 과거 연구들에 따르면 검색사용자들은 화면의 특정 부분을 주목하는데, 구글의 경우 화면 상단에 많이 주목하는 것을 발견했다(Hotchkiss, Alston and Edwards, 2005).

3) 광고 성과 조절 효과

지금까지는 검색광고의 광고 품질 요인과 광고 위치요인의 영향력을 각각 독립적으로 설명했지만 실제 검색광고 환경에서는 이 두 요인은 상호 간에 영향을 미치는 상호 의존적인 관계이다. 위에 언급했듯, 검색광고가 받는 최종 클릭은 광고주의 품질요인과 위치에 따른 영향을 동시에 고려해야 한다. 광고주들은 같은 검색어의 같은 위치에 광고를 배치하더라도 서로 다른 클릭을 유도할 것이며 마찬가지로 서로 다른 품질지수를 가질 것이다. 또한 광고주들이 받는 클릭은 주변에 위치한 다른 광고의 구성에 따라서 달라지기도 하는데, 예를 들어 나의 광고 주변에 품질이 우수하여 많은 소비자들의 클릭을 유도하는 광고들이 위치한다면 상대적으로 내가 받을 수 있는 클릭은 줄어들 수도 있고, 그렇지 않을 때 나의 클릭은 증가할 수도 있다.

일반적으로 클릭률은 상위 광고 위치들이 가장 높으며 아래로 내려갈수록 점점 떨어져 수직적으로 감소하는 형태를 보인다. 또한 제품군과 관련된 포괄적인 검색어일수록 검색광고의 위치가 광고 성과에 더 큰 영향력을 미치는 것으로 알려져 있는데, 이는 브랜드 검색어를 검색하는 소비자들은 이미 더 많은 정보를 소유했을 것이며, 따라서 광고 위치가 소비자들에게 미치는 영향력은 약할 수 있기 때문이다.

물론 전환율은 광고 위치가 내려갈수록 수직 감소하는 것은 아니다. 광고 위치와 전환율에 관한 최근 연구들을 살펴보면 그 결과가 명확하지 않음을 알 수 있는데(Agarwal et al., 2011; Narayanan and Kalyanam, 2015), 이는 광고 위치와 전환율 사이에는 다양한 요소들이 영향을 줄 수 있기 때문이다.

4) 다른 경매 방식

대부분의 검색광고는 차가 경매 방식을 기반으로 클릭당 광고비를 책정하는 CPC 방식을 사용한다. 광고주들은 특정 검색어에 대해 광고 경매에 참여할지를 결정하고, 광고에 참여하는 광고주들은 소비자의 클릭에 대한 가치를 기반으로 입찰을 한다. 이때 검색엔진은 광고주의 입찰금과 품질요소를 종합적으로 고려하여 순위를 결정하고 이러한 순위를 바탕으로 하여 소비자가 키워드 검색을 실행할 때 광고들을 노출하게 된다. 마지막으로 소비자들은 노출된 광고를 기반으로 클릭을 결정하게 되는데, 개별 소비자의 클릭은 순차적이거나 무작위적이거나 다양한 형태를 가질 수 있지만 전체적인 총클릭의 일반적인 패턴은 보통 광고 순위를 따라서 점진적으로 감소하는 형태를 띠고 있다. 소비자 검색과 클릭에 따라 광고주는 광고비를 지불하는데 광고주의 총검색광고비는 CPC와 총클릭 수를 곱해서 결정된다.

국내외 검색광고 시장에서는 대부분의 광고경매가 위에 요약된 CPC 기반의 GSP 경매로 이루어지고 있다. 이런 GSP 경매의 한 가지 특징은 여타 다른 경매 방식과는 다르게 온라인 광고시장의 실무를 기반으로 탄생된 방식이라는 점이다. 2002년 구글에서 처음으로 소개한 이래로 GSP 경매 방식은 업계 표준으로 빠르게 자리 잡았으며, 관련해서 수많은 연구 또한 이루어졌다. GSP 경매는 원래 하나의 상품에 대한 일반적인 차가 경매를 여러 개의 상품(광고 위치)을 판매하는 일반화된 차가 경매 방식으로 확대하는 차원에서 만들어졌다. 그런데 엄밀하게 말하면 GSP 경매는 차가 경매 방식이 정확히 확장된 형태는 아니다. 차가 경매의 정확한 확장판은 VCG 경매 방식인데, VCG 경매의 작동 방식은 아래에 간단히 설명하기로 한다.

4 | VCG 경매

VCG(Vickrey-clarke-groves) 경매는 GSP 경매와 흡사한 여러 개의 상품을 비밀경매를 통해서 판매하는 경매 방식이다. 이 방식은 차가 경매 방식의 일반화된 형태로서 차가 경매와 마찬가지로 입찰자는 자신의 가치를 입찰하는 것이 우월 전략이다. VCG 경매에서 경매 낙찰자의 지불금액은 그 낙찰자가 다른 입찰자들에게 끼친 영향력, 즉 현 낙찰자의 낙찰로 인해 다른 입찰자들에게 입힌 손해의 총합을 지불하게 된다. 다시 말해서, 현 낙찰자가 낙찰받지 않았을 경우 다른 입찰자들이 얻을 수 있었던 광고를 통한 가치와 현 낙찰자가 낙찰받음으로써 다른 입찰자들이 얻은 실제 광고를 통한 가치의 차이를 모두 합한 값을 낙찰금으로 내게 되는 것이다. 이를 검색광고상에서 K개의 광고 위치를 보유한 특정 키워드에 대해 생각해 보자.

이 경우 1등부터 K등까지의 광고주들은 각자의 광고 위치에 광고를 게재하고 광고를 통한 수익을 창출할 것이다. 또한 1등 광고주의 광고비는 1등 광고주가 다른 광고주들의 수익에 미치는 부정적인 영향력, 즉 1등 광고주가 존재하지 않았을 경우 다른 광고주들(아마도 한 등수씩 위로 올라와서 좀 더 많은 클릭을 받고 이를 통한 수익을 창출했을 것이다)이 얻을 수 있었던 잠재적인 수익에서 실제 1등 광고주의 존재로 인해 받는 2등부터 K등까지의 위치에서 얻은 수익의 차이가 될 것이다. 이러한 다른 광고주들에 대한 잠재적인 손실의 총합이 1등 위치를 차지한 광고주의 클릭당 비용(CPC)이 되는 것이다. VCG 경매와 GSP 경매의 또 다른 차이점은 입찰 전략에 있는데, VCG 경매에서는 광고주들이 다른 광고주들의 입찰금에 상관없이 자신들이 생각하는 광고의 가치를 입찰하는 것이 우월한 전략이다. 하지만 GSP 경매 방식에서 광고주들은 다른 광고주들의 가치(즉 이들의 입찰금)와 다른 위치에서 받는 클릭 수를 고려하여 자신들의 가치와 다른 입찰을 할 경우가 존재하며 따라서 자신의 가치 입찰은 우월 전략이 아닌 것이다. 〈박스 3-2〉에 이와 관련된 구체적인 예시를 참고하자.

박스 3-2 **GSP 경매와 VCG 경매 입찰 전략 비교**

소비자의 클릭당 100원, 90원 그리고 50원의 가치를 두는 광고주 3명이 있고 각 100개와 40개의 소비자 클릭을 받을 수 있는 두 개의 광고 위치와 10원의 최소 입찰금액이 존재한다고 가정해 보자(쉬운 설명을 위해 모든 광고주들의 품질지수는 동일하다고 가정하고 여기서는 언급하지 않는다). 만약 광고주들이 자신의 가치대로 입찰을 한다면 100원의 가치를 가진 광고주가 첫 번째 위치를 차지하고 이 광고주의 총수익은 총가치에서 총비용을 뺀 금액으로 100 × (100원 - 90원) 즉 1000원의 총광고 수익을 얻을 수 있고, 90원의 가치를 가진 광고주는 2등을 차지하고 40 × (90원 - 50원) =1600원의 수익을 예상할 수 있다. 이 경우 광고주들이 자신의 가치를 입찰하지 않을 요인이 있는지 확인해 보자. 만약 첫 번째 위치를 차지한 광고주가 입찰금을 90원보다 낮춰 2등의 광고 위치를 차지하고 40개의 클릭만 받으면 어떻게 될 것인가? 이 경우 광고주가 받을 수 있는 클릭 수는 100개에서 40개로 줄어들겠지만 클릭당 내는 과금은 90원에서 50원으로 줄어들게 된다. 즉 광고 위치를 바꿀 경우 생길 수 있는 클릭 수 감소에 따른 부정적인 효과와 광고비 감소에 따른 긍정적인 효과를 종합해서 생각해 보면 40 × (100원-50원) = 2000 〉1000 으로 자신의 가치보다 낮은 금액을 입찰해서 2등의 광고 위치를 차지하는 것이 수익이 더 높은 좋은 전략이 되는 것이다. 이는 GSP 경매에서 자신의 가치를 입찰하는 전략이 우월 전략이 아님을 의미한다.

같은 상황에서 VCG 경매를 고려해 보자. 만약 100원의 가치를 가진 광고주가 일등을 한다면 이 광고주는 자신의 광고로 인해 발생하는 다른 광고주들에 대한 부정적인 영향에 기반을 두어 광고비를 지불하게 된다. 이는 (100 - 40) × 90원 + (40 - 0) × 50원 = 7400원의 총광고비를 지불해야 한다. 이 광고주의 총수익은 100 × 100 − 7600 = 2400원이 된다. 만약 100원의 가치를 가진 광고주가 2등의 위치로 옮겨간다면 광고비는 2000원이며 2등의 위치에서 받는 총가치는 100원 × 40 = 4000원이므로 총수익은 2000원이 된다. 이 경우 100원의 가치를 가진 광고주가 자신의 가치인 100원을 입찰해서 1등을 차지하는 것이 2등의 위치를 차지했을 때보다 높은 수익을 가져다주는 것을 알 수 있다.

그렇다면 구글은 왜 VCG 경매 방식을 사용하지 않았나?(최연구 외, 2011; Varian and Harris, 2014)

- GSP 경매 방식은 구글 엔지니어들이 먼저 도입했다. 당시 구글의 엔지니어들은 최고가 경매 방식에서 발생하는 광고주들의 순환 입찰을 해소하기 위한 방안으로 GSP를 소개한 것이다(Roughgarden, 2016). 이러한 GSP 방식은

표 3-3 **GSP 경매와 VCG 경매의 주요 특징**

	GSP 경매	VCG 경매
경매 방식	차가 비밀경매	차가 비밀경매
입찰 전략	광고주의 (소비자 클릭에 대한) 가치 입찰이 우월 전략이 아님	광고주의 가치를 입찰하는 것이 우월 전략임
광고비 결정 방식	광고주의 CPC는 다음 등수 광고주의 입찰금과 품질요인을 자신의 품질요인으로 조절하여 책정	특정 위치를 차지한 광고주로 인해 발생되는 다른 광고주들에 대한 부정적인 외부요인 [예: 타 광고주들이 받을수 있었던 가치(예: 소비자 클릭과 광고 수익)의 하락]을 기반으로 책정
주 사용처	검색엔진(Google Adwords, 네이버 검색광고, MS Bing Ads)	Facebook Ads, Google's Contextual Ads

매우 빠른 성장세를 보였으며 당시 대부분의 기술적인 역량을 GSP 방식을 개선하는 데에 쏟아부었다.

- 그럼에도 VCG 경매 방식은 몇 가지 문제점을 안고 있었는데 첫 번째로 VCG 방식은 작동 방식이 복잡하여 광고주들이 이해하기 어려웠다. VCG 경매의 광고비 책정 방식은 특정 광고주의 광고가 다른 광고주들에게 끼치는 피해를 기반으로 설계된다. 이러한 방식은 보통 광고주들에게는 생소한 방식이다.
- VCG 경매상에서 광고주들의 입찰금은 GSP 경매상 입찰금보다 높아지게 설계되어 있다. 물론 광고주들의 수익은 VCG 경매나 GSP 경매가 결론적으로는 큰 차이가 없거나 심지어 높을 수도 있지만(물론 낮아질 수도 있다), 일단 광고주들 입장에서는 높은 입찰금이 매우 부담스러울 것이다. 또한 VCG 경매에서 효율적인 전략은 광고주 자신이 가진 광고 가치를 입찰하는 것인데(이를 게임이론상에서는 우월 전략이라고 한다. 우월 전략은 상대방의 전략에 상관없이 나에게 최선의 선택이 되는 전략이다), 경쟁업체들이 참여하고 있을 수 있는 검색광고 경매에서 자신의 광고 가치를 온전히 드러낸다는 것은 쉽지 않을 것이다. 또한 이러한 우월 전략은 현실세계에서는 적용되지 않을 수도 있

다(Ausubel and Milgrom, 2006). 반면 GSP 경매상에서는 이러한 우월 전략이 존재하지 않지만 광고주의 수익은 VCG 경매 방식과 크게 차이 나지 않을 수 있고 광고비의 책정 방식도 일반 차가 경매와 동일하기에 VCG 경매 방식보다 이해하기가 쉽다.

5 | 광고수익 관점에서의 GSP 경매

GSP 경매는 구글을 비롯한 많은 검색엔진에 널리 보급되어 사용되고 있으며, 많은 연구들은 GSP 경매의 유용성 및 우수성을 보고해 왔다(Wilkens et al., 2017). 그럼에도 GSP 경매는 VCG 경매와 비교되어 광고주 가치입찰이 우월 전략이 아니라는 한계점을 지적받아 왔다. 그러나 최근에 나온 연구들은 GSP 경매도 광고주의 가치입찰이 우월 전략일 수 있다고 보고했다(Aggarwal et al., 2009; Cavallo et al., 2015; Wilkens et al., 2017). 윌킨스 등(Wilkens et al., 2017)은 광고주들을 value-maximizer, 광고 ROI 즉 ROAS(return on advertising spend: 광고를 통해 발생한 매출)를 극대화하기를 원하는데, 이 관점에서는 GSP 경매에서도 가치입찰이 우월 전략이 되는 것을 보였다. 실제 많은 광고주들이 광고전략을 수립하고 수행하는 데에 고려하는 것은 넓은 의미의 수익(profit)이 아니라 ROAS이며 따라서 이는 GSP 경매가 광고 판매 측면에서뿐만 아니라 광고주들의 실무 관점에서 보면 합리적인 방식이라는 것을 의미할 수 있다. 그뿐만 아니라 2002년에 도입된 이래 급속도로 성장해 현재 업계표준으로 정착된 GSP 경매는 검색광고뿐만 아니라 디스플레이광고 등과 같은 다른 온라인광고 판매에도 지속적으로 사용되고 있다. GSP 경매 방식은 지속적으로 진화·발전하고 있으며, 따라서 GSP 경매 기본원리에 대한 정확한 이해와 응용은 효율적인 검색광고의 운용과 효과 개선을 위한 실무자들의 노력에 필수적인 요소일 것이다.

참 고 문 헌

최연구·김진우·안소윤. 2011. 「On-Line 검색광고 경매의 이론소개」. *The Korean Journal of Economics*, 18(1).

Agarwal, A., K. Hosanagar and M. D. Smith. 2011. "Location, Location, Location: An Analysis of Profitability of Position in Online Advertising Markets." *Journal of Marketing Research*, 48(6), pp.1057~1073.

Aggarwal, G., S. Muthukrishnan, D. Pál and M. Pál. 2009.4. "General Auction Mechanism for Search Advertising." in Proceedings of the 18th International Conference on World Wide Web, pp.241~250. ACM.

Ausubel, L. M. and P. Milgrom. 2006. "The Lovely but Lonely Vickrey Auction." *Combinatorial Auctions*, 17, pp.22~26.

Cavallo, R., P. Krishnamurthy and C. A. Wilkens. 2015. "On the Truthfulness of GSP." in Eleventh Workshop on Sponsored Search Auctions.

Edelman, B., M. Ostrovsky and M. Schwarz. 2007. "Internet Advertising and the Generalized Second-Price Auction: Selling Billions of Dollars Worth of Keywords." *American Economic Review*, 97(1), pp.242~259.

Hotchkiss, G., S. Alston and G. Edwards. 2005. *Eye Tracking Study*.

Kihlstrom, R. E. and M. H. Riordan. 1984. "Advertising as a Signal." *Journal of Political Economy*, 92(3), pp.427~450.

Narayanan, S. and K. Kalyanam. 2015. "Position Effects in Search Advertising and Their Moderators: A Regression Discontinuity Approach." *Marketing Science*, 34(3), pp.388~407.

Roughgarden, T. 2016. *Twenty Lectures on Algorithmic Game Theory*. Cambridge University Press.

Varian, H. R. 2007. "Position Auctions." *International Journal of Industrial Organization*, 25(6), pp.1163~1178.

Varian, H. R. and C. Harris. 2014. "The VCG Auction in Theory and Practice." *American Economic Review*, 104(5), pp.442~445.

Weitzman, M. L. 1979. "Optimal Search for the Best Alternative." *Econometrica: Journal of the Econometric Society*, pp.641~654.

Wilkens, C. A., R. Cavallo and R. Niazadeh. 2017.4. "GSP: the Cinderella of Mechanism Design." in Proceedings of the 26th International Conference on World Wide Web, pp.25~32.

4장

검색광고 관리 전략

소비자들의 검색은 다양한 의도와 필요를 가지고 있으며 이들의 검색은 보통 여러 개의 다른 검색어를 아우르며 실행된다. 또한 소비자들은 브랜드의 검색광고뿐만 아니라 다양한 광고매체에 노출되고 있으며 소비자들의 이러한 매체들과의 관계는 광고주의 검색광고 전략에도 지대한 영향을 미치고 있다. 따라서 검색광고를 운용하는 광고주들은 보통 복수의 키워드를 포함하는 여러 개의 검색광고 캠페인을 운용하고 있으며, 아울러 디스플레이광고 등과 같은 다른 종류의 온라인광고 매체 및 텔레비전, 지면광고 등과 같은 다른 종류의 광고매체를 함께 운용하고 있다. 4장에서는 광고주들의 검색광고 관리 전략을 이러한 통합적인 매체 관리 측면에서 알아본다. 먼저 검색광고 내부적인 요소들이 광고 관리 전략에 미치는 영향을 살펴본 후, 타 온라인 매체 및 오프라인 광고와 같은 외부적인 요소들을 살펴보도록 한다.

1 | 검색광고 관리의 전략적 중요성

1) 검색어 운용 전략

검색광고를 운용하는 광고주들은 보통 여러 개의 검색어를 이용해 광고 집행을 하고 있다. 일반적으로 검색광고에서는 개별 검색어 단위로 소비자의 검색과 클릭이 일어나는 것처럼 보인다. 그러나 광고주 입장에서는 자신들의 광고전략에 따라서 복수의 검색어를 하나의 광고 그룹과 캠페인으로 묶어 예산집행전략 등을 포함한 광고 관리를 하고 있다. 광고주들은 이러한 광고 캠페인을 필요에 따라 여러 개까지 다양하게 운용할 수 있다. 광고주들이 여러 다양한 검색어와 이를 바탕으로 한 광고 그룹 및 캠페인을 이용하는 이유는 앞선 다른 장에서 언급했듯이 검색광고 사용자인 소비자들의 검색 의도와 필요에 맞춘 효율적인 광고를 집행하기 위해서다. 일반적으로 소비자들은 검색 시점에 필요로 하는 정보의 종류와 양에 따라 다양한 형태의 검색어를 검색하며, 이러한 소비자의 검색에는 때로는 하나의 검색어에서부터 복수의 많은 검색어가 사용된다. 이렇듯 다양하고 복잡한 소비자들의 검색 의도와 그에 따른 소비자의 검색 행태는 검색광고를 운용하는 광고주들에게 여러 복잡한 문제를 야기한다. 예를 들어 광고주들은 자신들의 타깃 고객에 기반하여 어떤 검색어를 선택해야 하는지, 선택된 검색어에 대해 어떤 광고 순위와 이에 따른 클릭 후 방문 소비자의 적절한 양을 마련해야 하는지, 그에 따른 효과적인 경매입찰 전략은 무엇인지 등 많은 고민을 할 수 있다. 특히나 예산 제약이 많은 광고주들에게는 주어진 예산안에서 최고 효과를 누릴 수 있는 최적의 키워드 조합 및 키워드와 광고 그룹에 대한 효율적인 입찰 전략이 필수적이다.

2) 통합적 광고매체 관리[1]

오늘날의 광고주들은 점점 다양해지고 복잡해지는 소비자들과의 효과적인 커뮤니케이션 소통을 위해 다양한 종류의 온·오프라인 광고매체를 이용한 통합적 마케팅 커뮤니케이션 전략을 추구하고 있다. 이에 따른 광고주들의 마케팅 커뮤니케이션 전략에 사용하는 광고매체들도 점점 다양해지고 있으며, 검색광고는 이러한 광고매체 사이에서 점차 핵심적인 매체로 자리매김하고 있다. 광고주들의 마케팅 커뮤니케이션 전략에서 여러 다양한 매체 간의 통합적인 관리는 매우 중요한데, 이는 광고주의 검색광고전략이 다른 광고매체 전략과 잘 조율되어 일관되게 수립되고 집행되어야 함을 의미한다. 즉, 검색광고전략은 디스플레이, 비디오 등과 같은 다른 온라인광고 매체 전략과도 적절한 조화를 이루어야 하고, TV, 라디오 등 여러 다른 전통적인 광고전략과도 적절히 통합 관리되어야 한다. 따라서 광고주들의 성공적인 검색광고전략은 검색광고 키워드와 제한된 예산배분 이슈를 포함하는 검색광고 내부적인 운용전략과 검색광고와 다른 온라인 및 오프라인 광고매체의 통합적 관리, 즉 검색광고 외부적인 전략을 함께 고려해 계획해야 한다.

이 장에서는 광고주의 통합적인 광고 관리에서 검색광고의 중요성을 키워드 선택 및 예산 관리에 초점을 맞춰 검색광고 전략의 내부적인 고려 사항과 다른 온·오프라인 광고매체들과의 관계를 중심으로 하는 외부 전략적 고려 사항을 집중적으로 살펴보고자 한다.

---

1 미디어 믹스 관리.

2 | 검색광고 내부 관리 전략

검색광고 운용전략에서 가장 중요한 요소 중 하나는 다양한 검색어의 최적의 조합을 찾아서 운용하는 것이다. 이를 위해서는 먼저 검색어의 특성과 검색어 간의 관계를 정확히 파악하고 경쟁 광고주들의 검색어 전략을 종합적으로 이해하는 것이 중요하다.

1) 소비자 특성이 검색광고에 미치는 영향

소비자 검색은 한 번에 끝나기보다는 그들의 필요와 의도에 따라서 여러 단계를 거쳐 진행되며 때론 순차적으로 또는 순환적으로 이루어진다. 상품 구매 목석의 소비사 검색에서는 이미 보유하고 있는 정보와 검색소비자와 상품의 특성과 상품의 특성, 검색 환경에 따라 다른 검색 행태를 보일 수 있다. 예를 들어 대학로에서 맛집을 찾는 A와 B라는 소비자가 있다고 가정해 보자. A는 근처 학교의 학생으로 대학로에 대해 잘 알고 있고 근처 맛집에 대한 정보가 많은 반면, B는 다른 지역의 학교에 다녀 대학로를 자주 방문하지 않으며 대학로에 대해 잘 알지 못하는 학생이라고 가정해 보자. 이 경우 A는 아마도 대학로 인근의 여러 식당을 이미 방문해 보고 어떤 곳이 맛집인지 잘 알고 있을 것이다. 따라서 A가 맛집을 검색한다면 그러한 식당들에 대한 정보를 기반으로 한 자세한 검색, 예를 들어 '○○식당' 혹은 '○○구이집' 등 세부적인 검색어를 사용할 것이다. 반면 B의 경우는 대학로와 근처 식당에 대한 정보가 부족할 것이므로 B의 검색은 특정 식당 이름을 포함하는 세부적인 검색어보다는 '대학로 맛집' 등과 같은 포괄적인 의미의 검색어를 사용할 것이다. 즉 검색사용자의 여정 단계별로 그들이 찾고자 하는 정보가 다를 것이며, 이는 소비자의 검색 행태와 사용되는 검색어의 차이를 의미한다. 따라서 그들의 맛집 검색은 다른 검색어의 조합을 포함하는 다른 형태를 띨

그림 4-1 **소비자 구매 단계별 검색어**

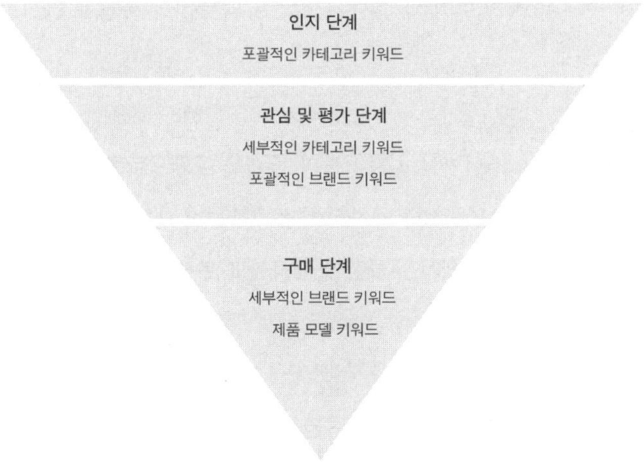

것이다. 비슷한 예로 만약 A가 혼자 조용히 갈 수 있는 식당을 찾거나 혹은 여러 명의 친구들과 함께 갈 수 있는 곳을 찾는다면 두 경우 A의 검색 패턴과 사용하는 검색어의 종류는 달라질 것이다.

이렇듯 검색광고주는 소비자들의 구매와 정보탐색 과정을 잘 이해해야 하는데 이를 수행하기 위해서 소비자의 구매결정 과정을 바탕으로 하여 제안된 소비자 구매깔때기(purchase funnel) 또는 소비자 결정여정(CDJ: customer decision journey)을 기반으로 검색광고를 이해해 볼 수 있다. 소비자의 구매여정을 단계별로 살펴보면 소비자는 인지, 관심 및 평가, 구매, 사후 평가 등의 과정을 거쳐서 최종 구매에 이른다. 이때 소비자들은 각각의 여정 단계와 그들이 처한 상황에 따라 필요한 정보에 맞춰 다른 검색어를 사용한다. 이를 위해서는 소비자 여정과 관련된 소비자 행동에 대한 좀 더 세밀한 이해가 필요한데, 이에 대한 자세한 설명은 이 책 5장에서 다룰 것이며 여기서는 각 구매 단계별로 소비자 검색과 이에 맞는 검색광고의 특징에 대해 살펴보겠다.

먼저 노트북을 구매하고자 하는 소비자의 구매여정을 생각해 보자. 이 경우 〈그림 4-1〉과 같이 소비자들은 자신이 위치한 구매여정 단계에 따라 다른 종류의 검색어를 검색할 것이다.

소비자 구매의 여러 단계에서 사용되는 키워드들의 특징을 간단히 정리하면 다음과 같다.

인지 단계 검색어 소비자들이 자신들의 필요를 바탕으로 한 해당 제품이 실제 필요할지 어떠한 브랜드나 제품들이 존재하는지 파악하는 기본적인 검색 단계이다. 보통 이 단계에서는 가장 일반적이고 포괄적인 검색어가 사용된다(예: 노트북, 랩톱).

관심 및 평가 단계 검색어 인지 단계를 거쳤거나 기본적인 정보를 이미 보유하고 있는 소비자들은 제품에 대한 필요와 관심을 확인하고, 이에 따라 좀 더 세부적인 필요 정보를 비교 및 평가해 보는 단계이다. 이 단계에서 소비자들은 여러 경쟁 브랜드와 다양한 판매처 등에 대한 정보를 검색할 수 있다[예: 특정 브랜드 검색어, 특정 브랜드 비교, 특정 부품 관련 검색어(예: 16G메모리, ○○브랜드 노트북 최저가 등].

구매 단계 검색어 관심 및 평가 단계를 거쳤거나 이미 세부정인 정보를 보유하고 있으며 특정 브랜드와 제품을 원할 경우 관련 검색어를 이용하는 단계이다. 이 단계에서는 특정 브랜드와 제품명, 원하는 제품이 가장 좋은 조건에 판매되는 상점 등에 관련된 검색이 이루어질 수 있다(예: 특정 브랜드의 특정 모델명, 특정 모델명을 최저가에 판매하는 온라인 몰).

일반적으로 소비자 단계가 진행될수록 검색어들의 검색 총량은 줄어들고 클릭률과 전환율은 좋아지는 것으로 알려졌다. 다시 말해 인지 단계에서의 검색량은 가장 많고 구매 단계의 검색어의 검색량은 상대적으로 적은 반면, 검색어 성과는 이와 반대로 구매 단계의 검색어가 가장 높은 경향을 띤다. 포괄적이고 개괄적인 제품군 단계의 검색어는 많은 소비자들이 자신들의 구매 여정 초반에 기본적인 정보를 얻기 위해 사용한다. 이 단계에서는 검색을 실행하더라도 나중에 제품을 구매하지 않는 고객들도 다수 존재한다. 인지 단계 검색 후 해당 제품이 자신과 맞지 않는다고 생각할 수도 있으며 더 좋은 대안을 찾을 수도 있다. 또한 이러한 초기 단계에는 상품을 꼭 구매할 의사가 강한 소비자들뿐 아니라 단순히 제품에 대한 호기심을 가진 구매 의사가 없는 소비자들도 포함되어 있다. 따라서 제품군 단계의 광범위한 검색어들의 검색량은 상대적으로 많지만, 모든 이들의 클릭률과 전환율은 높지 않을 것이다. 그러나 만약 검색소비자가 여러 단계의 검색을 거쳐 자신이 원하는 제품과 판매처에 대해 확신이 생겼다면 이때, 즉 구매 단계에 사용되는 검색어들은 절대적인 검색량은 많지 않더라도 이들의 전환율은 높을 것이다.

실제로 검색어의 검색 수를 기반으로 검색어의 인기도를 측정하고 이를 바탕으로 한 연구(Jerath et al., 2014)에서는 검색 수가 낮은, 즉 인기도가 낮은 검색어에서 소비자의 클릭률이 높은 것으로 나타났다. 마찬가지로 소비자의 검색 단계별로 검색어의 광고 단가도 달라지는데, 일반적으로 인지나 관심 평가에 많이 사용되는 제품군과 관련된 포괄적인 검색어의 CPC가 세부적인 브랜드와 제품명 등을 포함한 구매 단계에 사용되는 검색어의 CPC보다 높은 것으로 알려져 있다. 그렇다면 광고주의 입장에서는 가격이 비싸며 클릭률은 낮은 포괄적인 검색어는 피하고 상대적으로 단가가 낮고 클릭률은 높은 세부적인 검색어에 집중해야 할 것인가?

(1) 검색어 간의 상호작용

앞의 질문에 대답하기 위해서는 검색어 간의 상호작용에 대해 생각해 볼 필요가 있다. 앞서 설명했듯 소비자 정보탐색과 구매는 여러 단계를 거쳐 진행되고, 이러한 단계에서 소비자들이 사용하는 검색어 사이에는 상호작용이 존재한다. 따라서 이러한 상호작용을 감안하지 않는다면, 다중 검색어의 관리를 수반하는 광고주의 검색광고는 효과적인 관리가 어려울 것이다.

대표적인 검색어 간 상호작용은 인지 단계의 포괄적인 검색어에서 좀 더 자세한 관심과 평가, 구매 단계의 검색어로 이어지는 긍정적 파급효과를 생각할 수 있다. 소비자들의 호텔 검색과 구매 과정에서의 검색광고 역할을 살펴본 연구에서는(Rutz and Bucklin, 2011) 소비자들이 검색 시 사용하는 검색어들을 앞에서 언급된 것과 같이 포괄적인 제품군 관련 검색어 그룹과 브랜드 검색어를 포함한 브랜드 검색어 그룹으로 나누어 두 그룹 간에 서로에게 미치는 파급효과와 검색어들이 광고 전환에 미치는 영향력을 분석했다. 그 결과 제품군 관련 포괄적 검색어는 브랜드 관련 검색어에 긍정적인 파급효과를 주지만, 그 반대로 브랜드 관련 검색어가 제품군 검색어에 미치는 영향력은 미미한 것으로 파악했다. 이는 포괄적인 검색어일수록 광고비 단가는 높은 반면 전환율은 낮은 즉 광고효율성이 낮음을 의미할 수도 있지만, 여기서 파생되는 브랜드 검색어 그룹에 대한 긍정적인 파급효과를 감안한다면 이 키워드 그룹의 효율성은 생각보다 높을 수 있음을 의미한다.

(2) 소비자 구매 행태

검색광고 관리에서 고려해야 할 또 다른 소비자 특성으로 소비자의 이용 행태를 들 수 있다. 예를 들어 소비자들의 평소 구매 빈도와 구매 주기(즉 소비자들의 광고주 제품 또는 웹사이트 이용 행태) 등의 요소는 검색광고 효과는 광고주의 검색광고 성과에 영향을 미친다. 이베이(eBay)의 경우를 살펴본 과거 연구에 따르면 검색광고는 평소 광고주에게 활발히 구매를 하지 않는 고객들을 유인하는 데 긍정적인 영향을 주는 것으로 나타났다. 광고주로부터의 최근 구매 시점이 오래될수록 또 자주 구매하지 않는 고객일수록 검색광고는 더 좋은 효과를 보이는 것으로 나타났으며, 반면 평소에 광고주를 자주 이용하고 찾는 소비자들에게는 검색광고가 크게 효과가 크지 않는 것으로 보였다(Blake et al., 2015). 검색광고의 정보 제공 역할을 생각해 보면 이러한 소비자들의 구매 행태에 따른 광고 효과 차이를 설명할 수 있다. 일반적을 광고주로부터 구매한 지 오래된 고객일수록, 또는 광고주에게 자주 구매하지 않는 고객일수록 검색광고를 통해 제공하는 정보의 가치는 더 크다고 알려져 있다. 반면에 광고주를 자주 찾고 애용하는 소비자들은 이미 충분한 정보와 지식을 보유했을 것이므로 검색광고의 도움이 없이도 광고주들을 잘 이용할 수 있을 것이다. 예를 들어 소비자들은 특정 선호 브랜드의 검색광고가 노출되지 않더라도 자연검색결과에서 자신들이 원하는 광고주를 찾아갈 수도 있다.

(3) 소비자 검색 시점과 검색 비용

온라인 검색은 오프라인 검색 대비 검색 비용이 낮다고 알려져 있지만, 검색사용자가 들이는 노력과 시간 등을 감안한 검색 비용이 발생한다. 소비자의 이러한 검색 비용은 소비자들이 키워드 검색을 실행하는 시점에 따라 달라질 수 있다. 일반적으로 소비자는 자신이 보유하고 있는 정보의 양이 작거나, 정보의 불확실성이 크거나, 예상되는 정보의 가치가 클 때 또한 검색 비용이 낮을 때 더 많이 검색을 실행한다고 알려져 있으며(Moorthy et al., 1997), 낮과 밤 또는 평일과 주말, 근무시간과 퇴근 후 시간 등 소비자들의 검색 시점은 소비자들의 검색 비용에 영향을 줄 수 있으며, 이에 따른 검색광고의 효과 또한 달라질 수 있다. 즉 소비자의 검색 시점이 검색광고 효과를 조절할 수 있는 것이다. 예를 들어 직장인들의 경우 출근 후 오전 시간 동안 바쁜 업무로 인해 높은 검색 비용이 발생할 수 있고, 점심시간 후 혹은 퇴근 후 여가 시간 동안의 검색 비용은 낮을 수 있다(물론 반대의 경우도 존재할 수 있다). 반면에 오후 동안 바쁜 자영업을 운영하는 검색사용자의 검색 비용은 오전 동안에 상대적으로 낮을 것이다. 검색광고주들은 타깃 소비자들의 이러한 특성과 검색 비용의 차이점을 고려한다면 좀 더 효율적으로 검색광고를 집행할 수 있다.

2) 광고주 특성의 영향

3절에서 설명했듯이 검색광고의 판매는 경매를 바탕으로 이루어진다. 검색광고 경매에 참여하는 광고주들의 특성은 경매 과정과 경매 후 광고 효과에 영향을 미치며, 광고주들은 자신들이 원하는 검색어와 광고 위치를 바탕으로 검색광고 경매에 참여한다. 이때 검색광고 경매의 입찰 결과를 바탕으로 광고검색어와 검색어별로 노출될 광고가 결정되며, 이를 바탕으로 소비자의 클릭, 전환과 광고비가 결정된다.

(1) 광고주의 브랜드 효과

광고주 및 브랜드 이미지와 명성은 광고주의 광고 성과에 영향을 미치며, 브랜드 인지, 충성도 등을 포괄하는 브랜드 자산은 브랜드의 광고 효과에 긍정적인 영향을 미치는 것으로 알려져 있다. 예를 들어 가치가 높은 브랜드일수록 소비자들의 브랜드에 대한 가격 탄력성은 낮을 것이며, 따라서 그 브랜드의 제품을 구매할 때 가격에 덜 민감하게 반응한다. 이러한 브랜드 자산의 긍정적 효과는 ① 전자제품 같은 내구 소모제일수록, ② 여행상품 같은 경험제일수록, ③ 새로 출시된 신제품일수록 강하게 나타나는 것으로 알려졌다. 마찬가지로 검색광고 환경에서도 브랜드 자산의 효과는 유효하며, 이러한 브랜드 자산은 검색광고의 품질요소에도 큰 영향을 끼친다. 최근 한 연구에서 인지도가 높은 광고주들의 수익은 순위에 덜 민감한 것으로 나타났다 (Narayanan and Kalyanam, 2015). 앞서 브랜드 가치와 가격탄력성의 관계와 마찬가지로 높은 인지도의 광고주는 검색광고 순위에 따른 위치 변화에 큰 상관없이 비슷한 광고의 효과를 누리는 반면, 인지도가 낮은 광고주들에게는 이러한 순위변화가 광고 수익에 좀 더 유의미한 영향을 주는 것으로 나타났다. 따라서 인지도가 낮은 광고주들은 좀 더 정확하고 세밀하게 검색광고 순위를 관리할 필요가 있으며, 이에 따른 광고 성과 개선 효과가 더 클 수 있음을 의미한다.

(2) 광고주와 광고 위치의 상호작용

검색광고 광고주들은 어떤 광고 순위(위치)를 차지하느냐에 따라 다른 광고 효과를 누리며, 또 같은 순위라도 어떤 광고주가 위치하느냐에 따라 다른 효과를 얻는다. 이는 다시 말해 광고 위치와 광고주의 영향력 사이에는 상호작용이 존재하며 이를 잘 고려해야만 가장 효율적인 검색광고를 집행할 수 있는 것을 의미한다. 그뿐 아니라 광고주들의 광고 효과는 단순히 나의 위치와 특성뿐 아니라 주변에 위치한 광고들의 특성에 의해서도 영향을 받는데 이는 광고주 각각의 광고 위치에 따라 서로의 광고 성과에 다른 영향을 주는 것을 의미한다(Jeziorski and Segal, 2014). 만약 나의 광고와 같은 검색어에 노출되는 광고들이 브랜드 인지도가 매우 높은 유명 광고주들이라고 생각해 보자. 이럴 경우 검색사용자들은 아마도 인지도가 높은 광고주들에게 많은 관심을 보이며, 그에 따라 전반적으로 클릭량이 증가할 확률이 높다. 그런데 만약 인지도가 높은 광고가 특정 광고보다 위나 아래 위치한다면 이 광고의 성과에는 어떤 차이가 있을까?

일반적으로는 특정 검색어에 광고하는 광고주들이 늘어날수록 두 가지 영향이 발생하는 것으로 알려졌다. 이 과정을 통해 노출되는 광고 수가 늘어날수록 검색소비자들이 특정한 하나의 광고에 주목할 확률은 줄어든다. 둘째, 노출되는 광고가 늘어날수록 전체적인 소비자 클릭의 총량은 늘어날 확률이 크다. 이는 더 많은 광고가 노출될수록 소비자들에게 가치 있는 정보를 제공하는 광고 또한 늘어날 것이며, 따라서 더 많은 소비자들이 주목하고 소비자의 클릭 또한 증가한다. 또한 특정 검색어에 노출된 광고의 성과는 자신의 브랜드와 광고 특성뿐만 아니라 다른 광고주들의 품질과 성격에 의해서도 결정된다. 즉 이러한 두 가지 상반된 영향력은 주변에 위치하는 광고주들의 품질과 성격에 따라 광고주에게 다른 영향을 미친다. 예를 들어 '날씨' 키워드에서 2등에 오른 특정 광고주 A의 클릭률은 대표적인 날씨 관련 웹사이트의 광고주 B가 1등일 경우 날씨와 크게 관련 없는 광고주 C가 1등일 경우보다 낮아지는 경향을 보였다(Jeziorski and Segal, 2014).

따라서 우리는 광고주의 특성이 광고 위치에 따른 검색광고 효과에 미치는 영향에 대해 다음과 같은 좋은 시사점을 생각할 수 있다.

특정 광고주에게는 자신의 광고보다 위쪽(높은 랭킹)에 위치한 광고주의 영향력은 긍정적이거나 부정적일 수 있지만, 아래(낮은 랭킹)에 위치한 광고주의 영향력은 보통 긍정적이다. 앞에서 언급했듯이 더 많은 광고가 노출될수록 나의 광고에 대한 주목도는 낮아질 것인데 나의 광고보다 상위에 위치한 광고들이 많다면 이러한 부정적인 영향력은 커질 것이다. 반면 나의 광고보다 하위에 위치한 광고들이 많을 경우, 이러한 부정적인 영향이 상대적으로 크지 않을 것이다.

특정 광고주 주변에 위치한 광고주가 차별화 정도가 낮은 비슷한 상품을 판매한다면(예: 비슷한 상품을 파는 비교 판매 사이트) 그 광고주의 나의 광고에 대한 영향력은 부정적일 것이나, 주변의 광고주들이 차별화된 상품을 판매한다면(예: 다른 브랜드의 광고주) 그 영향력은 긍정적일 것이다. 이는 서로 다른 특성을 가진 광고주들의 차별화된 광고는 소비자들에게 여러 광고를 클릭할 요인을 제공하는 반면 비슷한 상품이 자주 노출되면 소비자들 입장에서 더 많은 광고를 클릭할 요인은 사라질 것이다(Lu and Yang, 2017).

(3) 광고주 경쟁의 전략적 함의

앞에서 살펴보았듯이 광고 위치는 광고주의 성과에 중요한 영향을 미칠 수 있으며 따라서 광고주들은 광고 위치에 대해 경쟁할 수 있다. 이는 한정된 광고 위치 공급과 각 위치 간의 다른 특성(예: 소비자의 클릭률) 등 검색광고와 소비자검색의 본질적인 특성으로 인해 필연적으로 발생할 수밖에 없다. 검색광고에서 검색어에 할당된 광고 위치의 숫자는 인기 키워드의 경우 그 키워드에 광고하는 광고주의 수보다 일반적으로 적다. 물론 전체 광고 키워드를 볼 때 실제 광고주수가 광고 위치의 숫자보다 많은 인기 키워드는 그리 많지 않다. 또한 광고의 종류와 상황에 따라 무수히 많은 광고 위치가 존재할 수 있지만(예: 광고가 두 번째, 세 번째 페이지로 넘어가는 경우) 이러한 경우에도 첫 번째 페이지의 광고들이 소비자의 주목을 더 많이 받는 경향이 있다. 반면에 검색어에 광고하고자 하는 광고주의 수가 광고 위치의 숫자보다 작을 때는 경쟁이 발생하지 않거나 그 강도가 미미해진다. 즉 최소 입찰금액만 낼 의향이 있으면 노출이 가능하므로 광고주들 간의 입찰 경쟁이 미미해지는 것이다. 검색광고에서는 수많은 롱테일 검색어가 존재하는데 이러한 롱테일 검색어는 다른 키워드 대비 상대적으로 광고를 하고자 하는 광고주의 수가 적은 편이다. 즉 롱테일 검색어에 대한 광고비는 상대적으로 저렴한 편이다. 따라서 이러한 롱테일 검색어를 잘 활용하는 것은 효율적인 광고전략 수립에 큰 영향을 미치며 광고 성과 향상에 큰 도움을 줄 수 있다.

검색광고 경매에서 특정 광고주가 광고 경매에서 빠져나간다면 경매에 참여하고 있는 다른 광고주들은(특히 그 광고주보다 하단에 위치한 낮은 순위의 광고주들은) 긍정적인 영향을 받을 수 있다. 검색광고 경매의 특성상 특정 광고주가 광고 집행을 멈춘다면 경매에 참여 중인 다른 광고주들이 좀 더 낮은 광고비로 광고를 집행할 수 있으며, 특히나 경매에서 빠진 광고주보다 낮은 위치에 있던 광고주들은 같은 비용으로 좀 더 높은 순위를 차지하고 더 많은 광고 트래픽을 받을 수 있다. 즉 경매에서 빠져나와 광고를 그만두는 특정 광고주의 결정이 단순히 그 광고주의 노출을 축소시키는 대신 광고비를 낮추는 직접적인 효과를 줄 뿐만 아니라, 이러한 결정은 잠재적으로 경쟁 광고주들에게 이득을 주는 간접적인 효과를 가져올 수도 있다. 물론 같은 검색어에 광고를 원하는 광고주들이 늘 잠재적인 경쟁자는 아닐 수 있지만, 특정 검색어 혹은 특정 테마에 광고하는 검색광고의 특성상 (여타 다른 광고매체 대비) 이러한 복합적 전략적 영향 작용이 나타날 확률이 크다. Edmunds.com을 대상으로 실험한 연구에서는 광고주가 검색광고를 하지 않을 경우, 검색광고를 통해 유입

되던 많은 고객들을 경쟁광고주들에게 빼앗길 수도 있음을 보여주었다 (Coviello et al., 2017). 흥미롭게도 이러한 사례는 연구 대상의 브랜드 키워드광고에서 나타났는데, 이는 연구 대상 브랜드 경쟁자들이 해당 브랜드 키워드 입찰에 참여하고 있었기 때문이다. 이 경우 'Edmunds.com'이 브랜드 키워드이며, 대상이 검색광고를 하지 않더라도 Edmunds.com의 링크가 자연검색결과 안에 높은 순위로 노출되었을 것이다. 그런데도 많은 소비자의 클릭을 경쟁 브랜드에 빼앗겼다는 사실은, 특정 브랜드를 알고 검색하는 소비자라 할지라도 다른 브랜드에 관심이 있을 수 있고(예를 들어 어떤 소비자는 여러 브랜드를 동시에 고려 중일 수 있고 어떤 소비자는 아직 다양한 브랜드를 검색하는 비교 단계일 수도 있다), 브랜드 주인이 검색광고를 하지 않을 경우 예상치 못한 부정적인 영향이 존재할 수 있다는 뜻이다. 이는 검색광고의 방어적인 마케팅 도구로서의 전략적 가치를 의미한다.

3) 경쟁 광고주와 검색광고 예산 관리

많은 광고주들은 특정 기간 동안 사용할 일정한 예산을 결정한 후 광고 집행을 한다. 즉 많은 광고주는 광고 예산의 제한이 있거나 혹은 일정 예산으로 효율적인 광고를 집행하기 원하는데 이는 광고주의 규모와 상관없이 여러 광고주에게서 공통적으로 나타난다. 검색광고 예산은 단순히 광고주의 검색광고 활동을 실행하는 재무적 자산일 뿐 아니라 광고 전략적인 차원에서도 유용하게 쓰일 수 있다. 따라서 광고주들의 예산 운용은 타 광고주들과의 관계를 고려한 전략적 관점에서 바라볼 필요가 있다. 예를 들면 타깃 광고 효과를 달성하기 위해 주어진 예산을 어떻게 사용할 것인지, 한 단계 더 나아가 나의 광고 예산 관리가 다른 광고주의 광고 예산 집행과 성과에 어떤 영향을 줄 것인지 생각해 볼 필요가 있다. 차가경매 방식을 이용하는 검색광고 경매에서는 특정 광고주의 입찰금은 그 광고주보다 상위에 위치한 광고주의 광고비에 직접적인 영향력을 미친다. 경쟁 측면에서 보면 나의 입찰금을 상위 광고주의 입찰금보다 순위가 바뀌지 않는 선에서 조금씩 올려 입찰한다면 경쟁 광고주의 예산을 좀 더 빨리 소진시킬 수 있음을 의미한다. 이러한 전략에 대응하는 경쟁 광고주 입장에서는 자신의 입찰금을 오히려 조금 낮추어 가며 순위를 한 단계 낮춘다면 광고 효과에 큰 손실 없이 예산 소진을 방지하는 방법이 될 수도 있다. 이 경우 경쟁 광고주의 순위와 광고비를 올리는 전략적 공격을 실행할 수도 있다. 물론 이런 경우 순위가 올라간 광고주는 자신의 예산을 고려해 다시 입찰금을 낮출 수도 있는데, 이 경우 결국 예산의 제약으로 광고주들 간의 과열 경쟁이 방지되는 것을 볼 수 있다. 반면에 만약 예산이 풍부한 광고주라면 상대적으로 여유로운 자신의 예산을 바탕으로 높은 순위를 차지해 많은 클릭을 받아, 경쟁광고주들이 높은 순위로 진입하거나 소비자들에게 노출되는 것을 방해하고 경쟁 광고주들이 소비자 클릭을 받는 것을 방지할 수도 있다. 하지만 이런 경우 앞서 설명했듯이 경쟁 광고주들은 순위가 바뀌지 않는 선에서 입찰금을 올리는 전략을 쓸 수 있고, 결국 이 때문에 예산이 많은 광고주는 자신의 순위와 클릭 등에 변동 없이 단지 광고비만 자신의 예산과 비례해 증가하는 (하지만 광고 효과는 크게 향상되지 않는) 예산의 함정에 빠질 수도 있다(Lu et al., 2015).

4) 다중 검색어 관리 전략

(1) 롱테일 검색어 전략

앞에 언급했듯이 검색광고에는 수많은 롱테일 검색어가 존재하는데 이는 소비자들이 검색하는 검색어의 종류는 매우 다양하고(각각의 소비자가 마주할 수 있는 다양한 상황과 수많은 소비자들의 차이점을 고려한다면 이는 매우 자명한 것이다), 광고주들 또한 자신들이 처한 상황이 매우 다양하기 때문이다. 따라서 이러한 롱테일 검색어를 선택하고 관리하는 전략은 검색광고의 효과에 매우 큰 영향을 미칠 수 있다. 또한 어떤 종류의 검색어를 선택하느냐 하는 문제부터 각각의 검색어에 대해 어떤 광고 위치를 선택하느냐에 따라 매우 다른 경쟁 강도와 그에 따른 광고 효과를 볼 수 있다. 예를 들어 아동복을 판매하는 모든 광고주들이 '아동복'과 같은 제품군의 대표 검색어에만 입찰을 하고, 모든 광고주들이 1등의 위치를 원하는 경우는 광고주들 간의 극심한 광고경쟁이 발생해 광고비가 많이 올라갈 수도 있다. 하지만 소비자들의 다양한 검색 행태를 잘 이해한 똑똑한 광고주들이 자신들의 고객에 대한 이해에 기반을 둔 '남자아이 청바지'와 '특정 브랜드 5세 아동 청바지' 등과 같이 타깃이 명확하며 다른 광고주들이 사용하지 않는 세부적인 키워드를 동시에 같이 사용한다면 이 경우 다른 광고주들과는 차별화된 전략을 바탕으로 하여 더 낮은 광고비로 효율적인 광고 집행을 할 수 있다. 예를 들어 검색량이 많을 것으로 예상되고, 따라서 광고비가 상대적으로 높을 것 같은 '아동복' 검색어에서는 광고를 노출은 하되 순위는 낮게 입찰하며, 검색량은 작더라도 전환율이 높을 것으로 예상되는 '특정 브랜드 남자아이 청바지'와 같은 검색어에서는 높은 광고순위를 차지하는 전략을 생각해 보자. 이 경우 상대적으로 클릭당과금이 높을 것으로 예상되는 제품군 검색어(아동복)에서는 광고비를 최소화하되 여전히 많은 노출량을 통해 소비자 주목을 어느 정도 유지할 것이다. 또한 클릭당과금이 낮더라도 전환율이 좋은 세부 브랜드 관련 검색어(특정 브랜드 남자아이 청바지)에서 높은 순위와 전환율을 유지한다면, 이 광고주의 캠페인에 대한 클릭과 전환율은 상승하고 광고비는 상대적으로 낮아져 효율성이 개선되고, 이를 바탕으로 광고수익률 또한 개선될 수 있을 것이다. 비슷한 예로 클릭 시 이동하는 랜딩페이지 전략도 들 수 있는데, 롱테일 검색어의 경우 이러한 검색어를 사용하는 소비자의 특성에 맞춰 광고 소재를 설정하고 랜딩페이지를 세부 상품 페이지로 설정할 수 있다. 반면 제품군 검색어의 경우 이러한 검색어를 사용하는 소비자의 특성을 고려한다면 제품과 브랜드의 전반적인 인지도와 정보 제공에 중점을 둔 랜딩페이지와 광고 소재 설정을 할 수 있다.

(2) 브랜드 검색어 전략

다중 검색어 관리에서 생각해야 할 또 다른 점은 브랜드 검색어 전략이다. 특정 브랜드 광고주는 자신의 브랜드와 관련 검색어에 광고할 수 있고, 다른 브랜드 특히 경쟁 브랜드와 관련 검색어를 통해 광고를 집행할 수도 있다(경쟁 브랜드명에 직접적으로 광고하는 것이 불법인 경우도 존재한다). 나의 브랜드와 관련된 검색어를 검색한다는 것은 나의 브랜드나 관련 제품군에 관심이 있는 소비자라는 뜻이며, 마찬가지로 경쟁 브랜드 관련 키워드를 검색하는 소비자들도 나의 잠재적인 고객이 될 수 있다. 따라서 소비자들에게 정보를 제공하고 잠재적인 고객군을 확보한다는 측면에서 경쟁 브랜드 관련 검색어에 광고를 집행하는 것도 좋은 전략이 될 수 있다. 또한 제한적인 광고 위치와 소비자의 주목도를 고려할 때 경쟁 브랜드 검색어에 광고하는 것은 전략적으로도 경쟁 브랜드에 대한 소비자의 주목도를 낮추는 효과가 있을 수도 있다. 물론 경쟁 브랜드가 나의 브랜드 관련 검색어에 광고하는 것이 늘 부정적인 것만은 아니다. 선행 연구(Chiou and Tucker, 2012)에 따르면 경쟁 브랜드가 나의 브랜드 관련 검색어에 광고를 집행할 때 나의 자연검색결과(organic search results)의 성과가 무려 네 배나 증가한다고 밝혔다. 또한 총클릭 수에 비례해 변화하는 나의 광고비는 줄어들 것이므로 결과적으로 낮은 광고 비용으로 높은 효과를 누릴 수 있는 것이다. 하지만 경쟁 브랜드 관련 검색어 전략은 국가마다 다른 법률적인 이슈가 있을 수 있으며, 이와 관련된 내용은 8장에서 좀 더 자세히 다루기로 한다.

(3) 일치검색과 확장검색 전략

광고주들이 다중 검색어 관리에서 고려할 요소 중 하나는 일치 검색과 확장 검색 결과의 사용이다. 구글에서도 비슷하게 이그잭트 매치(exact match)와 브로드 매치(broad match), 프레이즈 매치(phrase match)로 나뉘는데 간단히 말해 일치 검색은 검색어가 일치할 경우 광고를 노출하는 방식이며, 확장 검색은 검색어가 정확히 일치하지는 않더라도 비슷한 의미가 있는 경우(예를 들어 철자가 틀린 경우 혹은 비슷한 검색어를 포함하거나 비슷한 의미를 담고 있는 경우) 광고를 노출하는 방식이다. 어떤 방식을 사용하느냐에 따라 광고 효과가 달라질 수 있는데, 확장 검색을 사용하면 광고 노출은 늘어날 것으로 예상되고, 반면 일치 검색 사용 시에는 광고의 클릭 혹은 전환이 높아질 것으로 예상할 수 있다. 이와 관련된 최근 연구에서는 검색어 종류(제품군, 자사 브랜드, 경쟁 브랜드 키워드)와 광고노출방식(exact, phrase and broad match) 간의 관계를 연구했는데 일치 검색의 경우 클릭률과 전환율이 제품군과 자사 브랜드 검색어의 경우 가장 높았으며, CPC 또한 가장 높은 것으로 발표되었다(Du et al., 2017). 반면에 경쟁 브랜드 검색어에서는 브랜드(brand)와 프레이즈 매치 타입이 클릭을 증가시키는 것으로 나타났으며, 전환율의 경우에는 프레이즈 매치의 경우는 증가하지만 브로드 매치의 경우는 오히려 감소하는 것으로 나타났다.

3 | 통합적 광고매체 관리

많은 검색광고주들은 검색광고뿐만 아니라 여러 다양한 광고매체를 동시에 운용하고 있다. 따라서 광고주들의 검색광고 전략은 단순히 검색광고를 통해 광고 효과를 누리는 것이 아니라 검색광고와 디스플레이 광고 및 온라인 구전 관리 등과 같은 타 온라인 홍보매체와의 관계, 더 나아가 전통적인 오프라인 광고매체와의 관계와 시너지를 잘 활용해 사용하는 것이 중요하다.

1) 검색광고와 온라인광고

(1) 검색광고와 디스플레이광고

디스플레이광고는 검색광고와 함께 가장 대표적인 온라인광고 매체로 꼽

힌다. 디스플레이광고와 검색광고의 가장 큰 차이점은 다음과 같다. ① 디스플레이광고는 소비자의 키워드 검색과 같은 능동적인 행동이 아닌 노출을 기반으로 한 광고이며, ② 그러므로 CPC, 즉 클릭당과금 방식이 아닌 노출기반의 CPM 광고라는 점이다. 물론 CPM 방식의 디스플레이광고의 판매에서도 경매 방식을 사용하는 것이 대세이며, 노출을 기반으로 하지만 최근에는 고객 데이터 등을 기반으로 한 타기팅 능력도 획기적으로 개선되고 있다. 그럼에도 소비자의 능동적 검색을 기반으로 한 검색광고와 수동적 노출을 기반으로 한 디스플레이광고는 광고주들의 종합적인 미디어 전략에서 서로 다른 역할을 수행할 수 있다. 예를 들어 소비자 여정의 관점에서 보면, 디스플레이광고는 여정 초반에 위치한 소비자들에게 맞춤형 노출을 통해 브랜드와 제품 인지를 증가시키는 역할을 수행하고, 검색광고는 디스플레이광고를 통해 인지를 형성했거나 사전 정보를 이미 가지고 있는 소비자들의 검색을 바탕으로 관심과 평가 또는 구매 단계를 돕는 역할을 수행할 수 있다. 또한 검색광고를 통해 브랜드 인지나 관련 정보를 획득한 소비자가 추후 디스플레이광고에 노출되어 브랜드나 제품을 상기함으로써 최종 구매에 이르는 등 다양한 시너지가 발생할 수 있다. 일반적으로 광고의 효과는 단기간에 실현될 수도 있지만 많은 부분 장시간에 걸쳐 나타나는 경향을 띠고 있으며 검색광고와 디스플레이광고의 효과 또한 마찬가지로 장기간에 걸쳐 서로에게 영향력을 미치면서 나타날 수 있다.

디스플레이광고와 검색광고 사이의 상호작용은 많은 연구에 의해 증명되었다. 현장 실험을 통해 디스플레이광고가 검색어에 미치는 영향을 분석한 한 연구에서는 한 번의 광고 노출이 연관된 검색어 검색량을 5%에서 25%까지 증가시키는 것으로 나타났다(Papadimitrou et al., 2012). 또 다른 연구에서는 디스플레이광고가 브랜드 검색에 미치는 영향을 야후를 통한 현장 실험을 통해 보였는데 그 결과 짧은 시간 동안 연관 브랜드 검색량이 상당히 높게 증가하는 것으로 나타났다. 디스플레이광고 노출은 관련 브랜드의 검색량을

약 40%가량 증가시켰을 뿐 아니라, 심지어 경쟁브랜드의 검색량도 20% 정도 증가시켰다(Lewis and Nguyen, 2015). 또한 금융 상품에 관한 디스플레이광고와 검색광고 효과에 관한 한 실증 연구(Kireyev et al., 2016)에서는 금융 상품에 관한 디스플레이광고와 검색광고의 효과를 실증 분석했는데, 검색과 디스플레이광고 사이에는 긍정적인 상호작용이 존재하며 두 광고매체는 유의미한 수준으로 장시간에 걸친 상호작용이 있는 것으로 나타났다. 특히 검색광고의 파급효과가 더 강하게 장기간 지속되는 것으로 나타났으며 이런 효과를 감안해 측정한 광고 CPA는 이러한 효과를 감안하지 않고 측정된, 현재 많이 사용되고 있는 CPA 측정 방식과 비교할 때 꽤 많이 낮아지며, 따라서 광고 ROI는 크게 개선되는 것으로 보였다. 따라서 광고주들은 검색광고와 디스플레이광고의 장기간에 걸친 지속 효과와 두 매체 간의 상호작용을 감안한 광고지표를 사용할 필요가 있으며, 이러한 광고 미디어의 다이내믹 효과와 상호작용을 고려하는 종합적인 미디어 전략이 필요하다.

(2) 검색광고와 소비자 구전

온라인광고와 더불어 소비자의 온라인 구전(electronic word-of-mouth)은 광고주의 마케팅 커뮤니케이션에 활용되는 대표적인 수단이며 이는 소비자의 정보검색, 넓게는 소비자 여정의 여러 단계에서 활발히 이용되고 있다. 소비자의 온라인 구전은 소셜미디어와 함께 급속도로 확산되고 있는데, 보통 광고주가 만들어 전파하는 광고와는 달리 소비자들이 제작해 전파하는 특징이 있다. 이에 소비자들은 소비자구전을 광고보다 더 신뢰하는 편이며 따라서 소비자구전은 광고주의 온라인 커뮤니케이션에서 가장 핵심적인 수단으로 자리매김하고 있다. 온라인 구전의 몇 가지 특징을 살펴보면 다음과 같다.

- 일반적으로 온라인 구전의 총량은 소비자의 제품 평가와 실제 판매에 긍정적인 영향을 주는 것으로 알려져 있다. 많은 소비자들이 관심을 기울이

는 제품일수록 소비자들이 흥미를 느끼고 구매하여 사용할 요인이 크기 때문이다.

- 소비자 리뷰 텍스트의 극성이 좋거나(긍정적인 리뷰) 소비자의 평균 평가(별점)가 높은 경우 제품의 실제 판매 역시 높은 것으로 알려져 있다. 긍정적인 소비자들의 평가는 이를 보고 영향을 받는 다른 소비자들의 구매를 촉진하기 때문이다.
- 제품군마다 차이는 있지만, 일반적으로 온라인 구전의 평균 평점은 꽤나 높은 것으로 알려져 있으며 특정 산업군(예: 요식업)에서의 평균 평점은 5점 만점에 4점이 넘는 것으로 알려져 있다.

이렇듯 온라인광고와 구전이 광고주의 마케팅 커뮤니케이션에서 중요한 자리를 차지하며, 많은 경우 이 두 매체는 한 사이트 내에 동시에 존재한다. 예를 들어 구글이나 네이버 검색을 통해 광고와 소비자의 리뷰를 동시에 관찰할 수 있고, 이는 아마존이나 여타 다른 쇼핑 웹사이트에서도 비슷하게 발견된다. 이와 관련해 한 연구에서는(Lu et al., 2013) 식당 광고주가 제작하고 지불하는 온라인 홍보 활동(검색광고와 온라인 쿠폰)과 소비자들이 제작하고 배포하는 온라인 구전 활동과의 관계를 비교해 다음과 같은 흥미로운 연구를 발표했다(Lu et al., 2013).

- 검색광고, 온라인 쿠폰 및 온라인 구전은 식당 매출과 긍정적인 관계를 보였다.
- 검색광고와 온라인 쿠폰 사이에는 긍정적인 시너지 효과가 발견되지 않았다.
- 온라인 구전의 총량과 온라인 쿠폰 사이에는 부정적인 상호작용이 발견되었다.
- 검색광고와 온라인 구전의 총량 사이에는 긍정적인 상호작용이 관찰되었다.

온라인 구전의 총량과 온라인 쿠폰 사이에는 부정적인 상호작용이 관찰되었는데, 상호작용이 관찰된 이유는 이미 인지도가 높고 유명한 식당의 경우 쿠폰을 배포하는 홍보 활동이 인지도가 낮은 덜 알려진 식당의 경우와 비교할 때 도움이 되지 않을 수 있음을 의미한다.

이러한 결과들을 바탕으로 소셜미디어 등을 통해 소비자들의 구전 활동을 장려하고 또 소비자들에게 알맞은 온라인 구전을 전달할 수 있다면, 광고주들의 검색광고 효과를 개선시킬 수 있음을 알 수 있다. 또한 검색광고와 온라인 구전의 총량 사이에 긍정적인 상호작용이 관찰된 점은 다음과 같은 시사점을 줄 수 있다. 검색광고의 효과는 소비자들의 구전양이 많을수록 나아질 수 있는데 이는 소비자들의 좋은 입소문을 바탕으로 더 많은 소비자들이 검색을 하고 이를 통한 구매를 할 수 있기 때문이다. 마찬가지로 검색광고의 유무는 소비자 구전양의 매출에 대한 긍정적인 효과를 증대시킬 수 있는데, 검색광고를 통한 인지도의 상승은 소비자 구전의 효과를 증폭시킬 수 있기 때문이다.

2) 검색광고와 오프라인 매체 관리

온라인광고 매체의 급격한 발전에도 오프라인 광고매체는 여전히 중요한 광고매체로 남아 있다. 텔레비전과 같은 막대한 예산을 투입해야 하는 오프라인 광고뿐만 아니라 옥외광고, 잡지광고 등 상대적으로 광고비가 비싸지 않고 중소 규모의 광고주들도 운용할 수 있는 오프라인 광고 또한 여전히 폭넓게 사용되고 있다. 오프라인 광고의 가장 큰 특징이자 강점 중 하나는 브랜드 인지도 구축이 쉽다는 것인데, 예를 들어 텔레비전 광고는 단기간에 많은 수의 소비자들에게 광고주의 브랜드와 제품을 효과적으로 노출할 수 있다. 물론 오프라인 광고매체도 단순한 브랜드 인지도 구축뿐만 아니라 브랜드 충성도와 판매를 증가시키는 등 다양한 목적으로 사용될 수 있는데, 최근 정보통신기술의 발달과 함께 오프라인 광고매체의 타기팅 기술 또한 발전하고 있다. 또한 온라인 상거래의 급격한 성장에도 오프라인 업체들의 매출과 소비자에 대한 영향력은 여전히 막대하다. 최근 급성장하고 있는 옴니채널, O2O마케팅 등이 이를 여실히 보여준다. 따라서 오프라인 광고와 온라인광고 매체의 조화로운 운용은 광고주의 브랜딩과 매출 성장에 중요한 역할을 할 것이다.

오프라인 광고와 검색광고 통합 전략에 관한 최근 연구들의 큰 맥락은 다음과 같다. 검색광고와 오프라인 광고매체 사이에는 긍정적인 상호작용이 존재한다. 먼저 텔레비전 광고와 검색광고의 관계를 생각해 보자. 일반적으로 텔레비전 광고와 검색광고 사이에는 긍정적인 효과가 존재하는 것으로 알려져 있다. 예를 들어 특정 소비자가 텔레비전을 보면서 새로 출시된 전자제품의 TV광고에 노출되었다고 가정해 보자. 이 경우 많은 소비자들은 TV광고를 통해 인지한 신제품에 대한 호기심이 생겨 스마트폰 등을 통해 검색을 해본 경험이 있을 것이다. TV광고와 온라인 검색과 관련된 최근 여러 연구에서는 이러한 가설들을 증명하고 있다. 루이스와 라일리(Rewis and Reiley, 2013)의 연구에서는 미국에서 가장 많은 수의 시청자를 보유한 2011년 슈퍼볼 게임 동안 노출된 46개의 TV광고와 이와 관련된 야후!의 검색 데이터를 살펴본 결과 광고가 노출된 직후 관련 브랜드의 급격한 증가가 발견되었다. 또한 금융 서비스 브랜드의 텔레비전 광고와 구글 검색을 비교한 연구에서도 비슷한 결과를 발견했다(Joo et al., 2013). 이 연구 결과에 따르면 금융서비스 브랜드들의 텔레비전 광고는 구글 검색량을 증가시키는데, 증가된 검색량은 제품군에 대한 일반적인 검색이라기보다는 각 브랜드에 대한 검색량의 증가에 의한 것이었다. 이를 달리 해석하면 텔레비전 브랜드 광고를 통해 광고주들은 자신의 브랜드를 노출시키고 이에 따른 검색을 증가시킬 뿐만 아니라 경쟁 브랜드의 검색량을 자기 것으로 만드는 또 다른 효과를 누릴 수 있음을 의미한다.

3) 검색광고의 브랜딩 효과

최근에 검색광고와 관련해 주목을 받고 있는 것은 검색광고의 브랜딩 효과이다. 전통적으로 검색광고는 이미 인지도가 있는 소비자들의 비교 평가와 구매 단계에서의 소비자 전환을 돕는다고 알려져 사용되었지만, 최근에는 전통적으로 오프라인 광고매체에서 담당하던 (혹은 디스플레이광고) 브랜드의 인지도를 올리는 브랜딩 캠페인에도 많이 이용되고 있다.

〈그림 4-2〉 그래프는 구글에서 2014년 발표한 연구보고서의 결과를 발췌한 것이다. 이 연구에 따르면 검색광고는 소비자의 최초 상기(top of mind awareness) 및 비보조인지도(unaided advertising recall)를 유의미하게 증가시키는 것으로 나타났다. 이러한 효과는 자동차와 소매업 및 소비재 등 여러 다양한

그림 4-2 **검색광고의 소비자 인지(최초 상기)에 미치는 영향**

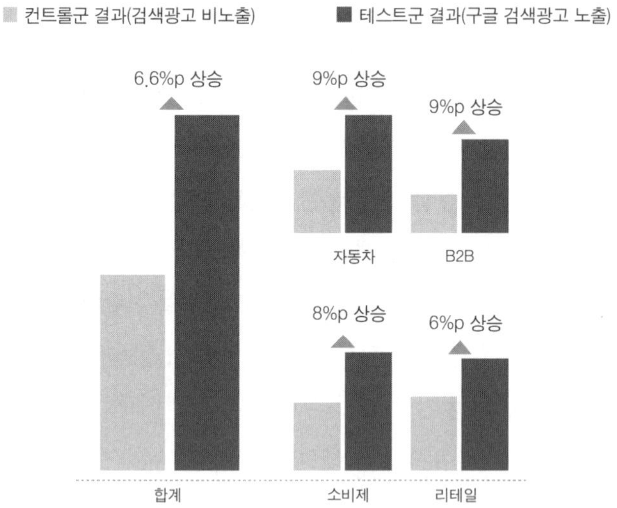

주: 검색광고 효과의 전체 실험 제품군의 평균은 약 6.6%p 정도이며, 제품군별로는 자동차와 B2B군에서는 9%p 정도, 소비제와 유통 관련업에서는 8%p와 6%p 정도로 나타났다.
자료: Google/Ipsos MediaCT, *Search for Brands Industry Research* (2014).

제품군에서 관찰되었으며 평균 인지도 상승은 6.6%p(증가율은 80%)인 것으로 나타났다. 이와 같이 검색광고는 광고주들의 브랜딩 전략에 효과적이며, 광고주들의 인지도를 상승시키는 데 새로운 수단을 제공할 수 있다. 이러한 사실은 특히 광고 예산이 적은, 텔레비전과 같은 대규모 광고비를 집행할 수 없는 중소 규모의 광고주들에게 유용할 것이다.

참 고 문 헌

Berkeley, C. A., P. Jeziorski and I. Segal. 2015." What makes them click: Empirical analysis of consumer demand for search advertising." *Microeconomics*, 7(3), pp.24~53.

Blake, T., C. Nosko and S. Tadelis. 2015. Consumer Heterogeneity and Paid Search Effectiveness: A Large-Scale Field Experiment. *Econometrica,* 83(1), pp.155~174.

Chiou, L. and C. Tucker. 2015. "How Does the Use of Trademarks by Third-Party Sellers Affect Online Search?" *Marketing Science*, 34(2), pp.307~307.

Coviello, L., U. Gneezy and L. Goette. 2017. *A Large-Scale Field Experiment to Evaluate the Effectiveness of Paid Search Advertising.*

Du, X., M. Su, X. Zhang and X. Zheng. 2017. "Bidding for Multiple Keywords in Sponsored Search Advertising: Keyword Categories and Match Types." *Information Systems Research*, 28(4), pp.711~722.

Jerath, K., L. Ma and Y. H. Park. 2014. "Consumer Click Behavior at a Search Engine: The Role of Keyword Popularity." *Journal of Marketing Research*, 51(4), pp.480~486.

Jeziorski, P. and I. Segal. 2014. "What Makes Them Click: Empirical Analysis of Consumer Demand for Search Advertising." Typescript. *University of California Berkeley.*

Joo, M., K. C. Wilbur, B. Cowgill and Y. Zhu. 2013. "Television Advertising and Online Search." *Management Science*, 60(1), pp.56~73.

Kireyev, P., K. Pauwels and S. Gupta. 2016. "Do Display Ads Influence Search? Attribution and Dynamics in Online Advertising." *International Journal of Research in Marketing*, 33(3), pp.475~490.

Lewis, R. A. and D. H. Reiley. 2013.6. "Down-to-the-Minute Effects of Super Bowl Advertising on Online Search Behavior." i*n Proceedings of the Fourteenth ACM Conference on Electronic Commerce,* pp.639~656. ACM.

Lewis, R. and D. Nguyen. 2015. "Display Advertising's Competitive Spillovers to Consumer Search." *Quantitative Marketing and Economics*, 13(2), pp.93~115.

Lu, S. and S. Yang. 2017. "Investigating the Spillover Effect of Keyword Market Entry in Sponsored Search Advertising." *Marketing Science*, 36(6), pp.976~998.

Lu, S., Y. Zhu and A. Dukes. 2015. "Position Auctions with Budget Constraints: Implications for Advertisers and Publishers." *Marketing Science*, 34(6), pp.897~905.

Lu, X., S. Ba, L. Huang and Y. Feng. 2013. "Promotional Marketing or Word-of-Mouth? Evidence from Online Restaurant Reviews." *Information Systems Research*, 24(3), pp.596~612.

Moorthy, S., B. T. Ratchford and D. Talukdar. 1997. "Consumer Information Search Revisited: Theory and Empirical Analysis." *Journal of Consumer Research*, 23(4), pp.263~277.

Narayanan, S. and K. Kalyanam. 2015. "Position Effects in Search Advertising and Their Moderators: A Regression Discontinuity Approach." *Marketing Science*, 34(3), pp.388~407.

Papadimitriou, P., H. Garcia-Molina, P. Krishnamurthy, R. A. Lewis and D. H. Reiley. 2011. "Display Advertising Impact: Search Lift and Social Influence." in Proceedings of the 17th ACM SIGKDD International Conference on Knowledge Discovery and Data Mining, pp.1019~1027.

Rutz, O. J. and R. E. Bucklin. 2011." From Generic to Branded: A Model of Spillover in Paid Search Advertising." *Journal of Marketing Research*, 48(1), pp.87~102.

5장

소비자 의사결정 과정에 대한 이해

검색광고의 효과를 높이고 싶다면, 먼저 소비자의 의사결정 과정부터 고려해 봐야 한다. 어떤 경우에는 소비자들이 정보검색도 열심히 하고 여러 대안을 꼼꼼하게 따져보기도 하지만, 또 다른 경우에는 이미 알고 있는 범위 내에서 대충 살펴보고 결정하기도 한다. 더 나아가, 매번 구매하던 것을 그대로 구매할 수도 있고, 새로운 것을 광범위하게 찾아볼 수도 있다. 일반적으로 가성비를 기준으로 판단하기도 하지만, 때로는 그냥 맘에 드는 것(혹은 예쁘고 멋져 보이는 것)을 선택할 수도 있다. 이번 장에서는 모든 유형의 소비자 의사결정 과정을 다룰 것이다.

덧붙여 최근 들어 소비자가 처한 정보 환경은 이전과 많이 달라지고 있다. 구체적으로 소비자가 정보를 수집하는 채널(혹은 이용하는 미디어나 플랫폼)이 달라졌으며, 수집하는 정보의 내용이나 형태도 급변하고 있다. 이와 같은 커뮤니케이션 환경의 변화는 소비자의 정보탐색과 의사결정 방식에 변화를 가져왔으며, 이러한 변화를 더 잘 설명하기 위한 소비자 의사결정 '여정(journey)'의 개념이 대두되고 있다. 이 장의 마지막 부분에서 이에 관한 구체적인 내용을 다룰 것이다.

서울에 거주하는 30대 직장인 A 씨, 경남 진주에 거주하는 20대 대학생 B 씨, 대전에 거주하는 40대 주부 C 씨, 세 사람은 모두 최근에 똑같은 태블릿PC를 구매했다. 모두가 같은 결정(decision)을 내린 셈이다. 하지만 모두가 똑같은 방식으로 결정했을까, 혹은 모두가 똑같은 의사결정 과정(혹은 단계)을 거쳤을까? 아마도 같지 않을 확률이 훨씬 높을 것이다.

예를 들어 A 씨는 오랫동안 써왔던 노트북이 최근에 자꾸 말썽을 부리기 시작했고, 보너스가 들어온 참에 노트북을 바꾸겠다고 결심했다. A 씨는 며칠 동안 틈틈이 노트북 관련 정보를 검색해 왔고, 성능과 가격을 중심으로 여러 제품을 꼼꼼히 비교해 봤다. 하지만 마음에 꼭 드는 노트북은 없었다. 고민에 고민을 거듭하던 차에, 인터넷(검색엔진 혹은 쇼핑 사이트 AI)이 A 씨에게 추천한 태블릿PC를 보고, 그것의 사양과 가격이 무척 마음에 들어 구매하기로 했다. 다른 한편으로 B 씨의 취미는 유튜브나 넷플릭스를 보는 것이다. 이 때문에 비용 부담이 크지만 무제한 데이터 요금제를 쓴다. 그러던 차에 통신사로부터 마케팅 메시지가 왔다. 신학기를 맞아 대학생에게 특별 할인 이벤트를 한다는 것이다. 메시지를 클릭해 들어가 보니, 휴대폰의 무제한 데이터를 공유할 수 있을 뿐만 아니라, 매월 부담해야 하는 기기 비용(약정 할인)도 그리 크지 않았다. 잠시 망설였지만, 이번 기회를 놓치면 두고 두고 후회할 것 같아 태블릿PC를 구매하기로 했다. 마지막으로, C 씨는 같은 아파트에 사는 몇몇 주부들과 친하게 지낸다. 바쁠 때 서로의 아이들을 봐주기도 하며, 여러 유용한 정보를 적극적으로 주고받기도 한다. 때때로 품질이 좋은 물건이나 '착한' 가격의 제품을 온라인 커뮤니티를 통해 공동구매 하기도 하는데, 이번에는 태블릿PC 공동구매를 제안받았다. 이들과 함께한 공동구매는 대체로 만족스러웠기에, 이번에도 큰 고민 없이 공동구매 하기로 했다.

비록 예일 뿐이지만, 세 사람 모두 같은 태블릿PC를 구매했으나 결정을 내린 과정은 모두 다르다. 왜냐하면 세 사람의 목적과 동기가 다르고, 처한 상황이나 상태가 다르며, 사용하는 미디어 혹은 커뮤니케이션 환경이 다르기 때문이다. 과거에는 이러한 차이를 간과하고 모두가 동일하게 일련의 과정(혹은 단계)을 거쳐 의사결정을 내리는 것으로 봐왔다. 마치 초등학교를 졸업하면 중학교로, 중학교를 마치면 고등학교로 그리고 대학으로 진학하는 것처럼, 소비자가 어떤 문제를 인식하면(소비 욕구가 일어나거나 무언가 필요하다고 느끼면), 그 문제를 해결하는 데 필요한 정보를 탐색하고, 그것을 토대로 몇 개의 대안을 추리고, 각각의 대안을 비교 평가하는 과정을 거쳐, 최종적인 선택(즉, 구매결정)을 내리는 순차적인 단계로 봐왔다. 매우 체계적이고 논리적인 과정이기는 하다. 하지만 현실 속 소비자가 언제나 논리적인 것은 아니다. 실례로, 모두가 그와 같은 체계적 의사결정 단계를 거치는 것은 아니며, 아주 논리적이고 꼼꼼한 사람일지라도 언제나 합리적인 결정을 내리는 것은 아니다.

이러한 문제점을 보완하기 위해 소비자 의사결정 과정에 관한 대안적 모형이 제안되어 왔고, 하나의 체계에서 서로 다른 유형의 소비자 의사결정을 설명하기 위해 노력해 왔다. 심지어 최근에는 의사결정 '과정(process)'을 대신해 의사결정 '여정(journey)' 개념까지 제시되어 주목받고 있다.

1 | 소비자 의사결정 과정에 대한 이해

소비자 의사결정은 복합적이고 역동적인 사고 과정이다. 그 시작과 끝을 정하는 것조차도 쉬운 일은 아니다. 가장 단순하게 정의하자면, 몇 개의 대안 중에서 하나를 고르는 것 혹은 하나의 대안을 선택할지 말지를 결정하는 것 또는 그에 관한 사고 과정을 구매 의사결정(decision making)이라고 한다. 예를 들어, 커피숍에 간 소비자가 메뉴를 보고 무엇을 마실지 결정하는 것 혹은 '카페라떼'를 마실지 말지를 결정하는 것이 이에 해당한다. 그러나 여기서 간과하지 말아야 하는 것은 이러한 결정이 이뤄지기 이전의 사고 과정과 결정 이후의 사고 과정도 의사결정 과정 안에 포함되어야 한다는 점이다. 그 이유는 다음과 같다.

애초에 그 소비자는 커피숍에 왜 갔을까, 혹은 왜 하필 그 커피숍에 갔을까? 매우 다양한 이유가 있을 수 있고 매우 다양한 요인이 그 행동에 영향을 미칠 수 있다. 여기서 중요한 것은 이러한 이유나 요인이 서로 다른 대안을 설정하게 할 뿐만 아니라, 서로 다른 대안을 선택하게 할 수도 있다는 점이다. 왜냐하면 충족시키려는 욕구나 해결하려는 문제(혹은 달성하려는 목적)가 달라지기 때문이다. 예를 들어 밤샘 시험공부를 하다가 잠 깨려고 커피숍에 갔는지 혹은 최근에 만나기 시작한 친구와 데이트를 하러 갔는지가 어느 커피숍에 갈지 혹은 어떤 음료를 마실지에 영향을 미치는 것과 같다. 따라서 '구매결정'(예: 커피의 선택) 이전의 사고 과정도 소비자 의사결정 과정에 포함되어야 한다.

다음으로 어떤 커피를 마실지 결정한 이후의 사고 과정 역시 소비자 의사결정 과정에 포함되어야 한다. 이를 '구매 후 평가'라고 하는데, 내가 선택한 결과가 어떠한지 혹은 내 선택이 옳은 것이었는지를 평가하는 것을 말한다. 일반적으로 구매 후 평가는 만족과 불만족으로 구분되는데, 이는 선택의 결과가 구매결정 이전에 품었던 기대나 욕구를 얼마나 충족시키는지 혹은 당면한 문제를 적절히 해결했는지(또는 설정된 목표를 충분하게 달성했는지)로 판단된다. 따라서 구매 후 평가는 구매결정 이전의 사고 과정에 기초하는 것이다. 예를 들어 밤샘 공부를 하던 학생에게 만족스러운 커피는 카페인 또는 당분이 높은 커피일 테지만, 데이트하러 간 사람들에게 잠이 확 깨는 커피는 불필요하다. 더 나아가, 구매 후 평가된 만족/불만족은 다음 번 의사결정 및 소비에 영향을 미친다. 예를 들어, 부정적인 측면에서 제품을 반품하거나 교환하는 것 혹은 주변의 사람들에게 불평스러운 행동을 하는 것뿐만 아니라, 긍정적 측면에서 만족한 제품(브랜드 혹은 매장)에 대해 긍정적인 태도와 감정이 생기고 이를 토대로 그 제품이나 브랜드에 대해 충성도(loyalty)[1]까지 형성될 수 있다.

종합해 보면, 소비자 의사결정은 다음과 같은 세 가지 국면(phase)으로 구성된다. 첫 번째 국면은 '구매결정 이전(pre-purchase)' 과정이며, 무언가가 필요하다는 것을 인지하는 것(문제-인식)에서부터 그것을 충족시켜 줄 수 있는 것에 대한 정보를 탐색하고 이를 통해 몇 가지 대안을 설정한다. 그 뒤를 이어, 설정된 몇 가지 대안을 비교 평가하는 과정에서 각 대안에 대한 선호(태도)가 만들어진다. 다음으로, 두 번째 국면은 '구매결정(purchase)'이다. 고려하는 대안 중에서 어떤 한 대안을 최종적으로 선택하는 사고 과정 혹은 선택 방식이 이에 해당한다. 마지막, 세 번째 국면은 '구매결정 이후(post-purchase)' 과정이며, 결정한 것에 대한 만족 혹은 불만족을 경험하는 것에서부터 다양한 영역의 사고 과정과 행동을 아우르는 것이다.

여기서 주의해야 할 점은 이러한 세 국면을 순차적인 단계인 것처럼 착각하기 쉽다는 것이다. 구체적으로, '구매결정 이전' → '구매결정' → '구매결정 이후'로 연결되는 것이지만, 언제나 모든 소비자가 정해진 순서(혹은 과정)에 따라서 의사결정을 내리는 것은 아니다. 때때로 소비자들은 어떤 한 과정을 건너뛰기도 하고, 어떤 경우에는 이전 과정으로 되돌아가기도 한다. 예를 들어 전혀 필요하지 않았던 제품을 충동적으로 구매하는 경우에는 문제를 인식하거나 그에 대한 정보를 탐색하는 과정이 생략된 것이며, 어떤 제품을 사려고 충분히 알아보고 몇 개의 대안을 추려놓은 상태까지 갔다가 온전한 선택을 내리지 못해 최종적인 결정을 연기하고 새로운 정보를 더 많이 알아보는(즉, 구매결정 이전 단계로 되돌아가는) 경우도 종종 발생한다. 따라서 소비자 의사

1 소비자가 특정 브랜드에 대해 가지고 있는 호감 및 애착을 말한다. 브랜드 충성도가 높은 소비자는 그 브랜드를 반복하여 구매한다.

결정이 일련의 과정으로 구성되어 있고 각 과정이 밀접히 연계되어 있을지라도, 언제나 한 방향으로만 진행되는 순차적인 단계인 것은 아니다.

2 | 소비자 의사결정 과정의 일반적인 모형

의사결정 과정 및 단계는 매우 다양한 학문 분야에서 높은 관심을 가지고 연구해 왔던 주제이다. 아주 오래전부터 인간의 이성(rationality)에 대한 철학적인 접근이 시도되어 왔고, 이에 근거한 논리적 혹은 수학적 접근을 거쳐 경제학적 의사결정 모형에 이르기까지 매우 다양한 견해가 제안되어 왔다.

그중에서, 소비자 심리학 및 소비자 행동 분야에서 가장 일반적인 모형으로 통용되는 것은 〈그림 5-1〉과 같은 5단계 모형이다(양윤, 2014). 구체적으로, 이 모형은 경제학적 의사결정 모형과 인지심리학 분야의 정보처리 과정 모형에 기초한 것이며, 소비자들이 의사결정 과정(혹은 단계)을 따라 신중하고 꼼꼼한 판단을 내린다고 보았다. 이 모형에서 문제 인식과 정보탐색, 대안 평가 및 선택은 구매결정 이전 과정에 포함되며, 그 뒤를 이어 구매결정과 구

그림 5-1 **소비자 의사결정 과정의 일반적인 모형**

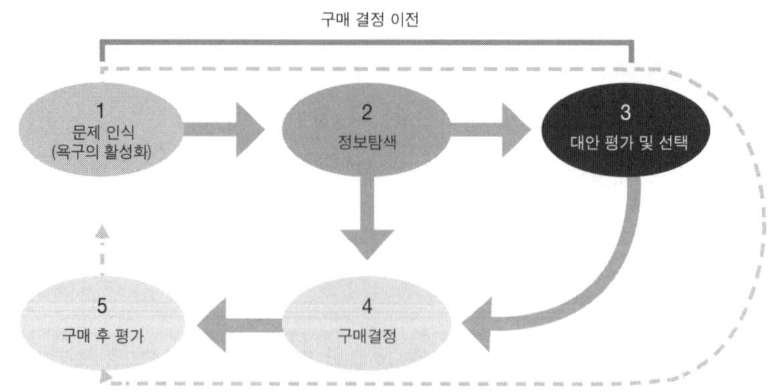

매 후 평가(즉, 구매결정 이후)가 이뤄진다.

1) 구매결정 이전 과정

① 문제인식

문제인식(욕구 활성화)은 소비자 의사결정이 시작되는 단계이다. 간단하게, 문제인식은 소비자가 뭔가 필요하다는 것을 느낀다는 의미이다. 이것은 소비자에게 어떤 욕구가 일어나는 과정 혹은 해결해야 하는 과제가 생기거나 달성해야 할 목표가 설정되는 과정이다. 세부적으로 문제 인식은 다음과 같은 두 가지 심리적 기제로 작동된다.

첫째는 현재 상태가 불만족스러워지면서 문제가 인식되는 것이다. 예를 들어 식사를 충분히 해 배가 부른 상태가 만족스러운 상태이다. 하지만 일상적인 활동을 하다 보면 에너지를 소모하게 되고, 이내 배가 고파진다. 즉, 만족스러운 상태에서 불만족스러운 상태로 떨어진 것이다. 이때 느끼는 배고픔(즉, 욕구)은 그것을 해결하기 위한 의사결정을 불러일으킨다. 이와 유사하게, 사용하던 화장품이 다 떨어지거나 휴대폰이 고장 나는 것 혹은 어느 샌가 체중이 늘어 이전에 입던 옷이 맞지 않게 되는 것 등도 의사결정 문제를 인식하게 한다.

둘째는 현재보다 더 나은 이상적인 상태가 촉발되거나 달성하고 싶은 목표가 설정되는 것이다. 예를 들어 TV나 SNS 등을 통해 최근 유행하는 옷을 알게 되었을 때, 취업이나 진학에 유리한 자격증을 알게 되었을 때 혹은 여름이 다가와서 더 건강하고 멋진 몸매를 만들고 싶어질 때 등이 이에 해당한다. 이러한 이상적인 상태는 주로 외부 자극에 기인한다. 환경과 상황이 바뀌거나, 이전에 몰랐던 '멋진 것'을 접하게 되었을 때, 이상적인 상태가 촉발되며, 소비자들은 그것(즉, 목표)을 달성하기 위한 의사결정을 시작한다.

종합해 보면, 소비자 의사결정은 불만족에서부터 시작된다. 현재 상태가 불만족으로 떨어진 것일 수도 있고 어느 순간 갑자기 이상적인 상태가 높아진 것일 수도 있지만, 둘 다 불만족을 '지금 경험'한다는 점에서 같다. 따라서 소비자 의사결정은 당면한 불만족을 해결하기 위한 것이며, 이러한 불만족은 의사결정 '문제'를 인식하는 것과 같다.

② 정보탐색

문제를 인식한 소비자들은 그것을 해결할 방안을 모색하며, 그 과정에서 정보탐색은 필수적이다. 단, '탐색(search)'이라는 단어로부터 '외부의 정보를 찾아보는 것'이라는 착각을 유발하기 쉽지만, 정보탐색의 기본은 내부 탐색이다. 여기서 내부 탐색이란 '소비자가 이전에 경험했던 것 혹은 알고 있던 것(즉, 기억)에서부터 정보를 꺼내오는 것'을 의미한다. 만약 내부 탐색만으로 충분히 의사결정을 내릴 수 있다면, 소비자가 외부의 정보를 탐색할 필요가 없다. 하지만 만약 어떤 결정을 내리기에, 자신이 알고 있는 것이 부족하다고 느끼거나 그 정보를 신뢰나 확신하기 어렵다고 인식할 때, 소비자들은 외부의 정보를 적극적으로 탐색하기 시작한다(이학식·안광호·하영원, 2015).

따라서 제품에 대한 경험이나 사전지식이 높은 소비자일수록 내부 정보(즉, 기억)에 더 많이 의존해 의사결정을 내린다. 반면 소비자가 제품에 대해 잘 모르거나 잘못 선택했을 경우의 위험 및 손실이 크다고 느낄 때, 혹은 소비자에게 중요한 문제일 때, 외부 탐색에 더 많은 시간과 노력을 들인다. 더 나아가 검색광고의 관점에서 볼 때, 사전 지식이 충분한 소비자들은 매우 명확하고 구체적인 검색어를 입력할 것이며, 자신이 입력한 검색어와 관련성 및 적합성이 높은 검색 결과를 선호할 것이다. 반면 사전 지식이 부족한 소비자들은 자신이 원하는 결과와 직접 연결된 검색어를 떠올리기가 어렵다. 따라서 소비자가 입력하는 검색어 역시 보편적이고 일반적일 수 있다. 또한, 검색 결과를 바탕으로 한 재검색을 시도할 가능성이 높다. 이때 보편적이고 일반적인 수준의 검색어에서 구체적이고 특수한 검색어로 범위를 좁혀갈 수도 있으며, 하나의 범주에서 다른 범주나 개념으로 검색을 확장해 나갈 가능성도 있다.

③ 정보탐색의 양과 질에 영향을 미치는 요인

언제 그리고 누가 더 적극적으로 외부 탐색을 할까? 기본적으로, 탐색하는 정보의 양과 질적 수준은 소비자의 지식 및 경험 수준에 따라 달라진다. 자신이 원하는 것과 관련된 정보를 이미 충분히 가지고 있는 소비자들은 검색량이 적다. 하지만 검색의 질은 높을 수 있다. 왜냐하면 사전 지식수준이 높아야만 검색의 질도 높아지기 때문이다(즉, 아는 만큼 전문적으로 검색할 수 있다). 반면 사전 지식수준이 낮은 소비자들은 검색량이 많을 수도 있고, 그렇지 않을 수도 있다. 왜냐하면 잘 모르기 때문에 더 많이 그리고 더 열심히 찾아볼 것으로 생각하기 쉽지만, 정보탐색 양과 질은 정보처리 동기에 따라 달라지기 때문이다.

일반적으로, 소비자의 정보처리 동기 수준이 높을수록 더 많은 정보를 더 열심히 찾아본다. 어떤 사람은 다른 사람들에 비해 더 높은 인지욕구(need for cognition)[2]가 있다. 이러한 사람들은 정보를 찾고 비교·평가하는 것 자체를 즐기므로 언제나 더 많은 정보를 더 열심히 찾는다. 반면, 어떤 사람들은 인지적 종결 욕구(need for cognitive closure)[3]가 높다. 이러한 사람들은 명확한 답을 내리기 좋아하는 사람들이며, 이들은 차후에 더 나은 대안을 찾을 가능성을 열어두지 않는다. 왜냐하면 가능성을 열어둘수록 모호한 지금의 상태를 더 오래 견뎌야 하기 때문이다. 따라서 정보탐색 역시 서둘러 종결할 가능성이 높다.

이러한 개인차 변인(즉, 사람마다 다르다) 이외에도 다음과 같은 상황적 변인

2 노력을 들여 정보를 처리하는 것으로부터 얻는 즐거움을 의미한다. 생각하는 것을 즐기거나 원하는 경향성을 일컫는다.

3 불명확한 상태를 혐오하여 어떤 것이든 명확한 답을 얻고자 하는 욕구를 말한다.

역시 정보처리 동기 수준에 영향을 미친다(이문규·홍성태, 2001). 첫째는 관여(involvement)[4]이다. 어떤 대상에 대한 관여도가 높을수록 그것과 관련된 정보처리 동기가 높아진다. 즉, 자신과 밀접하게 관련된 일이거나 자신에게 중요한 문제일 때 혹은 관심이 높은 문제일 때, 소비자들의 정보탐색 양과 질은 높아진다. 관여가 개인차 변인일 때도 있지만(예: 좋아하는 연예인에 대한 높은 관여도), 상황적으로 유발되는 경우도 많다. 예를 들어 지금 읽고 있는 이 내용에 대한 관여도는 시험 기간이 다가올수록 높아질 것이다. 이와 유사하게, 제품의 가격이 비쌀수록 관여도 또한 높아진다. 그다음으로 지각된 위험(perceived risk)[5] 역시 정보처리 동기 수준을 높인다. 예를 들어 제품을 잘못 구매했을 때 발생할 수 있는 손실이나 손해가 크게 예상될수록, 혹은 제품을 구매한 결과가 부정적일 가능성이 높게 지각될수록, 소비자의 지각된 위험 수준이 높아지며, 이것은 더 많은 정보를 더욱 열심히 찾아보도록 한다.

이와 반대로, 인지적 여건이 열악한 경우에는 정보처리 수준이 크게 떨어질 수 있다(김종의, 2004). 구체적으로, 비교·평가해야 하는 대안의 수가 많거나(예: 메뉴에 너무 많은 선택지가 제시된다), 정보처리의 난이도가 높은 경우(예: 복잡하고 어려운 정보가 제시된다)에는 정보처리 과부하(overload)를 유발하며, 이것은 소비자들이 더 많은 정보를 더 자세히 찾아보는 것을 방해한다. 덧붙여, 의사결정 시간이 제약된 경우(예: 가격 할인 시간이 얼마 남지 않았다)에도 소비자들의 정보탐색 양과 질은 떨어질 수밖에 없다.

마지막으로, 고전 경제학적 관점에서는 소비자들의 합리성을 강조한다. 따라서 이 관점에서의 정보탐색량은 합리적인 수준에서 그친다. 구체적으로, 정보탐색을 통해 얻을 수 있는 한계이득(marginal profits)이 탐색에 드는 한

---

4 특정 대상에 대한 개인적 관련성 및 중요도이다.

5 특정 대상에 대하여 주관적으로 지각하는 위험을 의미한다. 물리적·경제적·심리적 손해와 손실을 포괄한다.

계비용(marginal cost)을 초과하는 한 소비자의 정보탐색은 계속된다. 즉, 들인 노력에 비해 얻는 정보의 가치가 조금이라도 더 높다면 정보탐색을 계속한다는 것이다. 하지만 실제로 소비자들은 정보탐색의 효용을 최대화하는 것보다 의사결정 상황에서 요구된(혹은 필요로 하는) 최소한의 수준을 넘어선 지점에서 정보탐색을 멈추는 경향성을 보인다(Joseph and Schwartz, 2015). 즉, 소비자들은 새로운 정보가 더는 유용하지 않을 때까지 탐색하는 것이 아니라, 적절히 판단하거나 결정할 수 있는 수준에서 정보탐색을 멈춘다는 것이다.

④ 대안 평가와 선택

소비자가 충분한 정보를 탐색했다면, 결과적으로 소비자는 몇 가지 대안을 손에 쥐게 된다. 일반적으로, 소비자들은 이렇게 설정된 몇 가지 대안을 비교·평가해 최종적인 하나의 대안을 선택한다. 그러나 때때로 오직 단 한 가지 대안만 가지고서, 그것을 선택할지 혹은 선택을 연기하거나 포기할지를 결정하기도 한다. 여기서 중요한 것은 여러 개의 대안을 한 번에 비교하는 과정과 하나의 대안만을 평가하는 과정이 전혀 다른 방식으로 이뤄진다는 점이다. 여러 대안을 비교·평가할 경우, 각 대안이 가지고 있는 공통적 속성 또는 대안 간의 양적인 차이가 두드러지며, 이러한 차이가 대안 선택에 중요하게 작용한다. 따라서 공통적 속성에서 우위에 있거나(예: 더 큰 화면), 경쟁 대안보다 어떤 속성에서 양적으로 우위에 있는 경우(예: 최저가)에는 다른 대안들과 비교·평가 구도로 제시하는 것이 효과적이다. 반면, 어떤 한 대안만이 가진 독특한 속성(즉, 차별적인 속성) 혹은 대안 간 질적인 차이의 경우에는 비교·평가가 어렵다(Yan, 2018). 따라서 공통적 속성이나 속성의 양적 차원에서 경쟁력이 떨어질 경우, 다른 경쟁 대안이 없는 전혀 다른 속성을 강조하거나, 어떤 속성의 질적인 측면을 강조하는 것이 바람직하다.

더 나아가, 비교·평가되는 대안의 구성을 어떻게 하는지에 따라 소비자의 선택이 역전될 수도 있다. 예를 들어 고품질-고가격의 대안과 저가격-저품질의 대안이 함께 비교·평가될 경우, 중간 가격-중간 품질 대안이 추가될 때 중간 대안으로 소비자의 선택이 집중되는 타협효과(compromise effect)[6]가 나타나기도 하며, 고품질-고가격 대안(목표 대안) 옆에 같은 가격이지만 품질이 조금 떨어지거나, 같은 품질이지만 가격이 조금 더 비싼 대안을 함께 제시할 때, 목표 대안의 선호가 높아지는 유인효과(attraction effect)[7]도 나타날 수 있다.

덧붙여, 앞서 정보탐색 과정에서 설명했던, 정보처리 수준 역시 대안 평가에 영향을 미친다. 구체적으로, 관여도가 높은 중요한 결정일 때, 혹은 의사결정에 따른 위험과 손실에 대한 지각이 클 때, 각 대안의 세부적인 사항이나 속성을 매우 꼼꼼히 비교·평가하는 과정을 거친다. 하지만 그렇지 않은 상황일 경우, 예를 들어 위험이나 손실이 크지 않는 상황일 때, 소비자의 관여가 낮은 상황일 때, 혹은 인지적 자원 및 동기가 충분하지 않은 조건일 때, 소비자들은 인지적 노력이 거의 들어가지 않은 자동적이고 직관적인 판단을 선택한다(Petty and Cacioppo, 1983).

2) 구매결정

구매결정은 최종적인 하나의 대안을 선택하는 것을 말한다. 이 과정도 소비자의 정보처리 동기나 상황적 요인, 맥락적 틀(frame)에 따라 다양한 규칙이 적용될 수 있다(Balz, Sunstein and Thaler, 2014). 대표적으로, 소비자가 설정한 기준에 따라 순차적으로 대안의 수를 줄여나가는 방식이 있다. 구체적으로, 최소한의 기준을 통과하지 못하는 대안을 차례로 빼거나 속성의 우선순위에

---

6 맥락효과의 일종이다. 한 대안의 매력도가 비교 대안군 안에서 상대적 위치에 따라 증가 또는 감소하는 현상을 의미한다. 중간 위치의 대안은 매력도가 증가하지만, 상·하 양극단의 대안은 매력도가 감소한다. 극단적인 것을 회피(extremeness aversion)하려는 경향이 있다.

7 비교 구도에 새로 진입한 비교열위 대안에 의해 기존 대안의 점유율이 높아지는 현상이다. 비교열위 대안이 목표(target) 대안의 선호를 유인한다.

따라 가장 중요한 속성을 갖추지 못한 대안을 제거하고, 그다음 중요한 속성을 갖추지 못한 대안을 빼는 방식을 사용할 수 있다.

덧붙여, 전통적인 관점에서는 대안 평가 및 선택과 구매결정을 구분해 순차적인 단계로 간주했지만, 소비자의 개인적 특성, 상황적 요인과 맥락적 특성에 따라 어떤 한 과정을 건너뛰거나 상황에 따라 이전의 과정으로 되돌아가는 경우가 종종 발생한다. 바로 이러한 문제점(혹은 한계점)을 더 잘 설명하기 위해 혹은 더 정확히 예측하기 위해 대안적 모형들이 제안되었다. 이에 대한 설명은 뒤에 이어지는 '소비자 의사결정 유형과 대안적 모델'에 구체적으로 정리했다.

3) 구매결정 이후 과정

상식적으로 구매결정이 이뤄지면 소비자 의사결정이 끝난 것으로 생각하기 쉽지만, 구매결정 이후에 소비자들은 곧바로 그 결정의 결과가 자신에게 얼마나 만족스러운 것인지(즉, 옳은 선택 혹은 잘한 결정인지)를 평가하려고 한다 (Weaver et al., 2015). 기본적으로, 소비자들은 만족스러운 상태로 의사결정을 끝내려고 한다. 따라서 구매결과가 불만족스럽다면, 구매결정을 철회하거나 변경하려고 한다. 즉, 구매 의사결정을 종결하지 않고 이전 단계로 되돌아가는 것이다. 만약, 불만족스러운 구매결정을 변경할 수 없다면, 구매한 제품을 처분(예: 재판매 혹은 폐기)하려는 의사결정 단계로 넘어가거나, 불만족스러운 상태(예: 후회나 실망 혹은 분노와 같은 부정적 감정)를 완화하기 위한 불평 행동을 하거나, 구매 정당화 혹은 합리화를 시도한다. 광고 효과의 측면에서 중요한 것은 구매 정당화 혹은 합리화 과정이다. 광고 효과가 구매결정 이전에만 발생한다고 간주되지만, 구매결정 이후에도 자신의 선택을 정당화하거나 합리화하는 데 영향을 미칠 수 있다. 즉, 소비자들이 구매결정 이전에만 검색을 하는 것이 아니라, 구매한 이후에도 검색을 지속한다는 것이다. 따라서 검색광고의 내용에 정당화 단서 혹은 합리화 단서가 제시될 때, 소비자의 구매 만족을 높일 수 있다.

구매결정 이후 과정이 중요한 이유는 소비자의 후속 구매결정에 영향을 미치기 때문이다. 구매결정에 대한 만족도가 높을수록 그 제품(혹은 브랜드)을 재구매할 가능성이 높다. 또한 구매결정에 대한 높은 만족도는 그 제품(혹은 브랜드)에 대한 긍정적인 태도를 형성하고, 궁극적으로 그 제품(혹은 브랜드)에 대한 소비자의 충성도를 높인다. 특히 최근에 대두되고 있는 '소비자 의사결정 여정'에서는 구매결정 이후 과정의 중요성을 강조하고 있다. 이와 관련된 설명은 이후 제시될 소비자의 의사결정 여정의 '충성도 루프'에서 다룰 것이다.

3 ㅣ 소비자 의사결정의 유형과 대안적 모델

앞서 살펴본 일반적인 모형은 인지심리학의 정보처리 모형에 근거한 것이며, 고전 경제학의 합리적 이성에 기초한 것이다. 먼저, 정보처리 모형은 순차적인 단계를 가정한다. 즉, 앞선 단계의 정보처리가 완료된 이후에 다음 단계로 넘어가는 것을 말한다. 여기서 중요한 것은, 일련의 단계에서 어떤 한 단계를 생략하거나 건너뛸 수 없고, 정보처리가 완료된 이후에는 다시 이전단계로 돌아갈 수 없는 것을 가정한다는 점이다. 하지만 모든 소비자가 언제나 의사결정 단계를 순차적으로 진행하는 것은 아니다. 또한, 소비자의 합리적 이성을 전제조건으로 할 때, 소비자들이 모든 의사결정 단계에서 높은 수준의 정보처리를 한다고 가정한다. 여기서 높은 수준의 정보처리는 체계적이고 분석적인 판단 과정으로서, 어떤 대상이나 속성에 대해 꼼꼼하게 따져보거나 여러 대상 및 속성을 포괄적으로 살펴보는 것을 의미한다. 하지만 실제의 소비자들이 언제나 높은 수준의 정보처리를 하는 것은 아니다. 기본적으로, 높은 수준의 정보처리가 이뤄지려면 정보처리 동기 수준이 높아야만 하며, 동시에 정보처리에 사용할 인지적 자원이 충분한 조건이어야만 한다(Schmeichel, Vohs and Baumeister, 2003). 즉, 정보처리 동기와 인지적 자원이 모두 높은 조건에서만 높은 수준의 정보처리가 이루어진다. 따라서 정보처리 동기가 낮거나 인지적 자원이 부족한 경우 혹은 둘 다인 경우, 소비자의 정보처리 수준은 낮을 수밖에 없다. 이와 같은 과정에서, 앞서 설명했던 소비자의 사전지식 및 경험, 그리고 인지 욕구와 인지적 종결 욕구, 더 나아가 관여도와 지각된 위험, 그리고 의사결정 맥락이나 상황적 요인 등과 같은 다양한 요인이 소비자의 정보처리 수준에 영향을 미칠 수 있다.

이와 같은 관점에서, 소비자 의사결정의 일반적인 모형의 한계점을 보완하기 위한 다양한 대안적 모형이 제시되어 왔다. 그중에서도, 가장 먼저 제시된 대안 모형은 소비자의 관여도에 따라 서로 다른 두 가지 의사결정 경로를 구분한 것이다.

1) 관여수준에 따른 두 가지 경로

모든 소비자가 모든 의사결정 상황에서 높은 수준의 정보처리를 하는가? 단언컨대 불가능하다. 왜냐하면 우리의 정보처리 동기가 좀처럼 활성화되지 않을 뿐만 아니라, 어쩌다 가끔 높은 동기가 활성화될지라도 그 지속 기간이 매우 짧기 때문이다. 기본적으로, 높은 수준의 정보처리는 우리의 에너지를 급속히 고갈시키고 피로도(혹은 스트레스)를 높인다. 이와 같은 맥락에서, 하버트 크루그먼(Herbert Krugman)은 고관여 조건에서는 확장된 결정이 일어나지만, 저관여 조건에서는 제한적인 결정과 소규모의 정보탐색이 이루어진다고 제안했다(Krugmanm, 1965). 즉, 관여가 높은 의사결정 과제의 경우에는 높은 수준의 정보처리가 이뤄지지만, 관여가 높지 않은 상황에서는 제한적인 범위에서 간편하게 판단을 내리는 전략을 활용한다는 것이다. 이와 같은 상황에서는 대안 평가 및 선택의 단계가 매우 간단하게 생략될 수 있다(박세범·박종오, 2009).

예를 들면 건강한 몸매를 가꾸는 데 필요한 기능성 음료를 선택하는 것은 고관여 상황이다. 이 경우 소비자들은 음료의 맛뿐만 아니라 음료의 세부적인 속성이나 성분, 그것이 우리 몸에 미치는 효과, 가성비, 브랜드의 신뢰성, 유통기한이나 제조일 등과 같은 매우 다양한 요인을 꼼꼼하게 검토할 뿐만 아니라, 여러 개의 대안을 종합적으로 비교·검토하는 과정을 거친다. 반면, 그냥 적당히 마실 만한 음료를 고르는 것은 저관여 상황이다. 이때 소비자들은 음료의 특징이나 속성을 모두 간과하고, 단지 음료의 색깔만으로 대안을 선택할 수 있다. 더 정확하게는 '색깔로 연상되는 맛'에 의존한 판단이다.

정리하자면 소비자의 관여 수준에 따라 두 가지 의사결정 경로가 구분된다. 먼저 앞서 살펴봤던 일반적인 모형(즉, 전통적 관점)은 고관여 상황에서의 의사결정을 설명한다. 간단하게 설명하자면, 포괄적으로 정보를 탐색하고 심사숙고하여 대안을 선택하는 것을 말한다. 구체적으로, 대상에 대한 높은 관여는 정보처리 동기를 높인다. 따라서 소비자의 정보탐색 양이 증가하고 질이 높아진다. 또한, 여러 대안을 비교 평가하는 경향을 보이며, 각 대안의 여러 속성을 꼼꼼하게 따져보고 종합적으로 살펴본다. 최종적인 구매결정을 내리는 과정도 복잡하며, 구매 이후 평가과정 역시 다양한 요소들이 복잡하게 상호작용해 영향을 미친다. 반면, 관여가 낮은 경우에는 매우 단순화된 결정 규칙에 의존하거나 직관에 근거해 대안이 선택되는 제한적인 의사결정이 이뤄진다. 구체적으로, 관여가 낮으면 정보처리 동기도 낮으며, 이것은 정보탐색의 양과 질을 떨어뜨린다. 그 결과 최소한의 대안만 살펴보며, 그 대안을 비교·평가하는 과정 역시 매우 간단하다. 휴리스틱(heuristic)[8]이나 직관에 의존해 구매결정을 내리며, 거의 신경을 쓰지 않은 선택이기 때문에 구매결정 이후 부조화도 크지 않고 합리화도 쉽다. 이에 관한 세부적인 내용은

8 간단한 사고 및 판단 방식이다. 의식적인 노력 없이 거의 자동적으로 이뤄지며, 매우 신속하게 처리된다.

그림 5-2 **소비자 의사결정의 유형**

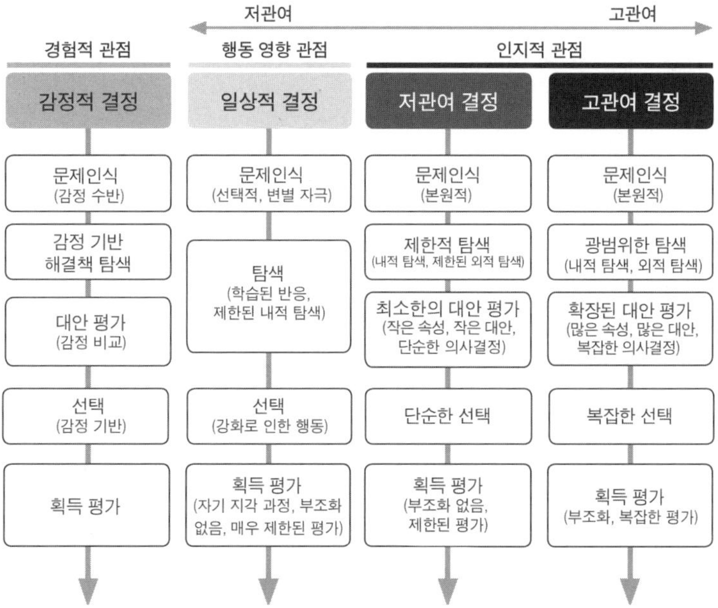

자료: 박세범·박종오(2009)와 양윤(2014)을 취합해 작성한 자료다.

〈그림 5-2〉와 같다.

2) 행동 영향 관점

행동 영향 관점은 소비자의 관여도가 극단적으로 낮은 상태에서 내려지는 의사결정을 다룬다. 대표적인 예로, 습관적 소비(habitual consumption)를 들 수 있다. 구체적으로, 습관적 소비란 어떤 한 제품이나 브랜드를 반복적으로 구매하는 것을 말한다. 여기서 중요한 것은 소비자의 의사결정이 자동적이라는 점이다. 거의 의식하지도 못하고 어느 순간 이미 대안을 선택해 버린다. 또한, 이전에 했던 소비 행동의 결과가 그다음 번 구매도 그대로 이어진다는 특징이 있다(이은경·전중옥, 2015). 이러한 점에서 관성에 의한 소비라고도 한다.

습관적 소비는 조작적 조건 형성(operant conditioning)[9]의 원리로 설명할 수 있다. 간단하게, 어떤 행동을 한 결과가 긍정적이라면 차후에 그 행동을 반복하게 된다. 예를 들어 편의점에서 커피 음료 A를 처음 구매해 봤는데, 맛이 괜찮았다. 다음 번에 편의점을 갔을 때 이전에 샀던 그 음료를 다시 구매했는데, 역시나 맛이 괜찮았다. 이러한 '행동(구매)-긍정적 결과'의 세트를 몇 번 반복하고 나면, 행동-결과 간의 유관성(contingency)[10]을 높이고, 음료 A를 사는 행동이 강화(reinforcement)된다. 여기서 강화란 '행동의 빈도가 늘거나 강도가 증가하는 것 또는 그 행동의 지속 기간이 늘어나는 것 모두를 포함하는 개념'이다. 이처럼 어떤 행동을 했을 때 긍정적인 결과가 주어지는 관계에서 행동이 강화되는 것을 정적강화라고 한다. 다른 한편으로, 어떤 행동을 했을 때 부정적인 결과를 해결할 수 있는 것도 행동을 강화하는데, 이를 부적강화라고 한다. 예를 들어 두통이 심해 진통제 A를 사 먹었더니 부작용 없이 바로 통증이 완화되었을 경우, 진통제 A를 사 먹는 행동을 강화한다.

이를 적용해 습관적 소비 행동을 설명하자면, 소비자가 어떤 제품 A를 구매하고 그 결과가 만족스러웠다면, 그 제품 A를 구매하는 소비자의 행동은 강화된다. 이후 반복적인 경험을 통해 제품 A를 구매한 결과가 언제나 나쁘지 않았다면, 소비자는 A를 구매하는 것을 학습하게 된다. 이와 같은 구매 행동이 학습될 경우, 소비자는 제품 A와 관련된 의사결정에 거의 신경 쓰지 않는다. 여기서 중요한 것은 제품 A가 변별자극(discriminate stimuli)[11]이 되느냐이다. 구체적으로, 제품 A가 다른 커피 음료(혹은 진통제)들과 명확히 구분되며, 그것이 소비자가 '좋아하는 맛'을 예측할 수 있도록 하는 단서가 되었을 때, 제품 A는 변별자극이 되고, 이후 소비자들은 그 자극에 대해 자동적으로 반

9 어떤 행동을 했을 때 뒤따르는 결과에 따라 그 행동을 학습하는 기제를 말한다.

10 어떤 사건 A가 일어나면 이어서 특정 사건 B가 야기된다는 것을 진술하는 규칙이다.

11 다른 유사한 자극과 확연히 구분되는 것을 의미하며, 그 자극이 보상을 예견하는 것을 포함한다.

응(즉, 구매결정)한다. 일상적인 예를 들자면, 편의점에 비슷한 맛과 특징을 가진 커피음료가 매우 많지만, 소비자의 눈에 그 (학습된) 음료가 바로 들어오게 되며, 그 음료를 찾은 소비자는 아무 생각 없이 바로 구매한다. 이렇게 습관적 구매를 하게 된 소비자는 좀처럼 구매 패턴을 바꾸지 않는다. 왜냐하면 그 제품을 선택하는 과정에서 아무 생각도 하지 않기 때문이다.

검색광고 측면에서 습관적 소비자는 이미 정해져 있는 명확한 검색어를 입력하며, 탐색 활동을 거의 하지 않고, 원하는 대상을 찾아 바로 선택하는 패턴을 보인다. 경쟁 대안, 심지어 가격에서부터 품질까지 모든 면에서 더 나은 대안을 제시할지라도 이전의 선택을 고수하는 경향을 보인다. 따라서 습관적 소비를 바꾸려는 시도보다는 그것을 강화하거나 확장하려는 시도가 바람직하다. 만약, 소비자의 습관적 소비 제품을 판매하는 경우라면, 소비자에게 추가적인 보상을 제공하는 것이 학습 효과를 더 높인다. 포인트나 할인 혜택과 같은 금전적 보상보다 '2+1'과 같은 보너스 팩(즉, 제품을 더 많이 주는 것)이 더 효과적일 수 있다. 더 나아가 자극일반화(generalization)를 시도해 보는 것도 바람직하다. 구체적으로, 자극일반화는 학습된 자극과 유사한 다른 자극에도 학습된 반응이 유도되는 것(즉, 흰쥐에 대한 공포가 하얀 토끼, 흰털을 가진 인형, 그리고 흰 솜뭉치에도 공포를 느끼는 것)을 말한다. 이를 응용해 보면, A 세탁세제를 습관적으로 구매하는 소비자에게, A 섬유유연제, A 주방세제, A 유리 세정제 등으로 학습된 반응을 확산시켜 나갈 수 있다. 이는 브랜드 충성도와 브랜드 확장 전략의 기초를 제공하는 원리이기도 하다. 검색광고의 측면에서도, 자극일반화는 얼마든지 활용할 수 있다. 방법 또한 매우 간단하다. 소비자들이 습관적으로 구매하는 제품 A과 일반화하고 싶은 자극을 함께 제시하면 된다. 다만, 추상적인 개념 수준이 아니라, 구체적인 자극 수준(포장이나 형태, 색깔 등)에서 유사해야 한다는 것을 간과하지 말아야 한다.

다른 한편으로, 의사결정 상황의 환경적(혹은 물리적) 요인도 거의 의식하지 못하는 자동적 의사결정을 유도할 수 있다. 예를 들어 매장의 향기, 조명이나 음악, 분위기 등은 소비자가 매장에 머무르는 시간을 조절할 수 있다. 구체적으로, 빠르고 경쾌한 음악은 간단하고 즉흥적인 의사결정을 유발할 수 있으며(예: 할인 매장), 백화점 복도에 제공된 편안한 소파는 소비자를 백화점에 더 오래 머무르게 할 수 있다. 정반대로, 패스트푸드점은 일반적으로 딱딱하고 불편한 의자를 심지어 바닥에 고정시켜 제공한다. 바로 그런 것들이 소비자들을 오래 머물지 못하게 만들기 때문이다.

3) 경험적 관점

인지적 관점과 달리, 경험적 관점은 소비자의 감정적 측면에 초점을 맞춘다. 구체적으로, 인지적 관점이 소비자의 이성적 판단에 기초해 제품의 기능이나 성능 혹은 구체적인 속성에 대한 객관적 평가 과정을 다루는 것이라면, 경험적 관점은 소비자의 감정 반응(혹은 감정 경험)에 기초해, 제품의 디자인이나 이미지 혹은 쾌락적 결과(예: 재미, 즐거움, 기쁨 등)에 대한 주관적이고 심미적인 선택 과정을 다루는 것이다. 또한 경험적 관점은 제품 자체의 효용을 넘어서 제품에 담긴 상징적인 의미에도 초점을 맞춘다. 대표적인 예로 사랑하는 사람에게 꽃을 선물하거나 밸런타인데이에 초콜릿을 선물하는 것 등을 들 수 있다. 덧붙여, 경험적 관점은 기능적인 소비재 혹은 실용재가 아니라 쾌락적 소비재에 적합하다. 일반적으로 여행이나 레저 혹은 예술문화 상품 등이 쾌락재에 포함된다. 이때 중요한 것은 소비자의 감정적 경험이다.

경험적 관점에서, 문제인식은 감정을 수반한다. 즉, 현실 상태가 바람직한 감정 상태를 충족시켜 주지 못하기에 문제가 인식된다는 것이다. 예를 들어, 과도한 업무로 스트레스가 심할 때(혹은 며칠째 기말고사 공부를 하고 있을 때), 어디론가 멀리 떠나서 즐겁게 놀고 싶어진다. 그러므로 경험적 관점에서 인식되는 문제는 감정적으로 불만족스러운 상태를 해결하는 것이다. 따라서 정보탐색 역시 감정적인 해결책을 탐색하는 것과 같다. 구체적으로, 현재 불만족스러운 상태를 개선하거나 해소할 수 있는 대안을 탐색하는데, 이때 어떤 대안의 기능적 효용이 아니라 그것으로 인한 감정적 영향이나 반응에 초점을 맞춘다. 예를 들어, 스트레스를 받았을 때는 음식의 영양가나 질이 아니라 자극적인 맛을 중심으로 대안을 탐색하게 된다. 더 나아가, 탐색한 대안을 평가하는 과정에서도 소비자의 감정적 기준에 근거한다. 즉, 어떤 대안이 더 합리적이고 가성비 좋은지가 중요한 것이 아니라, 어떤 대안이 나를 더 기분 좋게 만들어줄 것인지(혹은 지금 나쁜 기분을 말끔히 해소할 수 있는지)가 중요해진다. 마지막으로, 구매 후 평가 역시 어떤 제품이나 서비스를 구매한 결과가 소비자의 감정적 기대를 얼마나 충족시켰는지에 달려 있다.

① 충동구매

충동구매(impulse buying)는 감정에 근거한 의사결정의 대표적인 예이다. 기본적으로, 충동구매는 사전에 계획되지 않았던 구매를 말한다. 하지만 비계획적(혹은 무계획적) 구매가 모두 충동적인 구매인 것은 아니다. 충동이라는 개념은 사전에 계획되지 않은 것뿐만 아니라, '갑작스럽고 억제하기 힘듦'과 '행위의 결과를 고려하지 않음'을 포함하고 있다. 따라서 사전에 계획이 없다는 점에서 충동구매와 무계획 구매가 유사한 것처럼 보이지만, 무계획 구매가 매장에서 제품을 보고 그 제품이 필요하다고 인식해 이뤄지는 구매인 반면, 충동구매는 구매 결과에 대한 고려 없이, 즉 특별히 필요하다고 인식하지 못할지라도 충동적으로 구매되는 것이다. 이러한 맥락에서, 충동구매는 '사전에 구매계획도 없고 결과도 고려하지 않은 채 제품을 즉각적으로 구매하는 행위'로 정의할 수 있다(양윤, 2014).

충동구매는 소비자가 제품을 우연히 접했을 때, 제품의 속성이나 기능이 아니라 그 제품에 대한 전반적인 감정평가가 이뤄질 때, 그 제품에 대해 매우 강한 긍정적인 감성 반응이 유발될 때 발생한다. 즉, 우연히 접한 제품이 소비자에게 매우 강렬한 (긍정적) 감정을 유발할 때, 소비자들은 그 제품을 충동적으로 구매한다는 의미이다. 온라인광고의 측면에서, 우연히 노출되는 이미지 중심의 제품광고들이 소비자의 충동구매를 유발할 수 있다. 검색광고의 경우에도, 소비자가 입력하는 검색어를 활용하여 충동구매를 유발할 수 있다. 예를 들어 '스트레스받을 때'나 '짜증 날 때'와 같이 부정적인 감정 상태를 담고 있는 검색어를 활용할 수 있다. 또한, 소비자가 입력한 검색어와 직접 관련된 것은 아니지만(즉, 우연히 노출되는 것), 부정적인 감정을 해소하거나 긍정적인 감정을 유발할 수 있는 연관 제품을 제시하는 방법을 활용할 수도 있다.

② 다양성 혹은 변화를 추구하는 선택

때때로 소비자들은 이전에 즐겨 쓰던 제품이 있는데도, 그리고 그 제품에 대해서 어느 정도 만족하고 있음에도, 새로운 제품을 구매해 보려는 경향을 보인다. 예를 들어 평소에 즐겨 하던 머리 스타일이 있고, 그 스타일이 나쁘다고 생각하지 않지만, 어느 날 갑자기 새로운 스타일로 변화를 주고 싶을 때가 있다. 이러한 의사결정 역시 감정적인 측면에 기초하는 것이다(양윤, 2014).

구체적으로, 어떤 자극에 반복적으로 노출되는 것은 친숙함을 높이고 그것에 대해 긍정적으로 평가하게 하지만, 다른 한편으로 그 자극에 대한 지루함이나 싫증을 경험하게도 한다. 이것은 광고의 마모(wear-out) 효과와 유사한 개념이다. 심리학적 관점에서 지루한 것을 벗어나려는 현상은 최적-각성을 유지하려는 것으로 볼 수 있다. 기본적으로 사람들은 각성 수준이 너무 낮거나 너무 높은 것을 싫어하고, 적당한 각성 상태를 선호한다. 왜냐하면 적당히 각성될 때 재미(pleasure)를 느끼기 때문이다(Vorderer, Hartmann and Klimmt, 2003). 따라서 소비자들이 변화를 추구하거나 다양한 대안을 경험해 보려고 하는 이유는 그 시도 자체가 적당한 각성을 유발하기 때문이다. 만약, 변화 혹은 새로운 시도가 매우 높은 각성을 유발하는 것이라면, 소비자는 그것을 회피하려고 할 것이다. 즉, 새로운 시도가 흥미로운 도전이 아니라 고된 난관으로 여겨지는 것과 같다.

가장 대표적인 예가 색다른 맛집을 찾는 것이다. 평소에 먹던 것과 다른 음식을 먹어보고 싶고, 주변에 흔한 음식점이 아니라 독특한 가게를 찾아보는 것이 이에 해당한다. 옷이나 신발을 구매하는 것에서도 새로운 것을 탐색하는 소비 행동이 나타날 수 있다. 다만, 여기서 간과하지 말아야 하는 것은 소비자들이 이전에 구매했던 것에서 지루함을 느끼고 있으며, 이것 때문에 새로운 변화를 시도한다는 점이다. 따라서 검색광고를 통해 제시되는 것은 기존의 흔한 것과 차별적인 특성이 있는 새로운 것이어야 한다. 또한, 그것이 적당하게 차별적일 때(즉, 완전히 파격적인 것은 소비자의 각성을 높인다), 소비자의 새로운 시도와 모험을 유발할 수 있다.

③ 가심비, 예쁜 쓰레기, 작은 사치

가심비(價心比), 예쁜 쓰레기, 작은 사치 등은 최근에 유행하고 있는 개념이다. 하지만 소비자들은 아주 오래전부터 감성적인 측면의 소비를 해왔다. 이전에는 이와 같은 감성소비를 우발적인 실수나 오류로 간주해 왔으나, 최근에는 하나의 정상적인 소비 패턴으로 받아들이고 있다. 특히, 전 세계적인 소비문화가 물질적인 가치에서 주관적인 삶의 질로 변화해 가는 과정에서, 가심비와 예쁜 쓰레기, 작은 사치 등과 같은 소비 행동이 주목받고 있다.

구체적으로 '가심비'는 이성적인 판단을 의미하는 가성비에 대비되는 개념으로써, 어떤 제품을 구매했을 때 얻는 감정적 만족감이 구매결정에서 가장 중요한 역할을 한다는 것을 의미한다. 따라서 가심비는 경험적 관점에서 감정에 기반한 대안 평가 및 구매 후 감정-기반 획득 평가를 축약한 개념이라고 할 수 있다. 더 흥미로운 것은 '예쁜 쓰레기'라는 개념이다. 이것은 어떤 제품의 디자인이나 이미지가 소비자에게 매우 강렬한 감성 반응을 유발하지만, 그것의 효용은 그다지 높지 않다는 것을 의미한다. 즉, 소비자들도 그 제품이 쓸모없다는 것을 매우 명확히 알고 있다. 그렇기에 소비자들이 언제나 예쁜 쓰레기를 구매하는 것은 아니다. 아마도, 예뻐서 사고 싶을지라도 그것을 실제로 구매하는 경우는 드물 것이다. 다만, 소비자의 현재 감정 상태가 불만족스러울 때(특히, 그 강도가 강할 때), 이를 해소하기 위해 그리고 충동적으로, 예쁜 쓰레기를 구매할 수 있다. 이와 유사하게, '작은 사치'도 불만족스러운 상태를 벗어나기 위한 소비행동이라고 볼 수 있다. 구체적으로, 작은 사치는 평소보다 비싼 가격의 제품을 특별히(혹은 이번에만) 구매하는 것을 말한다. 예를 들어 밥값보다 비싼 디저트를 사 먹는 것, 명품 명함 지갑이나 카드지갑을 사보는 것, 유명한 호텔이나 리조트에서 하룻밤 묵어보는 것 등이 작은 사치라고 할 수 있다. 이것의 핵심은 그 제품의 가격이 부담스럽지만, 재정적으로 허용할 수 있는 수준이며, 다른 사람들에게 보여주기 위한 것이라기보다 자기 자신 혹은 특별한 주변인을 위한 것이라는 점이다. 즉, 가격이 부담스럽지만 '고생한(혹은 소중한) 나를 위해서(혹은 우리를 위해서) 이 정도의 호사스러움은 누려봐도 된다'가 핵심이다. 따라서 작은 사치 역시 주관적인 만족감을 얻기 위해 감정-기반 의사결정을 내리는 것으로 볼 수 있으며, 소비자가 부정적인 상태에 처해 있을 때(특히, 자존감이 위축되거나 손상되었을 때), 더 잘 나타난다.

정리하자면 가심비와 예쁜 쓰레기, 작은 사치는 모두 주관적 만족감(즉, 긍정적인 감정)을 위해, 적지 않은 비용을 기꺼이 감수하려는 소비 경향이다. 또한 부정적일 때, 혹은 '자기 자신을 위한 것'이라는 꼬리표가 달려 있을 때, 이러한 소비 경향이 더 잘 나타난다. 소비자들도 가심비 높은 제품 혹은 작은 사치, 심지어 예쁜 쓰레기를 구매하는 것이 합리적이지 못하다는 것을 알고 있다. 그런데도 그와 같은 제품을 구매하고 싶은 이유는 현재 좋지 못한 기분을 전환하거나 위축된 자기 자신을 위로하고 싶기 때문이다. 바로 이와 같은 요인이 비합리적인 선택을 정당화하는(혹은 합리화해 주는) 단서로 작용한다(부수현·최고봉, 2017).

4 | 소비자 의사결정 여정

앞서 살펴본 바와 같이, 소비자 의사결정의 일반적 모형으로 설명하지 못하는 부분을 보완하기 위해, 다양한 관점에서 대안적 모형이 제시되어 왔다. 먼저, 정보처리 모형의 관점에서, 소비자의 관여도에 따른 두 가지 경로(체계적인 정보처리 vs. 직관적인 정보처리)가 구분되었고, 극단적으로 낮은 관여 상태에서 특정 제품을 습관적으로 구매하는 모형도 제시되었다. 이후 이성적 소비가 아닌 감정에 기초한 의사결정 모델도 제시되었다. 그런데도 기존의 의사결정 모형은 모두 선형적 과정을 가정한다. 즉, 문제 인식 → 정보탐색 → 대안평가 → 구매결정 → 획득 평가의 순차적 단계를 가정했다. 물론, 모형에 따라 소비하는 내용(이성 vs. 감정)이 달라지기도 하고, 중간의 어떤 단계가 간소화되거나 생략되기도 하지만, 일련 단계가 한 방향으로 진행된다고 보았다. 즉 기존의 의사결정모델은 한 단계에서 다음 단계로 넘어가면 그 이전 단계로 되돌아가지 않는다고 간주한다.

이와 다르게, 소비자 의사결정 여정(consumer decision journey)은 순환적 구조를 가정한다(Court et al., 2009). 〈그림 5-3〉과 같이, 기존 의사결정 모형은 순차적 정보처리에 의한 깔때기 구조다. 구체적으로 소비자는 여러 대안에 대한 정보를 탐색한 후 몇 개의 적합한 대안을 추리고, 그것을 비교·평가하는 과정을 거쳐, 더 나은 몇 개의 대안으로 점차 줄여간다. 그 과정이 얼마나 신중하고 체계적인지, 기능적인 측면에 초점을 맞추는지 혹은 감정적인 측면에 초점을 맞추는지에 따라 조금씩 차이가 있지만, 모든 모형이 동일하게, 의사결정 단계가 진행될수록 대안의 수가 줄어들고, 최종적으로 하나의 대안을 선택하는 구조를 띤다. 반면, 소비자 여정의 경우에는 처음에 머릿속에 떠올렸던 것들보다 이후 정보탐색 과정에서 더 많은 것을 인식할 수 있으며, 이후 대안을 평가하는 과정에서도 고려하는 대안이 줄어들었다가 다시 늘어날 수 있음을 가정한다.

그림 5-3 **기존 모형의 깔때기 구조와 소비자 여정의 순환 구조**

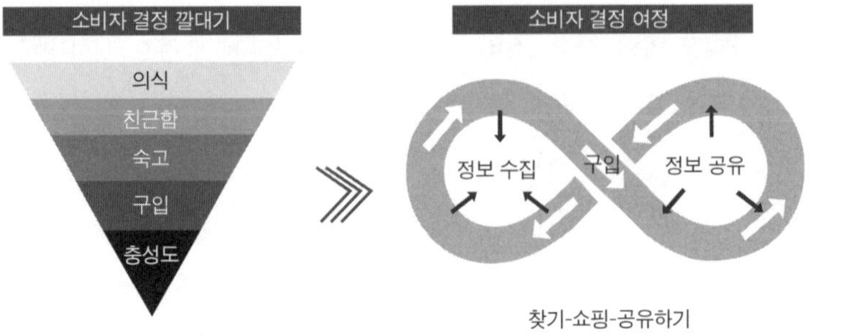

자료: Court, Elzinga, Mulder and Vetvik(2009).

예를 들어 신학기를 맞아 운동화를 구매하려는 학생이 있다. 기존 의사결정 모형의 경우, 그 학생은 먼저 인터넷을 통해 요새 유행하는 스타일과 가격대 등을 살펴보고 나서 하얀색 스니커즈를 사기로 마음먹었다. 그다음 몇 개의 브랜드를 지정하고, 그 안에 제시된 대안 중에서 가격, 스타일, 재질 등을 고려해 다시 두 개의 대안을 추렸다. 최종적으로, 그 학생은 둘 중에 더 나은 하나를 구매한다. 그 뒤에 제품을 신어보고 맘에 드는지 혹은 주변의 친구들이 어떤 반응을 보이는지에 따라 자신이 선택이 옳았음을 확인하려고 한다. 이와 같은 예는 우리의 일반적인 구매결정 과정을 잘 설명하는 것이다.

하지만 우리가 언제나 이렇게 대안의 수를 차근차근 줄여가는 것은 아니다. 소비자 의사결정 여정의 관점에서 같은 예를 다시 들어보면, 어떤 학생이 하얀색 스니커즈를 사려고 마음먹었고, 평소에 좋아하던 몇 개 브랜드를 지정했다. 근데, 딱히 맘에 드는 운동화가 없어서 다시 몇 개 브랜드를 새로 추가해 봤고, 그중에서 맘에 드는 몇 개 대안을 골랐다. 그 이후, 각 대안에 대한 세부적인 정보를 살펴보다가, 가장 마음에 드는 운동화의 재질이 특이하다는 것을 알게 되었다. 이 재질에 대해 아는 게 별로 없어서, 그 학생은 구매자들의 후기를 살펴보기도 하고, SNS를 통해 그 재질에 대한 주변인들의 평도 물어봤다. 전반적으로 모험하기에는 위험하다는 생각이 들었고, 평범

한 재질의 차선책과 계속 비교·평가하다가 끝내 결정을 내리지 못했다. 며칠 뒤, 다시 운동화를 골라야겠다는 생각이 들었고, 이전에 봤던 대안을 다시 비교·평가해 봤다. 그 과정에 검색엔진 AI가 추천한 광고를 보았고, 또 다른 브랜드의 운동화도 괜찮다는 생각이 들었다. 즉, 다시 대안이 늘어난 것이다. 이후 그 학생은 이런 과정을 몇 번이나 되풀이한 끝에 어떤 한 운동화를 구매했다. 어떤가? 이와 같은 예 역시 우리의 구매결정 과정을 잘 설명하고 있지 않은가?

여기서 중요한 것은 소비자 의사결정 여정의 개념이 등장한 배경이다. 먼저, 이전과 다른 미디어 환경이 조성되었다. 이것은 소비자의 정보탐색 방식을 바꿔놓았다. 최근의 소비자들은 매우 다양한 채널(혹은 경로나 미디어 등)로 정보를 접한다. 때로는 소비자가 적극적으로 정보를 찾아다니기도 하고, 때로는 정보가 소비자들을 찾아서 오기도 한다. 심지어, '구매 전-구매-구매 후'에 관계없이, 계속해서 소비자들은 정보를 탐색하기도 하고, 역으로 소비자들이 정보에 노출되기도 한다(문혜리·송지희, 2018). 그 과정에서 어떤 소비자는 점차 확신을 가지고 대안의 폭을 좁혀갈 수 있으나, 다른 소비자는 점점 더 혼란스러워져서 처음 출발 지점으로 되돌아가 더 많은 대안을 포괄적으로 검토해 볼 수도 있다. 이런 맥락에서 보면, 현대의 소비자들이(혹은 변화된 미디어 환경에 더 잘 적응한 소비자들이) 과거에 비해 더 복잡하고 역동적인 의사결정 과정을 거친다고 볼 수 있다.

1) 소비자 의사결정여정의 단계

소비자 의사결정 여정은 〈그림 5-4〉와 같이 4단계로 이루어져 있다(Court et al., 2009). 출발점은 '초기 고려' 단계이다. 무언가를 사야겠다고 마음먹은 소비자들이 몇 개의 대안을 최초로 고려해 보는 단계이다. 이때 고려되는 대안은 대략적으로 구성된 것이다. 이러한 초기 고려 대안은 소비자들이 이전부

그림 5-4 **소비자 의사결정여정**

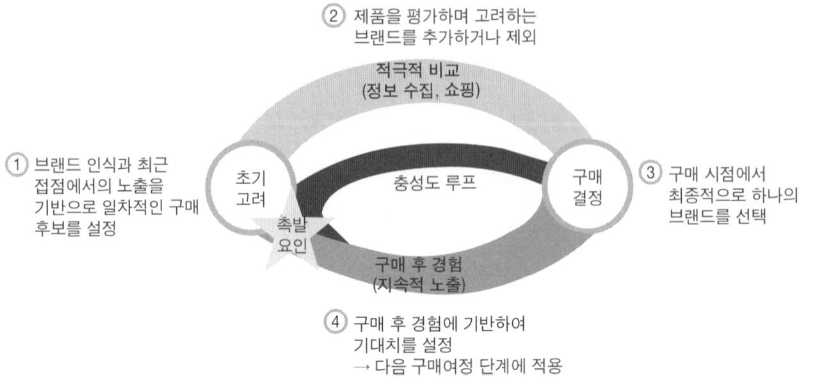

자료: Court, Elzinga, Mulder and Vetvik(2009).

터 알고 있던 것(즉, 내부 탐색) 혹은 구매를 고려해야겠다고 마음먹은 시점에서 접한 것(즉, 외부 자극)으로 구성된다.

이후 소비자들은 '적극적 비교' 단계로 진입한다. 이때 소비자들은 다양한 채널을 통해 구매할 만한 대안(제품이나 브랜드)에 대한 정보를 지속적으로 탐색해 나간다. 여기서 주의해야 하는 것은 적극적 비교가 어느 한순간에 집중적으로 이뤄지는 것이 아니라는 점이다. 때때로 소비자들이 집중적인 정보탐색을 할 수도 있지만, 일반적으로 다양한 미디어를 통해 다양한 시점에 걸쳐 다양한 유형의 정보를 섭렵하는 과정을 거친다. 또한 '적극적 비교' 단계에서 소비자들이 언제나 유력한 대안을 추려나가는 방식을 사용하는 것도 아니다. 몇 개의 대안이 새롭게 추가될 수도 있고, 어떤 경우에는 고려 대안 전체가 새롭게 구성될 수도 있다. 이를 종합해 보면, '적극적 비교' 단계는 지속적으로 이뤄지는 역동적인 정보탐색 과정인 셈이다. 따라서 이 과정에 있는 소비자의 행동이나 반응을 정확히 예측하기는 어렵다. 그렇지만 다음과 같은 마케팅 시사점을 도출해 볼 수 있다.

먼저, 브랜드 인지도가 낮은 경우, '초기 고려' 단계에서 소비자가 고려하는 대안에 포함될 가능성이 낮다. 왜냐하면 소비자가 이미 잘 알고 있거나 마케팅 환경에서 자주 접하는 브랜드가 초기 고려군에 포함될 가능성이 높기 때문이다. 따라서 브랜드 인지도가 낮은 경우에는 '적극적 비교' 단계의 소비자들을 공략하는 데 마케팅 성패가 달려 있다(이장혁, 2015). 다음으로 '적극적 비교'는 지속적으로 이뤄지는 역동적 정보탐색 과정이다. 따라서 언제든지 비교·평가되는 대안이 변경(추가 혹은 삭제)될 수 있으며, 이러한 과정이 여러 번 반복될 수 있다. 그러므로 이 단계에 있는 소비자들에게 브랜드 및 관련 정보가 지속적으로 노출되도록 하는 것이 중요하다. 즉, 어느 한 시점에 특정한 정보만 노출시키는 것보다 여러 시점에 걸쳐 다양한 채널을 활용해 다양한 유형의 정보를 지속적으로 제공하는 것이 바람직하다.

세 번째 단계는 '구매결정'이며, 이 단계에서 소비자들은 어떤 한 대안을 최종적으로 선택한다. 그다음에 소비자들은 곧바로 구매 후 경험(즉, 평가) 과정으로 들어가는데, 기존의 의사결정 모형과 차별적으로, 소비자 의사결정 여정에서는 소비자들의 지속적이고 역동적인 정보 공유 과정을 다룬다(Nieminen, 2017). 먼저, 구매자들은 자신의 경험을 온라인을 통해 다른 사람들에게 공유하고, 다른 사람들로부터 긍정적 혹은 부정적 반응을 얻는다. 이 과정 역시 지속적이고 역동적으로 이뤄지며, 이것을 통해 구매한 제품에 대한 브랜드 충성도가 형성된다. 다른 한편으로, 구매자의 주변 사람들 혹은 온라인을 통해 어떤 사람의 구매 경험을 접한 다른 소비자들도 고려해 볼 필요가 있다. 특히, 자신의 구매 경험을 공유하는 사람보다 다른 사람의 구매 경험을 참고하는 사람들이 더 많으며, 이러한 참고는 소비자 구매결정 여정의 모든 단계에서 발생한다. 심지어 소비자들은 이렇게 공유된 구매 경험을 다른 채널로 확산시키는 경향을 보인다. 즉, 블로그를 통해 어떤 사람의 구매 경험을 접한 소비자는 그 내용을 다른 채널(즉, 페이스북이나 카카오톡 단톡방 등)로 전파한다는 것이다.

따라서 소비자 의사결정 여정의 관점에서 볼 때, 구매 후 과정은 구매자 한 사람의 독립적인 판단 과정이 아니며, 그 한 사람에게만 국한된 문제도 아니다. 구체적으로, 온라인을 통해 접하게 되는 다른 사람들의 직접적인 혹은 간접적인 반응이 구매자의 만족/불만족에 영향을 미친다. 예를 들어 자신이 구매한 내용을 SNS을 통해 공유한 경우, 다른 사람들의 피드백(좋아요나 댓글 등)이 구매만족도에 영향을 미친다. 또한, 자신의 구매경험을 공유하지 않았더라도, 구매 이후 검색 과정을 통해 다른 사람들의 구매 경험(후기 등)을 접하는 것을 통해 간접적으로 피드백을 받고, 이것 역시 구매만족도에 영향을 미칠 수 있다.

2) 충성도 루프

최근의 연구들은 소비자 여정의 마지막 단계로 충성도 루프(loyalty loop)를 추가하고 있다(Riivits-Arkonsuo, Kaljund and Leppiman, 2015). 비록, 미디어 환경이 완전히 달라졌을지라도, 특정 브랜드에 대해 높은 충성도가 있는 소비자들은 분명히 존재하며, 이들이 의사결정을 내리는 과정(혹은 여정)은 다른 소비자들과 구분된다. 간단히 예를 들어, 충성도가 높은 소비자들은 '초기 고려' 단계에서 당연히 그 브랜드를 유력한 대안으로 설정할 것이며, 이후 적극적 비교 과정에서도, 충성도가 낮은 소비자들과는 다른 패턴을 보일 것이다. 여기서 더 중요한 것은 구매 후 경험 과정에서 어떻게 충성도가 형성되며, 이것이 어떻게 강화되는지에 관한 것이다.

먼저, 출발부터 친숙한 브랜드가 존재한다. 비록, 소비자가 직접 구매해 본 경험이 없을지라도, 그 브랜드 인지도가 높거나 이미지가 긍정적일 경우, '초기 고려' 단계에서부터 유력한 대안으로 포함될 수 있다. 더 나아가, 브랜드 인지도를 높이고 긍정적인 브랜드 이미지를 형성하는 데 기업의 마케팅 노력이 중요하겠지만, 소비자가 다양한 채널을 통해 접하는(혹은 공유된) 다른 사람들의 구매 경험 역시 중요한 역할을 한다는 점을 간과하지 말아야 한다. 더욱이, 구매하기 이전부터 친숙했던 브랜드는 소비자의 실제 첫 구매 경험을 특별하게 느끼게 할 수도 있다.

다음으로 어떤 브랜드를 처음 구매한 이후 그것에 대한 평가 및 경험이 지속적으로 이뤄지는데, 그 과정에서 만족도가 높았던 일부의 브랜드는 충성도 루프로 진입한다. 그렇다면 만족도는 어떻게 높아지는가? 소비자 여정의 관점에서, 구매 후 경험은 다른 사람들과 직·간접적인 상호작용으로 이뤄진다. 이 과정에서 자신의 선택을 지지하는 정보가 많이 제시될수록, 그리고 이전에 고려하지 못했던 새로운 정보나 지식을 더 많이(혹은 반복적으로) 얻을수록 그 브랜드를 선택한 것이 옳았음을 확신한다. 또한, 그 브랜드를 구매했거나 혹은 구매하려고 하는 다른 사람들과의 동질감이나 유대감도 중요한 역할을 한다. 실례로, 브랜드의 팬층이 두텁거나 열성적인 팬(mania)을 많이 보유한 브랜드일수록 소비자의 브랜드 구매 후 경험을 긍정적으로 이끌어가기 쉽다. 왜냐하면 팬들이 그 브랜드의 구매 경험을 지속적으로 지지할 뿐만 아니라, 그와 관련된 긍정적인 정보를 더 열심히 공유하고 확산하기 때문이다.

3) 소비자와의 접점

소비자가 의사결정 여정을 거치는 동안에 매우 다양한 채널을 통해 브랜드에 관련된 정보를 접할 기회를 얻을 수 있다. 접점(touch points)은 이렇게 소비자가 브랜드 정보를 접하는 지점을 의미하며, 기업(혹은 마케터)과 소비자 간의 직·간접적인 상호작용을 의미한다(Lemon and Verhoef, 2016). 또한, 접점은 소비자의 여정을 구성하는 동시에 소비자 여정의 모든 단계 즉, 정보를 탐색하고 대안을 평가하며 구매결정을 내리고 구매 후 경험을 지속적으로 공유하는 단계를 망라해 존재한다. 이러한 접점은 다음과 같은 네 가지 범주로 구분된다.

첫째, 기업(브랜드)에 의해 계획되고 관리되는(brand-owned) 접점이 있다. 구체적으로 기업 및 브랜드가 소유한 미디어나 채널을 통해 소비자와 직접적으로 상호작용 하는 것뿐만 아니라, 마케터가 계획하고 통제하는 모든 마케팅 활동이 소비자들에게 간접적으로 영향을 미치는 것도 포함된다. 중요한 것은 기업(마케팅)이 주도한 혹은 의도한 상호작용이라는 점이다. 소비자 여정의 전 영역에 걸쳐 기업이 의도한 대로의 상호작용을 기획할 수 있으며, 이를 위한 자원을 효율적으로 관리하고 조절할 수 있다는 점에서 이점이 있다.

둘째, 파트너에 의한(partner-owned) 접점이 있다. 소비자와 효과적으로 상호작용하기 위해 혹은 협업을 통한 시너지를 얻기 위해 기업은 하나 이상의 기업과 함께 접점을 가질 수 있다. 커뮤니케이션 및 마케팅 영역에서 협업할 수 있으며, 유통채널이나 고객관리 집짐을 공유할 수도 있다. 기업은 파트너와 공동으로 접점을 운영할 수도 있고, 서로 다른 영역에서 서로 다른 역할을 담당할 수도 있다. 즉, 기업이 다른 기업과 협업하는 과정에서 발생하는 모든 소비자 접점이 파트너에 의한 접점에 포함된다. 다만, 브랜드-소유 접점과 파트너-소유 접점은 때때로 경계가 명확하지 않을 수 있다. 왜냐하면, (비록 협업에 의한 것일지라도) 기업에 의해 계획되고 관리되는 접점이기 때문이다.

셋째, 소비자에 의한(customer-owned) 접점이 있다. 소비자가 특정 브랜드에 대한 구매경험을 평가하고 공유하는 것을 말하며, 여기에 기업이나 파트너가 직접 관여하는 것이 없다. 즉, 소비자가 주도하는 접점이라고 할 수 있다. 이것은 구매 후 과정에서 가장 중요하고 지배적인 영역을 차지하는데, 제품의 기능이나 용도(혹은 사용법), 그리고 성능(효과) 및 품질 등을 다른 소비자들에게 전파하고, 다른 소비자들로 하여금 구매결정을 내리게 하거나, 이미 그 제품을 구매한 소비자들의 브랜드 충성도를 높이는 데 크게 기여한다. 다만, 기업이 계획하거나 관리할 수 없는 영역이기에, 소비자들에게 노출되는 정보의 내용이나 형태를 통제하기 어렵다는 한계점이 있으며, 구매와 관련된 긍정적인 경험보다 부정적인 경험(즉, 불평행동)이 더 큰 효과를 가진다는 위험성도 있다.

마지막으로 사회적(외적) 접점이 있다. 한 소비자는 다른 소비자들에 둘러싸여 있으며, 이들은 소비자의 구매 경험에 영향을 미친다. 이때 다른 소비자들의 구매 경험이나 피드백 혹은 주변인들의 영향력이나 환경은 모두 사회적(외적) 접점이다. 여기서 중요한 것은 이러한 사회적 접점이 직접적인 광고와 비슷한 효과를 유발할 뿐만 아니라, 때때로 기업의 직접적인 마케팅 활동보다 더 큰 효과를 유발할 수 있다는 점이다. 앞서 설명한 소비자에 의한 접점이 구매경험 등과 관련된 정보를 올리는(혹은 전파하는) 소비자에 초점을 둔 것이라면, 사회적(외적) 접점은 주변인들로 둘러싸여 있는 구매자에 초점을 둔 것이다. 이러한 사회적 접점은 다른 접점과 함께 작용하여 시너지를 낸다. 특히, 구매 후 지속적인 평가(경험) 과정에서, 구매자의 브랜드 충성도를 높이는데 이와 같은 사회적 접점이 중요한 역할을 한다.

4) 소비자 의사결정 여정과 검색광고

검색광고의 관점에서, 가장 중요한 시사점은 소비자들에게 다양한 유형의 정보를 다양한 시점에 제공해야 한다는 것이다. 판매자의 관점에서, 어떤 검색어를 입력하고 그 결과로 제시된 광고를 클릭해 내 사이트를 방문한 소비자들 모두가 '지금 당장' 구매결정을 내리려고 들어온 것은 아니다. 초기 고려 단계의 소비자들일수도 있고, 적극적 비교 과정의 소비자들일 수도 있으며, 그중에 어떤 소비자들은 이미 구매한 이후에 방문한 것일 수도 있다. 물론, 각 단계에 있는 소비자들이 같은 검색어를 입력할 수도 있지만, 아마도 서로 다른 검색어를 입력할 가능성이 높을 것이다. 이에 관한 구체적인 내용은 6장에서 살펴보겠지만, 다음과 같은 몇 가지 사항은 간과하지 말아야 한다. 첫째, 모든 단계의 소비자들이 사이트에 방문할 수 있는 다양한 검색어 전략을 수립하는 것이 바람직하다. 얼핏 보면, 구매결정 단계의 소비자들만 중요한 것처럼 보이지만, 여러 과정에 걸쳐 지속적으로 방문하게 만드는 것이 더 효과적이다. 둘째, 소비자의 지식과 관여, 제품의 특성 및 가격, 시장

환경에 따라 소비자의 여정이 달라진다. 만약, 주 소비자의 여정을 더 정확하게 예측하고 파악할 수 있다면, 더 적은 비용으로 더 효과적인 검색광고를 집행할 수 있을 것이다. 마지막으로 고객을 충성도 루프로 진입하게 하는 것이 무엇보다 중요하다. 왜냐하면 초기 고려 이후 바로 구매결정으로 이어지기 때문이다.

참 고 문 헌

김종의. 2004. 『소비자행동』. 형설출판사.

문혜리·송지희. 2018. 「소비자들은 왜 구매 이후에도 정보를 탐색할까? 소비자들의 인지통제 욕구 및 능력통제 욕구를 중심으로」. ≪마케팅관리연구≫, 23(1), 111~126쪽.

박세범·박종오. 2009. 『소비자행동』. 북넷.

부수현·최고봉. 2017. 「자기-통제가 작은 사치에 미치는 효과: 정당화 단서와 수량-한정 메시지를 중심으로」. ≪한국심리학회지: 소비자·광고≫, 18(3), 461~486쪽.

양윤. 2014. 『소비자 심리학』. 학지사.

이문규·홍성태. 2001. 『소비자 행동의 이해』. 법문사.

이은경·전중옥. 2015. 「소비자의 습관적 소비행태에 관한 탐색적 연구」. ≪소비자학연구≫, 26(3), 1~26쪽.

이장혁. 2015.9.2. "디지털 시대의 소비자와 타겟 마케팅", ≪한국광고총연합회광고정보센터 매거진≫. https://www.adic.or.kr/journal/column/show.do?ukey=410401&oid=@641648%7C1%7C1 (검색일: 2019년 1월 22일).

이학식·안광호·하영원. 2015. 『소비자행동』. 집현재.

Balz, J., C. Sunstein and R. Thaler. 2014. "Choice Architecture." in E. Shafir(ed.). *The Behavioral Foundations of Public Policy*, pp.428~439.

Court, D., D. Elzinga, S. Mulder and O. J. Vetvik. 2009. "The Consumer Decision Journey." *McKinsey Quarterly*, 3(3), pp.96~107.

Joseph, S. and B. Schwartz. 2015. *The Paradox of Choice*.

Krugman, H. E. 1965. "The Impact of Television Advertising: Learning without Involvement." *Public Opinion Quarterly*, 29(3), pp.349~356.

Lemon, K. N. and P. C. Verhoef. 2016. "Understanding Customer Experience throughout the Customer Journey." *Journal of Marketing*, 80(6), pp.69~96.

Nieminen, P. 2017. *The Interaction between Consumers during the Online Customer Journey*.

Petty, R. E., J. T. Cacioppo and D. Schumann. 1983. "Central and Peripheral Routes to Advertising Effectiveness: The Moderating Role of Involvement." *Journal of Consumer Research*, 10(2), pp.135~146.

Riivits-Arkonsuo, I., K. Kaljund and A. Leppiman. 2015. "Consumer Journey from First Experience to Brand Evangelism." *Research in Economics and Business: Central and Eastern Europe*, 6(1).

Schmeichel, B. J., K. D. Vohs and R. F. Baumeister. 2003. "Ego Depletion and Intelligent Performance: Role of the Self in Logical Reasoning and Other Information Processing." *Journal of Personality and Social Psychology*, 85, pp.33~46.

Vorderer, Peter, Tilo Hartmann and Christoph Klimmt. 2003. "Explaining the Enjoyment of Playing Video Games: The Role of Competition." in Proceedings of the Second International Conference on Entertainment Computing. Carnegie Mellon University.

Weaver, K., K. Daniloski, N. Schwarz and K. Cottone. 2015. "The Role of Social Comparison for Maximizers and Satisficers: Wanting the Best or Wanting to Be the Best?" *Journal of Consumer Psychology*, 25(3), pp.372~388.

Yan, D. 2018. "Subtraction or Division: Evaluability Moderates Reliance on Absolute Differences versus Relative Differences in Numerical Comparisons." *Journal of Consumer Research*, 45(5), pp.1103~1116.

6장

소비자의 검색 행동에 대한 이해

소비자가 입력하는 검색어는 우연히 노출된 외부 단서를 그대로 옮겨온 것일 수도 있지만, 대개는 소비자의 지식구조에서 인출된 것이다. 따라서 소비자의 검색 행동을 심층적으로 이해하고 이를 응용한 검색광고 전략을 수립하기 위해서는 소비자의 지식구조에 대한 이해가 필수적이다. 이를 위해 이 장에서는 먼저 소비자의 정보탐색 유형을 구분하고, 각 유형에서 어떤 정보를 어떻게 탐색하는지에 대해 살펴보려고 한다. 다음으로, 소비자의 지식구조와 관련된 인지심리학 이론과 원리를 다음과 같은 차례로 살펴보려고 한다.

첫째, 기억 모델에서 장기기억과 단기(혹은 작업)기억에 관한 개념을 공부하고, 이러한 기억 프로세스가 작동하는 원리에 대해 살펴본다. 둘째, 소비자의 지식구조를 구성하는 개념과 범주에 대해 공부하고, 검색광고 측면에서 범주의 원형과 본보기가 가지는 시사점을 살펴보려고 한다. 셋째, 어의적 기억과 연상 망 모델에 대해 공부하고, 이것을 통해 효과적인 검색어 조합에 대한 이해를 높이려고 한다. 넷째, 인지도식과 선택적 지각에 대한 개념을 공부하고, 이를 통해 어떤 검색 결과가 더 바람직한지 논의하려고 한다.

30대 직장인 A 씨는 다음 달에 여름휴가가 예정되어 있다. 하지만 바쁜 일과 때문에 아직 뚜렷한 계획을 세우지는 못했다. 즉, 언제 가는지만 정해져 있고, 어디로 어떻게 가서 무엇을 할 것인지, 또 누구랑 갈 것인지 모두가 유동적인 상태이다. 가까운 몇 군데 여행지는 이미 다녀왔고, 휴가 기간이 그리 길지 않아 어디 먼 곳에 다녀오기도 어렵다. 일단 어디로 갈지는 정해야 할 시점이 온 것 같아서 검색창에 '여름휴가'를 쳐봤다. 그랬더니 '여름휴가지', '여름휴가 해외여행' 검색어가 추천되었고, 그중에서 가장 먼저 추천된 여름휴가지 검색 결과를 살펴보았다.

20대 대학생 B 씨는 조만간 연인과의 1주년 기념일이다. 주머니 사정이 그리 넉넉하진 않지만, 사랑하는 마음을 가득 담아 특별한 선물을 해주려고 마음먹었다. B 씨가 사려고 하는 것은 예쁘고 실용적인 가방이다. 왜냐하면 그 친구가 요새 취업 준비로 여기저기 열심히 돌아다녀야 하고 이것저것 많은 것들을 챙겨 다녀야 하기 때문이다. ○○브랜드나 ××브랜드면 디자인도 예쁘고 품질도 좋고 들고 다니기에도 괜찮을 것 같다. 문제는 가격이다. 그리고 정품이었으면 좋겠다. 그래서 요즘 틈만 나면 두 브랜드를 검색해 보고 있다. 단지 가격뿐만 아니라 그 사이트에서 물건을 구매한 사람들의 후기도 자세히 살펴보고 있다.

30대 프리랜서 C 씨는 예쁜 카페를 포스팅하는 취미가 있다. 일도 주로 카페에서 할 뿐만 아니라, 대부분의 미팅도 카페에서 하므로 언젠가부터 자연스럽게 카페 포스팅을 하기 시작했다. 어떤 카페는 분위기가 좋고, 어떤 카페는 커피나 디저트가 맛있다. 약속 장소가 이미 정해져 있는 경우에는 어쩔 수 없지만, 그렇지 않은 경우에는 기왕이면 괜찮은 데서 미팅을 하고 싶다. 따라서 여기저기 동네마다 괜찮은 카페를 많이 알아두고 있어야 한다. 그래서 다른 사람들이 포스팅해 놓은 것들도 열심히 팔로잉한다. 이번 미팅은

○○역 근처이고, 구체적인 장소는 아직 정해지지 않았다. 지난번에 어디선가, 누구의 계정인지 모르겠지만, 그 근처 괜찮은 카페를 포스팅했던 것 같다. 그래서 C 씨는 바로 폭풍 검색에 들어갔다.

이 세 사람 모두 온라인을 통해 정보를 검색하고 있다. 하지만 검색하는 내용도 다르고 방식도 다르다. 왜냐하면 세 사람이 알고 있는 것과 원하는 것이 다르기 때문이다. 구체적으로 비교해 보자. A 씨는 매우 포괄적인 범위의 검색을 하고 있지만, B 씨와 C 씨는 상대적으로 좁은 범위의 검색을 하고 있다. 더 나아가 B 씨는 잘 모르는 것에 대해 알아보는 중이지만, C 씨는 이전에 알고 있던 것을 확인하는 중이다. 또한, B 씨는 시간적 여유도 있고 중요한 선택이어서 세부적인 정보를 꼼꼼히 살펴보려고 한다. 하지만 C 씨는 짧은 시간 안에 검색을 마쳐야 하며, 특정한 위치를 중심으로 가게 이름이나 이용 후기 등과 같은 특징적 핵심 정보만 필요하다. 그렇다면 A 씨는 어떨까? 아마도 검색을 통해 가볼 만한 여행지를 계속해서 좁히려고 할 것이다. A 씨가 어떻게 선택지를 좁혀 나갈지 정확히 예측하기는 어렵지만, 아마도 여행 상품(구성이나 가격 등)에 대한 정보만큼이나 그곳을 다녀왔던 사람들이 무엇을 어떻게 하며 지냈는지 등에 대한 정보도 중요하게 살펴볼 것이다.

이 장에서는 이와 같은 소비자의 검색 행동 전반에 걸친 내용을 심리학적 관점에서 체계적으로 정리해 보려고 한다. 가장 먼저 '어떤 검색어를 어떻게 입력하는지?'에 관련된 심리학적 개념과 원리에 대해 살펴보려고 하며, 그다음으로, 제시된 검색 결과(즉, 제시된 정보)에서 어떤 정보를 중요하게 살펴보는지, 그리고 왜 그런 것인지에 대해 살펴보려고 한다. 마지막으로 검색 맥락(즉, 검색 결과가 제시되는 상태)이 소비자의 판단과 선택에 미치는 효과에 대해 살펴보려고 한다.

1 | 어떤 검색어를 어떻게 입력하는가?

소비자들이 '어떤 검색어를 어떻게 입력하는지'에 관한 내용은 그리 간단하지 않다. 지각(perception) 및 인지(cognition) 심리학에서 다루는 거의 모든 이론과 원리들이 이 과정에 적용될 뿐만 아니라, 소비자의 지식구조와 경험(학습), 인지적 동기와 감정, 검색 상황과 맥락이 역동적으로 상호작용 하기 때문이다. 이와 같은 복합적인 과정을 체계적으로 설명한다는 것이 쉽지 않지만, 먼저 '소비자의 정보탐색'에 초점을 맞추어 설명해 보려고 한다.

1) 소비자의 정보탐색에 대한 이해

소비자의 정보탐색은 "근원적(혹은 내적) 욕구를 충족시키기 위해 혹은 상황적으로 요구된 목표를 달성하기 위해, 그것에 적합한 지식을 자신의 기억으로부터 꺼내오거나 외부로부터 취득하는 행위"를 말한다(Engel, Blackwell and Kollat, 1995). 이러한 개념적 정의가 선뜻 이해되지 않을 수 있다. 왜냐하면 서로 다른 유형의 정보탐색을 하나의 개념으로 묶어 정리한 것이기 때문이다. 따라서 세부적인 정보탐색 유형을 하나하나 살펴보고 나면, 다소 모호한 개념적 정의를 더 명확하게 이해할 수 있을 것이다. 소비자의 정보탐색 유형은 두 가지 차원에서 구분된다. 하나는 탐색되는 정보의 출처(source)이고 다른 하나는 정보를 탐색하는 목적이다.

(1) 정보의 출처에 따른 탐색 유형과 그 의미

앞서 5장에서 간략하게 살펴본 바와 같이, 정보탐색은 정보의 출처에 따라 내부 탐색(internal search)과 외부 탐색(external search)으로 구분된다(Zhang and Hou, 2017). 먼저 내부 탐색은 소비자가 자신의 기억으로부터 어떤 정보를 꺼내오는 것을 말한다. 언뜻 보면 이러한 내부 탐색은 소비자의 검색 행동과 전혀 관계없는 것 같지만, 이것이 검색 행동의 출발점이다. 즉, 소비자가 검색엔진에 입력하는 첫 번째 검색어는 대부분 내부 탐색의 결과이다. 구체적으로 소비자가 어떤 정보를 명확히 꺼내오는 것(예: 나이키 플라이니트)에서부터 검색엔진의 키워드 자동 완성 목록 중 하나를 선택하는 것(예: 소비자가 검색엔진에 '삼청동'을 입력했을 때, 제시되는 삼청동 맛집, 삼청동 데이트, 삼청동 카페 중에서 하나를 고르는 것), 그리고 부정확한 정보를 입력한 뒤에 연관 검색어에서 원하던(정확한) 정보를 찾아내는 것(예: 소비자가 '코엑스 도서관'을 입력하고, 연관 검색어에서 '별마당' 도서관을 찾는 것)에 이르기까지, 이 모두가 내부 탐색의 결과이다. 이러한 내부 탐색은 소비자의 장기기억(long-term memory)에서 어떤 정보를 떠올리는 과정(retrieval)[1] 혹은 검색 결과로 제시된 목록 중에서 기억하고 있는 내용과 일치되는 것을 찾는 과정(recognition)과 같으며, 이에 대한 이해를 높이기 위해서는 소비자의 장기기억에 관련된 이론과 원리를 살펴볼 필요가 있다. 이에 대한 설명은 이 장의 다음 절(소비자의 지식구조에 대한 이해)에 구체적으로 제시될 것이다.

다른 한편으로 외부 탐색은 다른 사람으로부터 직간접적으로 정보를 얻거나 외부의(즉, 자신이 알고 있던 것이 아닌) 정보를 수집하는 것을 말한다. 일반적으로, 내부 탐색만으로 원하던 정보를 충분히 얻을 수 있다면, 곧바로 구매결정이 이뤄진다. 하지만 만약 내부 탐색으로 충분한 정보를 얻을 수 없다면, 소비자들은 외부 탐색을 시도한다(Prakash, 2017). 단, 여기서 주의해야 하는 것은 내부 탐색과 외부 탐색이 일방향적인 단계가 아니라 지속적인 '상호작용 과정'이라는 점이다. 즉, 소비자가 외부 탐색에 들어갔다고 해서 내부 탐색이 종료되는 것은 아니며, 외부 탐색을 통해 수집되는 정보는 소비자의 지식구조(장기기억)에 의존해 이해되고 해석된다. 예를 들어 요새 어떤 영화가 인기 있는지 알아보려는 소비자가 있다고 하자. 이 소비자가 처음에 입력한 키워

1 정보 인출은 온전한 정보를 떠올리는 회상(recall)과 주어진 단서에서 기억 속 정보를 식별하는 재인(recognition)으로 구분된다.

드는 '영화 예매 순위'이다. 그 결과를 살펴보던 소비자가 예매율이 아니라 누적 관객 수에 초점을 맞추거나, 관람객 평점이나 후기 혹은 감독의 필모그래피(filmography)를 살펴보는 것 등은 소비자의 지식구조에 의해 외부 탐색이 조정된 것(즉, 상호작용한 것)이다. 따라서 외부 탐색은 외부 정보를 단순히 수집하는 과정이 아니라, 외부 자극에 대한 정보처리 과정(information processing)인 셈이다. 이는 소비자의 작업기억(working memory)에 기초하며, 복합적이고 역동적인 과정(주의 → 지각 → 이해 및 판단 ↔ 장기기억)을 거친다.

더 나아가 소비자가 언제나 능동적으로 외부 탐색을 주도하는 것 같지만, 때때로 우연히 노출된 정보에 의해 외부 탐색이 유발되기도 한다. 또한, 외부 탐색이 언제나 합리적인 혹은 객관적인 정보처리 방식으로 이뤄지는 것도 아니다. 오히려 더 많은 경우에, 외부 탐색은 자동적이거나 직관적인 방식으로 이루어진다.

(2) 목적에 따른 탐색 유형과 그 의미

정보탐색은 그 목적에 따라 다음과 같은 세 가지 유형으로 구분된다(Moe, 2003). 먼저, 당면한 문제를 해결하기 위한(즉, 구매를 위한) 정보탐색이 있다. 이때의 정보탐색은 목표지향적으로 이뤄지며, 다른 유형에 비해 정보탐색 과정이 의식적이며 통제적이다. 예를 들어 운동화를 구매하려는 소비자가 검색엔진을 통해 운동화 관련 정보를 탐색하는 과정이 이에 해당한다. 이 과정에서 브랜드, 세부적인 제품, 가격이나 판매처, 이용자 후기 등 다양한 정보가 탐색될 수 있다. 단, 이와 같은 정보탐색은 소비자에 의해 통제되며, 탐색되는 모든 정보는 의사결정 목표(구매결정)를 달성하기 위한 것이다. 일반적으로 포괄적인 정보탐색 과정을 거쳐 탐색의 범위가 점차 좁혀지고, 그 안에서 정보탐색의 양과 질이 늘어나는 경향을 보인다. 즉, 처음에는 몇 개 브랜드를 살펴보다가 하나의 브랜드(혹은 제품)로 탐색의 범위가 좁혀지고, 이후 그 제품의 가격(즉, 판매처)이나 구매 후기 등에 초점을 맞춘 정보탐색이 발생한다.

다음으로, 구매 후 지속적 평가를 위한 정보탐색이 있다. 이 또한 목표지향적 정보탐색이다. 하지만 구매 전 탐색이 구매결정을 내리는 데 필요한 정보를 탐색하는 것이라면, 구매 후 정보탐색은 이미 내려진 자신의 선택(즉, 구매)이 옳았는지를 확인하기 위한 것이다. 이때 소비자들의 정보탐색 목표는 자신이 선택한 것에 대한 합리화 혹은 정당화이다. 구체적으로, 다음과 같은 두 가지 과정을 구분해 볼 수 있다. 먼저, 구매 이전에 기대했던 것과 구매한 결과가 일치하는 경우이다. 이때 소비자가 경험하는 만족/불만족은 크지 않으며,[2] 소비자의 정보탐색 동기 역시 높지 않다. 다만 자신이 선택한 것보다 더 나은 대안이 있었는데, 부주의하게 놓친 것은 아닌지 정도를 재차 확인하는 수준에서 제한적인 정보탐색이 이뤄지며, 구매한 제품의 사용법이나 유의사항 등을 구체적으로 찾아보는 탐색 활동이 나타나기도 한다. 다음으로, 소비자가 구매 이전에 기대했던 것과 구매한 결과가 불일치하는 경우이다. 이것은 긍정적인 방향에서 만족(즉, 기대했던 것 이상)을 높이기도 하지만, 정반대로 불만족(즉, 기대했던 것 이하)을 유발하기도 한다. 여기서 중요한 것은 불만족 상황이다. 매우 큰 불만족은 구매결정을 철회(즉, 반품)하거나 적극적인 불평 행동을 유발한다. 하지만 만약, 반품이 불가하거나 그것을 위한 노력과 비용이 너무 많이 든다면(즉, 구매결정을 철회하지 못하는 경우), 혹은 만족스러운 부분과 불만족스러운 부분이 서로 겹쳐 내적인 갈등이 유발된다면, 소비자의 정보처리 동기가 매우 높아진다. 이러한 상황에 적용할 수 있는 대표적인 이론은 인지부조화(cognitive dissonance)[3]이다. 간단히 설명하면, 소비자의 인지적 불일치는 심리적 긴장감을 유발하며 소비자들은 이러한 긴장감을 해소하기 위한

2 기대했던 것 이상일 때 만족이 커지며, 기대했던 것에 미치지 못할수록 불만족이 커진다.

3 모순되거나 양립할 수 없는 두 인지 간의 불일치가 생기면, 심리적 긴장감을 느낀다. 『이솝우화』의 '여우와 포도'가 가장 쉬운 예이다. 포도가 먹고 싶었던 여우가 별짓을 다 해보지만, 결국 포도를 따 먹지 못한다. 이때 여우는 "저 시어빠진 포도는 맛대가리도 없을 거야"라고 합리화한다.

표 6-1 **소비자의 정보탐색 유형과 그 의미**

구분	유형	
정보의 출처	내부 탐색 • 장기기억과 정보 인출 • 소비자 지식구조에 기반	• 작업기억의 작동 원리 • 정보처리 과정에 해당 (역동적 상호작용)
탐색의 목적	구매 전 탐색 • 문제해결(욕구 충족)을 위한 정보탐색 • 관여 및 동기에 따른 정보처리 수준	브라우징 • 즐거움을 위한 정보 소비 • 취미·관심사·흥미가 주도 • 소비자 여정에서 정보 수집
	구매 후 탐색 • 선택 확신·부조화 감소·태도 형성 • 소비자 여정에서 충성도 루프	

노력을 하는데, 그 과정에서 자신의 선택을 합리화할 수 있는 정보들을 적극적으로 탐색한다. 즉, 자신의 선택이 불만족스러운 것이지만 그것이 '최선의 선택'이었음을 지지해 주는 정보들을 적극적으로 찾는다.

정리하자면, 구매 전 정보탐색과 구매 후 정보탐색은 소비자가 의식적으로 통제하는 목표지향적 정보탐색이라는 점에서 같지만, 탐색하는 정보의 내용과 그것이 영향을 미치는 부분에서 다르다. 광고 효과의 측면에서, 구매 이후의 정보탐색은 중요도가 떨어지는 것 같지만, 이러한 정보가 구매를 합리화하거나 정당화하는 데 사용된다는 점을 간과하지 말아야 한다. 특히, 앞서 5장에서 살펴봤던 소비자 여정의 관점에서 볼 때, 구매 후 정보탐색이 소비자들을 충성도 루프로 이끌 수 있다는 점에 주의를 기울여야 한다. 이때 다른 사람들의 구매 후기(혹은 비교·평가)와 같은 사회적 증거가 중요하며, 구매한 제품의 자세한 사용법이나 다양한 활용법이 풍부하게 제시될수록 소비자의 만족도가 높아진다(김하빈 외, 2014).

마지막으로 브라우징(browsing)은 특별한 목적 없이 소비자가 온라인 이곳저곳을 돌아다니며 정보를 수집하는 것을 말한다. 이때 수집되는 정보는 어떤 목표를 달성하기 위한 것이 아니라, 소비자의 '흥미나 관심사에 따라 정보가 소비'되는 것이다. 일반적으로 정보처리는 소비자의 인지적 자원을 고갈시키고 스트레스를 유발하는 것이지만, 브라우징은 소비자에게 재미·신기

함·만족 등과 같은 긍정적 감정을 일으키며, 이것이 소비자의 정보탐색 동기를 높인다. 특히, 소비자가 지루함을 느끼는 상황에서 이를 해소하기 위한 수단으로 사용되며, 어떤 소비자들의 경우에는 브라우징이 습관을 넘어선 취미가 되기도 한다. 또한 소비자가 크게 관심을 기울이는 어떤 특정 분야에 브라우징이 집중될 수도 있지만(예: 야구 관련 기사만 혹은 뷰티 관련 정보만), 어떤 소비자의 경우에는 여러 분야를 넘나들며 브라우징하는 것 자체를 즐기기도 한다.

따라서 브라우징은 어떤 문제(즉, 구매결정)를 해결하기 위한 정보탐색이라기보다 '정보탐색 자체가 목적'인 소비자의 자발적 활동이다. 그러므로 브라우징은 정보탐색이라기보다 정보 수집(gathering)에 가깝다. 특히 브라우징이 소비자에게 즐거움을 주고, 이것이 내재적 동기(intrinsic motivation)[4]를 활성화한다는 점에 주목할 필요가 있다. 구체적으로 소비자가 스스로 정보를 수집하며 그렇게 정보를 얻는 것만으로 내적 보상을 받으므로, 외부에서 아무런 보상이 주어지지 않더라도 그 행동을 지속한다.

더욱이 브라우징은 소비자의 소비 욕구를 유발하거나(예: 인테리어 기사에 나온 가구를 구매하고 싶어지는 것), 필요를 인식하게 만들 수 있다(예: 관찰 예능 출연자가 사용하는 제품이 자신에게도 필요하다고 인식하는 것). 이러한 상황은 매우 다양한 장면에서 발생될 수 있으나, 크게 두 가지 방식으로 구분된다. 하나는 기업(혹은 마케터)에 의해 정보나 광고가 제시되고 그것을 소비자가 살펴보는 것이다. 예를 들어, 야구 기사 페이지에 야구용품 광고가 제시되거나, 블로그나 SNS의 포스팅에 관련 상품이 링크된 경우가 이에 해당한다. 다른 하나는 소비자가 브라우징하던 중에 기업의 의도와 관계없이 소비자가 주도적으로 제품 관련 정보를 찾아보는 것이다. 예를 들어 웹드라마를 보던 소비자가 어떤 장면에서

4 자신의 흥미나 호기심과 같은 요인들에서 유래된 동기를 의미한다. 소비자가 내재적으로 동기화되었을 때는 활동 그 자체가 보상으로 작용하므로 외부의 보상이 필요하지 않다.

흘러나온 배경음악이 마음에 들어 그 음원을 검색해 보는 것이나, 팔로잉하던 유튜버가 사용하는 제품을 보고 그것을 자세히 알아보고 싶어지는 것 등이 이에 해당한다.

여기서 중요한 것은 소비자가 브라우징을 하던 중에 앞서 말한 목표가 설정되는 순간, 곧바로 문제해결을 위한 목표지향적 정보탐색으로 전환될 수 있다는 점이다. 이와 정반대로, 목표지향적 정보탐색을 하던 소비자의 주의가 상황적으로 분산되거나(예: 주의를 끄는 광고에 우연히 노출되는 경우), 인지적 자원이 고갈된 경우(예: 오랜 정보탐색으로 피곤해진다)에 브라우징으로 전환될 수 있다. 따라서 목표지향적 정보탐색과 브라우징이 전혀 다른 정보탐색 활동이지만, 서로 분리되어 발생하는 것이라기보다 상호 간에 유기적으로 연관된 것이다. 이는 앞서 5장에서 설명했던 '소비자 의사결정 여정'의 관점에서 더 잘 설명되며, 이것은 최근의 소비자들이 매우 다양한 채널을 통해 매우 다양한 유형의 정보를 역동적으로 수집해 나가는 경향을 가장 잘 설명하는 것이기도 하다.

(3) 소비자의 정보탐색 유형과 최초 검색어

앞서 살펴본 내용을 종합하여 정리해 보면, 소비자가 검색엔진에 입력하는 최초의 검색어는 내부 탐색 결과이거나 브라우징하다가 우연히 수집된 외부 단서이다. 먼저 내부 탐색에 의한 최초 검색어는 소비자의 장기기억에서 쉽게 인출할 수 있는 개념이다. 다만 소비자가 입력하는 최초 검색어의 수준은 상위의 포괄적이고 추상적인 개념(예: 러닝화 혹은 여름휴가지)에서부터 하위의 구체적인 세부 사항(예: 나이키 플라이니트 혹은 발리 우붓 여행 후기)까지 다양할 수 있다. 이러한 검색어 수준은 소비자의 지식구조와 수준, 검색 목적에 따라 달라진다. 구체적으로 소비자가 특정 대상에 대해 잘 알고 있으며 그와 관련된 체계적인 지식이 있다면, 매우 구체적이고 특수한 검색어(예: 나이키 플라이니트)를 바로 입력할 수 있다. 반면 대상에 관련된 지식수준이 낮고 지식구조가 체계적이지 못하다면, 추상적이고 일반적인 검색어(예: 러닝화)를 입력할 수밖에 없다. 또한 구매 전 탐색의 경우 소비자들은 구매결정과 관련된 포괄적인 검색어(예: 여름휴가지)를 입력할 가능성이 높지만, 구매 후 탐색의 경우 소비자들은 자신이 선택한 결과와 직접 연결된 구체적인 검색어(예: 발리 우붓 여행 후기)를 사용할 가능성이 높다.

다음으로 브라우징 과정에 입력되는 최초 검색어의 경우, 정보가 노출된 상황 및 맥락에 따라 결정된다. 만약 소비자가 브라우징 중에 광고나 구체적인 제품 정보를 보고 그에 관한 정보검색을 시도한다면, 거기에 제시된 검색어를 그대로 사용할 것이다. 따라서 이 경우, 소비자가 입력하는 최초 검색어는 매우 구체적이고 특수한 것이다. 하지만 만약 브라우징하던 소비자가 주도적으로 관련 정보를 검색할 경우, 제품과 관련된 자연어(natural language)[5]가 최초 검색어로 사용된다. 특히 브라우징에서 노출된 상황이나 맥락적 단서가 제품 관련 검색어와 짝지어 입력될 가능성이 높다(예: 드라마 제목 +제품명 혹은 '○○○에서 나온'이나 '○○○에서 ○○○하기'). 이것은 검색광고 전략에 유용한 시사점을 준다. 일반적으로 제품과 직접 연결된 전형적인 검색어의 경우, 경쟁이 치열하고 그 때문에 검색 비용이 증가할 수 있다. 하지만 소비자가 브라우징하는 패턴이나 맥락적 단서를 적절히 활용할 경우, 검색 결과의 적합도를 높일 수 있을 뿐만 아니라, 검색 비용 역시 낮출 수 있을 것이다.

때때로 최초 검색이 곧바로 구매로 이어질 수도 있으나, 이것은 습관적 소비[6]와 같이 관여도가 극단적으로 낮은 상황이거나 충성도가 매우 높은 브랜드, 또는 소비자의 지식수준이 매우 높은 경우에만 발생한다. 덧붙여, 이러한 경우의 최초 검색어는 매우 구체적이다(예: 나이키 플라이니트). 이러한 관점에서 볼 때,

---

5 인간이 일상생활에서 의사소통을 위해 사용하는 언어를 말한다. 자연어를 이해하고 모방하는 것이 인공지능 분야의 연구 목표 중 하나이다.

6 같은 제품을 반복 구매하는 것을 의미한다. 이 책 5장 참고.

구체적인 제품명과 같은 특정 검색어를 사용한 광고가 효과적일 수 있다. 단, 이러한 검색어는 일반적으로 시장경쟁이 치열하기에 광고 비용이 높고, 시장 지배적인 조건이 아닌 경우(예: 퓨마나 엄브로 판매자)에는 사용하기 어렵다.

여기서 중요한 것은 대부분의 정보검색에서 최초 검색어는 그 출발점에 지나지 않으며, 최초 검색 결과를 바탕으로 하여 소비자들은 연속적인 혹은 지속적인 검색을 시도한다는 점이다. 이러한 검색 과정은 다음과 같은 두 가지 유형으로 구분할 수 있다. 하나는 포괄적인 검색에서 구체적인 검색으로 검색 범위와 내용을 좁혀가는 과정이고, 다른 하나는 특정한 내용에서부터 출발해 관련성이 높은 다른 내용으로 점차 확산시켜 나가는 과정이다. 이와 같은 검색 과정의 차이는 소비자 지식구조의 차이에서 비롯된 것이며, 이러한 차이가 결과적으로, 검색 결과에 대한 소비자의 적합성 혹은 타당성 판단에 영향을 미친다. 즉, 검색 과정 차이에 따라 검색광고 효과가 달라진다는 것이다. 따라서 연속적인 검색 과정에서 광고 효과를 높이기 위해, 또는 효과적인 검색어 전략을 수립하기 위해서는 소비자의 지식구조에 대한 이해가 필수적이다.

2) 소비자의 지식구조에 대한 이해

(1) 기억 프로세스에 대한 이해

소비자의 지식구조를 살펴보기 전에, 기억의 3단계 처리 모형(Atkinson and Shiffrin, 1968)에 대해서 간략하게 살펴볼 필요가 있다. 인간의 기억은 감각기억, 단기기억, 장기기억으로 구분된다(<그림 6-1> 참고). 이 중에서 검색광고 장면에서 중요한 것은 장기기억과 단기기억(혹은 작업기억)이다.

① 장기기억과 검색광고 효과

먼저, 장기기억(long-term memory)은 우리가 상식적으로 알고 있는 기억의 개

그림 6-1 **기억의 3단계 처리 모형**

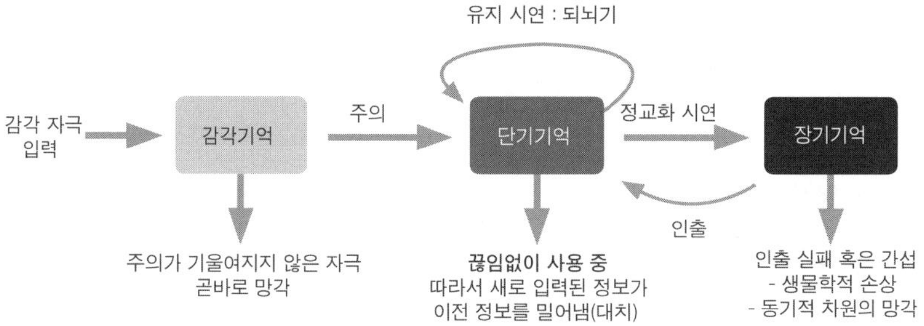

념과 같다. 구체적으로, 무언가를 '기억한다'는 것은 어떤 정보를 머릿속에 오랫동안 보관하는 것과 그렇게 저장된 정보를 적절하게 꺼내오는 것 두 가지를 의미한다. 장기기억의 용량은 무제한에 가까우며, 한번 저장된 정보는 영구적으로 보관된다.[7] 다만 우리가 접한 모든 정보가 곧바로 장기기억에 저장되는 것은 아니며, 그러한 정보 중에서 정교화 시연(elaborative rehearsal)을 거친 정보만 영구적으로 저장된다. 여기서 정교화 시연이란 내가 이미 알고 있는 체계를 활용해 새로운 정보를 정리해 두는 것을 말한다. 예를 들어 당신이 도서관 사서라고 가정하자. 이미 수만 권의 책이 도서관에 정리되어 있다. 어느 날 새로운 책 10권이 도서관에 들어왔을 때, 그 책을 어떻게 정리할 것인가? 아마도 다른 책들을 분류해 둔 체계에 따라,[8] 새로 들어온 책에 분류 기호를 붙이고, 그것과 유사한 책들 사이에 끼워 넣을 것이다. 그래야 쉽게 책을 보관할 수 있을 뿐만 아니라, 나중에 필요할 때 정확히 그 책을 찾기도 쉬워진다. 당신의 옷장이나 서랍장도 이미 그렇게 정리되어 있다. 만약 새로 들어온 책을 도서관 어딘가에 있는 책상 위에 아무렇게나 던져놓는다면 어

7 단, 뇌손상과 같은 생리적 손실이 발생하면 기억 역시 사라진다.

8 단, 체계적으로 정리된다는 것은 보기에 깔끔하게 정리되었다는 의미는 아니다. 보기에 지저분하거나 혼란스러울지라도(예를 들어 스마트폰 바탕화면에 앱이 어지럽게 깔려 있을지라도), 나름의 체계가 있고 원하는 것을 정확히 찾을 수 있다면, 체계적으로 정리된 것과 같다.

떻게 될까? 조만간 그 책은 사라질 것(혹은 영원히 찾지 못할 것)이다.

그럼에도 우리는 종종 분명히 기억하고 있던 것을 잊어버린다. 왜 그럴까? 대개의 경우 그 정보를 어디에 저장했는지 찾지 못하기 때문이다. 이러한 인출 실패가 발생하는 첫 번째 이유는 그 정보를 자주 꺼내 쓰지 않기 때문이고, 두 번째 이유는 우리 머릿속에 수많은 정보가 뒤섞여 있기 때문이다. 이것은 다음과 같은 측면에서 검색광고 효과에 중요한 시사점을 제공한다. 먼저, 소비자가 자주 꺼내 쓰는 정보는 정확히 그리고 매우 쉽고 빠르게 인출된다. 이것은 기억에 대한 접근성(accessibility) 혹은 정보처리 유창성(fluency)[9]과 밀접히 관련되어 있으며, 바로 이것이 소비자의 내부 탐색을 통한 첫 번째 검색어를 결정한다. 다음으로 어떤 정보와 관련성이 높은 다른 단어는 그 정보의 인출 단서로 작용한다. 예를 들어 "원숭이 엉덩이는 '빨개'"에서, '원숭이 엉덩이'가 인출 단서이며, 이것은 곧바로 '빨개'를 떠올리게 한다. 이와 유사하게, 상황이나 맥락에 관한 정보 역시 인출 단서 역할을 하며, 이러한 인출 단서는 소비자가 떠올리지 못했던 정보(특히, 광고주에게 유리한 정보)를 자동적으로 연상하도록 만들 수 있다.

② 단기기억과 검색광고 효과

단기기억은 지금 당장 어떤 정보를 처리하는 과정에서 사용되는 인지적 용량을 의미한다. 초기 기억 모델에서는 정보가 영구적으로 보관되는 장기기억에 대비해 어떤 정보를 일순간 보관하고 처리한 뒤 잊어버린다는 개념에서 단기기억이라고 정의했으나, 최근에는 정보처리 등의 인지적 작업을 담당하는 기억이라는 개념에서 작업기억으로 정의하기도 한다(Atkinson, Shiffrin, 1971).

구체적으로 장기기억이 컴퓨터의 하드디스크라면, 단기기억(혹은 작업기억)

---

9 외부에서 전달된 어떤 대상에 대한 정보의 처리가 얼마나 쉽게 이루어지는지를 의미한다 (Schwarz, 2007).

은 중앙처리장치(즉, 프로세서)에 해당한다. 컴퓨터의 성능(즉, 작업이나 처리 속도)은 프로세서에 달려 있다. 일상적인 예를 들자면, 누구나 아마도 한 번 이상 스마트폰을 새로운 폰으로 바꿔봤을 것이다. 언제나 최신 폰은 이전의 폰에 비해 프로세서가 강화된다. 바로 이것이 작업 능력을 높이며, 결과적으로 더 좋아진 성능을 체감하게 한다. 프로세서를 강화하는 방법은 두 가지이다. 첫째는 정보처리 용량을 늘리는 것이고, 둘째는 그 용량을 최대로 활용할 수 있도록 프로그래밍(혹은 관리)하는 것이다. 그러나 불행히도, 인간의 작업기억 용량은 매우 제한적일 뿐만 아니라, 현생인류가 출현한 이후 단 한 번도 증가한 것이 없다. 일반적으로 인간의 작업기억 용량은 5±2인 것으로 밝혀졌다(Miller, 1956; Cowan, 2001). 즉, 한 번에 최대 7개 이상의 정보를 처리하기가 쉽지 않다는 것이다. 그럼에도 우리가 급변하는 환경 속에서 큰 문제 없이 생존할 수 있는 이유는 이처럼 제한된 용량을 효율적으로 사용하는 방법을 알고 있기 때문이다.

예를 들어, 아마도 여러분의 용돈(혹은 월급)은 제한적일 것이다. 사고 싶은 것도 많고 쓸데도 많지만, 그 모든 것을 다하기에는 언제나 충분치 않다. 그럼에도, 아마도 대개의 경우 잘 살고 있을 것이다. 왜냐하면 이러한 상황에서 유일한 해결책인 '선택과 집중'을 자연스럽게 활용하고 있기 때문이다. 작업기억의 제한적인 용량을 극복하는 방법도 마찬가지이다. 시시각각 처리해야 하는 수많은 정보 중에서, 우리는 몇 개의 정보만 선별해 부족한 정보처리 용량을 집중시킨다. 이를 '선택적 주의(selective attention)'라고 한다. 예를 들어 검색 결과로 제시된 수많은 정보 중에서, 우리는 대부분의 정보를 무시하고, 특정한 몇몇 정보에만 주의를 기울인다. 바꿔 말하면 소비자의 주의를 끌지 못하는 정보는 곧바로 무시된다는 것이며, 오직 소비자의 주의를 끈 정보만 소비자에게 영향을 미칠 수 있다는 것이다.

다음으로, 어떤 정보는 다른 정보보다 처리하기 쉽다. 그 이유는 그 정보에 대한 부호화(encoding)가 쉽기 때문이다. 여기서 부호화란 '어떤 정보를 기억 체계에 적합하게 변환하는 것'을 말한다. 따라서 부호화가 쉬운 정보는 이미 장기기억에 저장되어 있는 다른 정보와 관련성 높게 변환된 것을 말한다(Paivio, 1978). 즉, 어떤 정보를 봤을 때 머릿속으로 표상하기 쉽게 만들어진 것을 말한다. 예를 들어 빨간색은 '뜨거움', '매움', '위험' 등과 연결되기 쉽다. 따라서 매운 맛 라면의 포장지는 빨간색인 것이 정보처리를 쉽게 한다. 이처럼 색깔이나 모양 등과 같은 물리적 특징에 기초한 것을 '감각적 의미(sensory meaning)의 부호화'라고 한다. 더 나아가 추상적인 개념에 근거한 부호화도 있다. 예를 들어 '껌값'은 가격이 매우 싸다는 의미를 담고 있으며, '공기(air)'는 매우 가볍다는 의미를 담고 있다. '택배비가 껌값' 혹은 '맥북 에어(air)'와 같은 것을 '어의적 의미(semantic meaning)의 부호화'라고 한다.

따라서 부호화가 쉬운 정보를 제공하는 것이 검색광고의 효과를 높일 수 있으며, 경쟁이 치열한 시장일수록 부호화의 효과는 커질 것이다. 이 장에서, 일상적인 예를 많이 제시한 이유도 심리학 배경지식이 부족한 학생들에게 어의적 의미의 부호화를 통해, 정보처리를 쉽게 하기 위함이다. 단, 부호화는 이미 소비자들이 잘 알고 있는 기억 체계를 활용해야만 한다. 예를 들어 '배럴(Barrel)'이라는 스포츠용품 브랜드가 있다. 이 단어의 사전적 의미는 큰 통이나 석유의 양을 재는 단위지만, 파도타기를 하는 사람(surfer)들에게는 '서퍼의 머리 위에서 둥글게 말려 앞으로 쏟아지는 멋진 파도'를 의미한다. 따라서 서퍼들은 배럴의 의미를 쉽게 처리하고 그것에 대해 긍정적으로 평가할 가능성이 높다. 단, 서핑에 대해 전혀 모르는 사람들의 경우에는 그 의미를 제대로 처리하기가 어렵다.

(2) 소비자 지식구조와 검색광고

'소비자가 어떤 검색어를 어떻게 입력하는가?'는 소비자가 장기기억에서 어떤 정보를 꺼내오는지에 관한 것이다. 물론 브라우징을 하다가 우연히 접한 외부 단서가 그대로 검색어로 사용될 수도 있다. 하지만 일반적으로 소비자가 입력하는 검색어는 대개의 경우 소비자의 지식구조(장기기억 체계)에 따르며, 이를 반영하듯이 국내외에서 활용되는 거의 모든 검색광고는 제품이나 브랜드와 관련된 '언어적 의미'를 중심으로 이뤄진다. 이것은 어의적 기억(semantic memory)에 해당하며, 이에 대한 이해를 높이기 위해서는 먼저 개념(concept)과 범주(category)에 대해 살펴볼 필요가 있다.

① 개념과 범주에 대한 이해

어의적 기억은 개념과 범주로 구성되어 있다. 먼저, 개념은 범주화, 기억, 추리와 판단, 언어의 사용과 이해 등을 포함한 "모든 인지 활동에 사용되는 기초적인 심적 표상(mental representation)을 의미"한다(이정모 외, 2009). 예를 들어 우리가 스마트폰에 대해 사고한다는 것은 스마트폰에 대한 심적 표상을 활성화하는 것과 같으며, 이것은 스마트폰과 관련된 정보를 모두 포함하는 것이다. 구체적으로 스마트폰이 어떻게 생겼으며, 어떻게 작동하는 것인지, 언제 어떻게 활용하는 것인지, 거기에 어떤 것들이 포함되는지 등에 관한 모든 정보가 '스마트폰의 개념'이 된다.

다음으로 범주는 동일한 유목에 함께 속한다고 생각하는 사물이나 사건의 세트를 말한다(Barsalou, 2009). 예를 들어 '조류'라는 범주에는 비둘기, 참새, 닭, 독수리 등이 포함되지만, 코끼리는 포함되지 않는다. 다만, '조류' 역시 하나의 개념이다. 구체적으로는 깃털이 있고, 알을 낳으며, 하늘을 날 수 있는 동물 등의 정보를 담고 있다. 하지만 '조류'라는 개념이 다른 개념들(혹은 하위의 개념 또는 세부적인 사례)을 하나로 묶을 수 있으므로, 범주라는 의미를 가진다. 따라서 개념과 범주는 상호교환적으로 사용되는 것이다. 굳이 구분하자면 개념은 어떤 대상에 대한 심적 표상을 말하며, 이러한 표상에는 그 대상과 특징적으로 연합된 모든 정보가 포함된다. 반면 범주는 하나의 유목에 함께 속한다고 생각하는(혹은 동일하거나 유사하다고 지각되는) 여러 사물이나 사건[즉, 본보기(exemplar)]의 집합이다(Hampton and Dubois, 1993).

② 개념 및 범주의 전형과 검색어

우리가 어떤 대상을 인식하고 그것에 대한 사고 및 판단을 한다는 것은 그 대상의 개념과 범주를 활성화한다는 것과 같다. 예를 들어 총각이라는 개념(또는 범주)은 성인(A)이고 미혼(B)이며 남자(C)일 때 처리된다. A, B, C 중에서 어떤 하나라도 충족하지 못하면 총각일 수 없으며, A, B, C 중 어떤 하나가 다른 것들보다 더 중요하게 평가되지 않는다. 하지만 사람들은 종종 다른 방식으로 범주화하기도 한다. 예를 들어 사람들은 흔히 '새'라는 범주에 '난다'라는 개념을 사용한다. 하지만 날지 못하는 펭귄이나 타조 역시 '새'라는 범주에 포함된다. 이것은 '새'라는 범주에 더 중요한 개념과 덜 중요한 개념이 있다는 증거이며, 새에 포함되는 다양한 개념 중에서도 그것에 더 전형적인 것이 있다는 것을 의미한다. 예를 들어 비둘기나 참새는 타조나 펭귄보다 새의 범주(개념)에 더 전형적이다. 이러한 관점에서 범주화를 더 잘 설명해 줄 수 있는 원형(prototype) 모델과 본보기(exemplar) 모델이 제안되었다(Rosch, 1983; Healy et al., 2013).

먼저 원형이란 그 범주에 속하는 사례들이 대표적으로 가지는 속성의 집합을 말한다. 예를 들어 '운동화'의 원형은 밑창이 푹신하며 굽이 낮은 신발이다. 하지만 어떤 대상을 사고하는 맥락에 따라 운동화의 전형성은 얼마든지 달라질 수 있다(McCloskey and Glucksberg, 1979). 예를 들어 러닝의 맥락에서 활성화되는 운동화의 원형과 패션 아이템의 맥락에서 활성화되는 운동화의 원형은 다르다. 어떤 소비자들은 러닝화를 패션 아이템으로 인식하기도 한다. 즉, 어떤 범주의 원형이 따로 정해져 있다기보다 소비자가 경험해 왔던 결과 혹은 소비자가 머릿속으로 그리는 범주에 따라 원형이 달라질 수 있음을 의미한다.

이와 관련해 본보기는 소비자가 경험했던 특별한 사례가 중심이 되어 범주를 형성하는 것을 말한다. 즉, 소비자의 장기기억에 저장된 어떤 한 정보가 이후에 접하는 정보의 판별 기준이 된다는 것을 의미한다. 예를 들어 어렸을 때 동네 길거리에서 자주 봤던 고양이(아마도, 코리안 숏헤어)가 고양이의 본보기가 된다. 다만 이러한 본보기 모형의 한계는 개인의 경험에 근거하는 것이기 때문에 모두에게 일반적으로 적용되지 못한다는 점이다(이정모 외, 2009). 예를 들어 누군가에게 운동화의 본보기는 컨버스이지만, 다른 사람에게는 나이키이거나 아디다스일 수 있다.

검색광고 측면에서, 특히 검색어와 관련해 원형과 본보기가 중요한 이유는 그것이 소비자가 떠올리는 첫 번째 검색어가 될 가능성이 높기 때문이며, 이것을 중심으로 검색된 개별 정보들이 목적한 범주에 해당하는지를 판별하기 때문이다. 구체적으로 소비자가 '운동화'라는 검색어를 입력한 경우, 운동화 범주의 원형에 가까운 검색 결과가 더 적합한 것으로 판단될 가능성이 높다. 예를 들어 '나이키 플라이니트'도 분명히 운동화 범주에 속하는 것이지만, 덜 전형적이어서 소비자가 원하는(혹은 찾는) 정보와 관련성이 낮을 수 있다. 하지만 만약 소비자가 '러닝화'라는 검색어를 입력했다면, '나이키 플라이니트'는 원형에 가까워지며, 소비자가 찾던 정보일 가능성이 높아진다. 유사하게 '원피스'의 예를 들어보자. 이것은 일반적으로, 윗옷과 아래옷이 붙어서 하나로 되어 있는 여성 의류의 한 종류(즉, 범주)를 의미하며, 기장이 긴 것이 더 원형에 가깝다. 하지만 원피스 중에는 민소매인 것도 있고 셔츠 형태인 것도 있으며, 소재에 따라서도 천차만별이다. 또한 어떤 원피스는 집에서 편하게 입는 것이지만 다른 원피스는 결혼식 하객 복장으로 적합한 것이기도 하다. 그리고 어떤 것은 여름휴가 해변에서 입기 좋은 것이거나 수영복을 의미하기도 한다. 심지어 어떤 사람에게 원피스는 만화(혹은 애니메이션)의 제목일 수도 있다. 그렇다면, 원피스의 원형에 가까운 것은 무엇일까? 아마도 모든 원피스의 공통적인 속성(즉, 전형성)을 잘 대변하는 것이거나, 소비자가 이전부터 많이 경험해 왔던 본보기(즉, 특정 스타일)일 것이다.

여기서 중요한 것은 소비자가 입력하는 검색어의 개념 및 범주의 원형이나 본보기에 가까운 결과를 제시하는 것이 검색광고 효과를 높인다는 점이다. 더 나아가 일반적인 수준에서 사용하는 범주(예: 운동화나 원피스)는 거의 모든 사례를 포괄할 수 있는 것이지만, 소비자가 찾는 구체적인 어떤 것을 정확히 의미하지 않을 수 있다. 만약 자신이 광고하려는 제품이 운동화나 원피스의 원형(혹은 본보기)에 가까운 것이라면, 일반적인 수준의 범주(즉, 검색어)를 사용하는 것도 나쁘지 않다. 비록 경쟁이 치열하고 광고 비용이 높아질 수 있을지라도, 전형성이 떨어지는 다른 대안과 대비되어 소비자의 주의를 끌고 선택을 유도할 수 있을 것이다. 하지만 만약 자신이 광고하려는 제품이 범주의 원형과 거리가 있거나, 다른 대안과의 치열한 경쟁을 피하고 싶다면 어떻게 해야 할까? 앞서 든 예처럼 '러닝화'와 같은 구체적인 수준의 개념(즉, 하위범주)을 사용하거나, 맥락적인 검색어를 함께 활용해야 할 것이다.

검색광고의 측면에서, 맥락적인 검색어는 중요한 의미가 있다. 예를 들어 운동화라는 검색어 앞에 '초경량'이나 '기능성'이 붙을 경우, '나이키 플라이니트'의 적합성이 매우 높아질 것이다. 또한 원피스라는 검색어 앞에 '하객'이 붙는 경우, 집에서 트레이닝복처럼 편하게 입는 원피스의 적합성은 크게 떨어질 수밖에 없다. 따라서 제품 범주를 의미하는 검색어와 함께 사용되는 맥락적인 검색어는 검색광고의 효과를 높이는 데 필수적인 요소이다.

다른 한편으로 소비자가 입력한 첫 번째 검색어가 '컨버스(혹은 캔버스)'인 경우도 고려해 봐야 한다. 이것은 운동화에 대한 본보기가 검색어로 입력된 것일 수 있고, 그 브랜드에 대한 충성도가 높은 고객임을 의미하는 것일 수도 있다. 하지만 둘 중 어떤 경우일지라도, '컨버스'의 전형적인 이미지나 내용을 제시하는 것이 소비자에게 더 적합하다고 판단될 것이며, 결과적으로 검색광고의 효과도 높아질 것이다. 단, 검색 결과로 제시되는 것이 언제나 '컨버스' 브랜드의 제품이어야 한다는 것은 아니다. 그것의 원형과 본보기에 적합한 다른 브랜드의 제품 역시 그 검색어의 효과를 볼 수 있다. 특히, 브랜드 인지도가 낮은 경우(혹은 소비자가 제품 효과를 몰라서 좀처럼 검색하지 못하는 경우), 범주의 전형성을 갖추고 있다면 충분한 경쟁 대안으로서 제안할 수 있다. 예를 들어 소비자 대부분이 나이키나 아디다스 축구화를 검색하는 상황에서, 퓨마 축구화가 취할 수 있는 전략은 '나이키 축구화' 검색어를 사용하는 것이다. 물론 나이키가 아니어서 검색 적합성이 떨어질 수 있으며, 나이키에 충성도가 높은 고객들에게 외면받을 수 있다. 하지만 만약 퓨마 축구화가 '축구화'로서의 전형성을 높다면, '축구화'의 본보기로 나이키를 사용한 소비자들에게 얼마든지 경쟁력 있는 대안으로 제시될 수 있다.

(3) 활성화 확산 모형과 도식적 표상

어떤 경우에는 소비자가 입력한 최초 검색어만으로 구매결정이 이뤄지기도 하지만, 더 많은 경우의 소비자들은 연속적인 혹은 지속적인 검색 과정을 거친다. 최초 검색어와 그 뒤를 이어 입력되는 검색어의 관계 혹은 그 과정을 이해하기 위해서는 장기기억(어의적 기억)의 활성화 확산(spreading activation) 모형과 인지도식(schema)을 먼저 살펴볼 필요가 있다.

① 활성화 확산 모형

소비자의 검색어와 관련해 많은 연구자들이 포괄적인 수준의 검색에서부터 구체적인 대상에 대한 비교를 거쳐 최종적인 어떤 한 대안을 선택하는 일련의 과정을 가정한다(Jansen and Schuster, 2011). 즉, 소비자의 머릿속에 개념과 범주가 위계적으로 조직되어 있고, 이러한 위계적 경로에 따라 검색이 진행되는 것처럼 간주하는 것이다. 이는 위계적 망(hierarchical network) 모형으로 설명된다. 이 모형의 기본적인 구조는 어떤 한 개념을 담고 있는 마디(node)와 이러한 마디들을 연결하는 고리(link)로 되어 있다. 단, 각 개념은 상위의 포괄적인 개념에서부터 하위의 세부적인 사례가 위계적으로 연결되어 있다고 가정한다. 또한 상위의 포괄적인 개념에 포함되는 속성은 하위 사례에 연결되어 있지 않다고 가정한다. 즉, 상위의 개념이 그 범주의 공통 속성이 있고, 하위 개념이 세부 사항 혹은 특이 사항이 있다는 것이다. 구체적으로 〈그림

그림 6-2 **위계적 망 모형과 활성화 확산 모형의 비교**

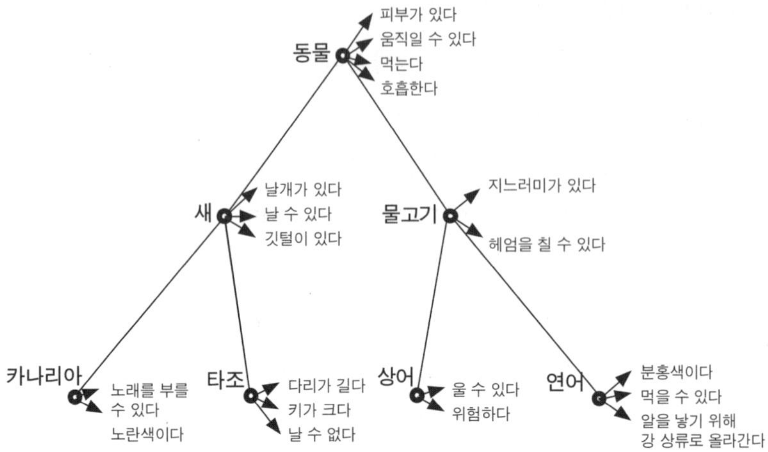

〈위계적 망 모형〉

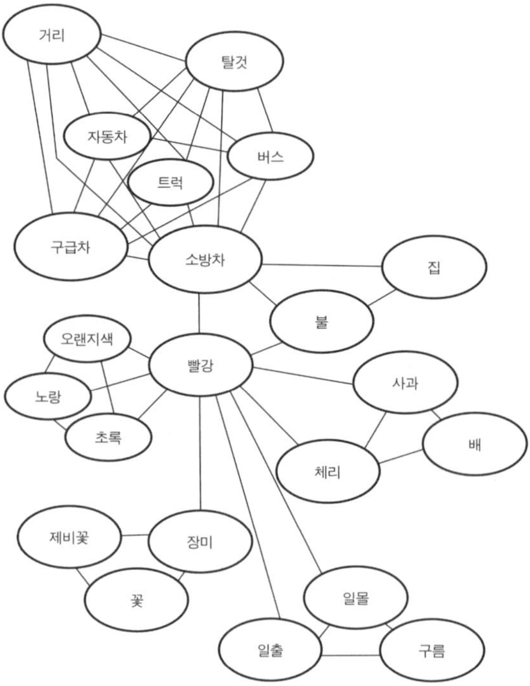

〈활성화 확산 모형〉

6-2〉에서 '물고기'에 '지느러미가 있고, 헤엄을 친다'가 연결되므로, '상어'에는 그러한 속성을 중복해 연결될 필요가 없다는 것이다.

이 모형에서 소비자의 사고가 작동하는 과정을 설명하자면 다음과 같다. 첫째, 카나리아를 떠올리면, 그것과 연결된 세부적인 사항이 쉽게 연상된다. 둘째, 카나리아에서 새는 바로 연결되지만, 동물은 '새'라는 개념이 활성화된 이후 연상된다(즉, 새라는 중간 개념을 거쳐 올라가는 것이다). 동물에서 카나리아로 내려올 때도 마찬가지다. 여기까지도 그럴듯해 보인다. 하지만 카나리아에서 타조가 연상될 때도 '새'라는 중간 개념을 거쳤다가 내려가야 한다. 과연 그럴까? 예를 들어 '상어'를 떠올렸을 때, 그 무시무시한 지느러미를 연상하려면, '물고기'라는 개념으로 올라갔다 내려와야 한다. 혹시 '상어'를 떠올렸을 때, '뚜루루뚜루'가 떠오르는 사람은 없는가? 또한 '개는 동물이다'와 '개는 포유동물이다' 중에 어떤 것이 더 쉽게 연상되는가? 아마도 동물이다(심지어 가족이다)가 더 쉽게 연상될 것이다. 위계적 망 모형에 따르면 '동물' 개념 하위에 '포유동물'이 있기 때문에, '개는 포유동물이다'가 더 쉬워야 하는 데 말이다.

이러한 문제에 대한 대안으로, 활성화 확산 모형이 제안되었다. 활성화 확산 모형 역시 어의적 연상 망(semantical associative network) 모형에 해당한다. 하나의 어떤 개념을 담고 있는 마디와 그것들 간의 고리로 구성되어 있다. 다만 개념이 위계적으로 조직화된 것이 아니라, 의미적 관련성 혹은 상황적·맥락적 관계성에 기초해 조직화된다. 이것은 소비자가 직간접적인 경험을 통해 학습한 결과를 반영하는 것이며, 우리 몸속 신경계의 연결 체계를 반영하는 것이기도 하다(Collins and Loftus, 1975). 〈그림 6-2〉에서 '빨강'이 연상되면 '불', '소방차', '장미', '사과' 등으로 활성화가 확산된다. 그중에서도 거리가 가장 가까운 '불'이 가장 빠르고 쉽게 연상되며, 가장 멀리 떨어져 있는 '해돋이'는 쉽게 연상되지 않는다. 즉, 개념을 연결하는 고리의 길이 연상의 강도와 속도를 나타내는 것이다. 더 나아가 '빨강'과 '구급차'는 직접적인 연결이 없으므로, '소방차' 개념을 거치고 난 뒤에 연상된다. 이러한 관계는 실생활에서 개념들의 관계성이 얼마나 밀접하게 인식되는지 혹은 두 개념이 얼마나 자주 연관 지어 활성화되는지에 따라 결정된다. 덧붙여 이러한 가정을 지지하는 생물학적 증거도 최근 들어 발표되고 있다(Yang et al., 2016).

검색광고의 측면에서, 활성화 확산 모형의 중요한 시사점은 다음과 같다. 먼저 소비자는 '검색어'를 개념적 위계(포괄적↔구체적)에 따라 입력하는 것이 아니라, 의미적 관련성에 따라 혹은 맥락적 관계성에 따라 확산시켜 나갈 가능성이 높다. 따라서 어떤 한 개념을 중심으로 소비자들이 연상하는 망 구조를 파악할 수 있다면, 소비자의 검색 과정을 더 정확하게 예측할 수 있을 것이다. 이때 소비자의 욕구(즉, 제품을 구매하려는 목적)나 소비자가 생각하는 제품의 용도나 사용 맥락 등을 고려할 수 있다면, 검색광고의 효과를 높일 수 있다. 예를 들어 '가성비'라는 검색어는 소비자의 욕구를 반영하는 것으로서, 다양한 제품군에서 사용될 수 있다. '가성비 선풍기', '가성비 조명', '가성비 스피커' 등이 그 예다. 하지만 '분위기 있는'이라는 검색어는 어떨까? 이 또한 소비자의 욕구를 반영하는 것이다. 그럼에도 제품군에 따라 검색어의 효과는 달라질 수 있다. 예를 들어 '분위기 있는' 조명은 매우 적합한 조합이지만, '분위기 있는' 선풍기나 스피커는 그렇지 않다. 덧붙여, '최신'이라는 검색어 역시 마찬가지다. '최신 스피커'는 적합성이 높지만, 최신 선풍기나 최신 조명은 그렇지 않다. 따라서 검색어 조합의 효과성은 제품과의 의미적·맥락적 관련성에 달려 있다.

더 나아가 활성화 확산 모형은 의미점화(semantic priming) 효과를 설명해 준다. 즉, 어떤 한 개념이 활성화되면, 그것과 직접 연결된 다른 개념들로 활성화가 확산되며, 이러한 관계에 대한 의미 처리가 신속하게 이뤄진다(McNamara, 2005). 따라서 어떤 한 개념은 특정한 반응을 불러일으키는 촉발 단서와 같다. 만약 '멋있다', '좋다' 혹은 '싸다' 등을 불러일으키는 촉발 단서를 찾을 수 있다면, 검색광고의 효과를 극대화할 수 있을 것이다. 앞서 든 예를 다시 사용하자면 가성비는 좋다와 싸다를 동시에 의미하는 것이며, '빈티지'

나 '모던' 등은 멋있다와 좋다를 의미할 수 있다. 덧붙여 의미적 관계망에서 어떤 한 개념이 중심적인 역할을 한다는 것을 간과하지 말아야 한다. 〈그림 6-2〉에서는 '빨강'이다. 빨강에서부터 모든 개념이 활성화되어 나간다. 그렇다면 운동화에 관련된 의미적 관계망에서는 어떤 개념이 중심일까? 바로 이 검색어가 열쇠일 것이다. 이를 정확하게 파악하려면 소비자의 연상 망에 주목해야 한다. 소비자가 연이어 입력하는 검색어 패턴(A에서 시작해서 어떤 검색어를 추가하고 빼는지 등)을 분석하거나, 많은 소비자들이 특정 제품 A와 함께 사용하는 검색어 조합 목록을 살펴보는 것이 출발점일 것이다.

② 인지도식의 특징과 기능

인지도식(schema)은 어떤 대상(사람, 사건, 상황 등)을 표상하는 지식의 총체(혹은 덩어리)를 의미하며, 이러한 지식이 단순히 모여 있는 것이 아니라 그 대상을 중심으로 통합적으로 조직화되어 있음을 가정한다(Baddeley et al., 2009). 간단하게 정의하자면, 도식은 어떤 대상에 대한 일반화된 지식이다. 이것은 소비자가 당면한 어떤 상황을 이해하고 그것에 대한 인지적 반응을 이끌어내는 원천으로 사용된다. 예를 들어 병원에서 하얀 가운을 입은 남자가 목에 청진기를 걸고 있을 때, 우리는 그 사람을 '의사'라고 인식한다. 왜냐하면 '의사'라는 도식에 부합되는 정보들이 제시되었기 때문이다.

구체적으로, 도식은 마치 컴퓨터의 폴더(folder)와 같다. 우리가 폴더에 이름을 붙이고 그것과 관련된 다양한 자료들을 한데 모아두는 것처럼, 도식도 그와 유사하다. 예를 들어 '영화'라는 폴더 안에 '액션', '로코', '공포' 등의 또 다른 폴더를 만들 수 있는 것처럼, 어떤 한 도식은 다른 도식을 포함할 수 있다. 또한 '액션 영화' 폴더에 전쟁영화, SF 영화, 갱스터물, 심지어 애니메이션도 들어갈 수 있는 것처럼, 어떤 한 도식은 세부적인 사항에서 차별적인 정보라도 일반적인(혹은 전형적인) 수준에서 받아들인다. 더 나아가 도식은 관계나 맥락에 대한 정보도 종합적으로 정리해 둘 수 있다. 예를 들어 아이, 현금, 가족 앨범 등은 '집에 불이 났을 때 챙겨야 하는 것' 폴더에 들어갈 수 있다. 여기서 중요한 것은 도식에 저장된 관계나 맥락 정보에 의해 소비자들이 추론을 만들어낸다는 것이다(Sternberg and Sternberg, 2016). 예를 들어 한 친구가 '풀 메이크업', '평소와 다른 옷차림과 헤어', '상기된 표정', '성의 없는 대답', '시간을 자주 확인하는 모습' 등을 보일 때, 우리는 오늘 그 친구에게 중요한 데이트가 있다는 것을 아주 쉽게 추론해 낼 수 있다.

이처럼 도식은 세상에 대한 우리의 판단과 해석의 근거로 활용된다. 구체적으로 도식은 다음과 같은 기능을 한다. 첫째, 도식은 기억용이성을 높인다. 일반적으로 우리는 도식과 일치하는 정보(예: 국문과 교수로 시와 소설을 좋아한다)에 쉽게 주의를 기울인다. 따라서 도식-일치 정보 간의 관계성을 더 쉽게, 그리고 더 자주 접하기 때문에, 도식과 일치되는 정보는 시간이 갈수록 기억 속에 강화된다. 둘째, 도식은 정보처리의 유용성을 높인다. 도식에 부합되는 정보는 매우 빠르고 신속히 처리되므로, 따라서 어떤 대상에 대한 도식이 잘 형성되어 있을수록 판단이 쉬워진다. 예를 들어 와인 전문가는 좋은 와인을 아주 쉽게 선별할 수 있다. 셋째, 도식은 불충분한 정보를 보충해 주는 기능을 한다. 예를 들어 여행 중에 그 지역 별미를 먹으려고 식당을 찾았다. 여러 개의 식당이 한곳에 모여 있는데 메뉴가 모두 같다. 그중에서 유독 A 식당만 사람들이 길게 줄을 서 기다린다. 그렇다면 어디가 맛집일까? 바로 이 과정에서 도식이 작동해 불충분한 정보를 채워줌으로써 확신에 찬 판단을 내리게 한다.

그럼에도 도식에 의존한 판단과 해석이 언제나 정확한 것은 아니다. 도식은 그것에 부합되는 정보에만 초점을 맞추므로, 불일치되는 정보를 누락시키는 일종의 여과장치(filter) 역할을 한다. 또한, 도식은 어떤 대상의 세부적인 사항을 지나치게 일반화하는 결과를 가져올 수 있다. 정리하자면 도식은 알고 있는 대로 세상을 해석하게 하며, 의미 있는 세부 사항을 생략한 채 대략적인 판단을 하도록 만든다. 앞서 든 예에서, 평소와는 사뭇 다른 친구의 모습이 데이트 때문이 아니라 중요한 면접 때문일 수도 있고, 그 친구의 성별이 남성일 수도 있다. 일반적으로 '풀 메이크업'은 여성만 한다고 간주하기 쉽지만, 남성이라고 풀 메이크업을 못하는 것은 아니다.

이와 같은 도식의 특징과 기능은 '소비자가 어떤 검색어를 어떻게 입력하는지'보다 검색된 결과를 보는 소비자가 어떤 판단을 어떻게 내리는지를 더 잘 설명해 줄 수 있다. 이에 관한 내용과 시사점은 이어지는 절에서 구체적으로 다루려고 한다.

2 | 언제 어떤 검색 결과가 효과적인가?

이 절에서는 소비자가 어떤 검색어를 입력했을 때 그 결과로 어떤 정보를 어떻게 제시하는 것이 효과적인지에 대해 살펴보려고 한다. 이를 위해 먼저, 검색 결과에 대한 소비자의 정보처리 과정을 전반적으로 다루려고 한다.

1) 검색 결과에 대한 소비자의 지각

소비자에게 노출되는 모든 자극(정보)이 동등하게 처리되지 않는다. 어떤 자극(정보)이 다른 자극(정보)보다 더 잘 주의를 끌고, 더 쉽고 빠르게 처리된다(Greenwald and Leavitt, 1984). 바로 이러한 현상을 선택적 지각(selective perception)이라고 한다. 앞서 도식의 기능에서 살펴본 바와 같이, 소비자는 자신의 지식구조에 부합되는 정보에 더 쉽고 빠르게 주의를 기울이지만, 그렇지 않은 정보는 종종 누락시킬 뿐만 아니라 때때로 적극적으로 회피하거나 부정하는 경향을 보이기도 한다(Severin and Tankard, 2001). 여기서 중요한 것은 이러한 소비자의 반응이 심사숙고 과정(혹은 의식적인 통제 과정)이 아니라 자동적인 처리과정에 의한 것이라는 점이다. 즉, 뭔가를 판단한다는 느낌이 아니라, 그냥 그렇게 보이는 것에 가깝다. 이에 관한 구체적인 개념으로서 지각적 경계와 방어, 지각적 추론을 들 수 있다.

먼저 지각적 경계(perceptual vigilance)란 소비자가 자신의 지식구조에 부합되거나 활성화된 욕구에 적합한 정보에 더 쉽게 초점을 맞추고 그것을 더 잘 수용하는 현상을 말한다. 즉, 수많은 정보 중에서 자신에게 필요하다고 여기는 정보만 선택적으로 지각하고, 그렇지 않은 정보는 거른다는 것을 의미한다. 이와 대조적으로 지각적 방어(perceptual defense)란 소비자가 자신의 신념, 태도 및 욕구에 일치되도록 어떤 정보를 왜곡시키는 현상을 말한다. 즉, 자기가 보고 싶은 대로만 보는 것과 같다. 이와 같은 현상이 발생하는 근본적인 원인은 소비자가 인지적 일관성을 유지하고 싶어 하기 때문이다.

다음으로 '지각적 추론(perceptual inference)'이란 제시된 정보를 객관적으로 분석하거나 합리적으로 평가하는 것이 아니라 기존의 지식구조에 의존해 해석하는 것을 말한다(김재휘 외, 2009). 즉, 도식에 근거한 판단과 해석이 이에 해당하며, 이때 도식은 어떤 대상을 해석하는 지각적 틀로 기능한다. 구체적으로, 지각적 추론에는 평가에 의한 추론, 유사성에 의한 추론, 상관관계에 의한 추론이 포함되어 있다. 먼저, 평가에 의한 추론은 소비자가 자신의 과거 경험에 근거해 그것과 일관된 판단을 내리는 것을 말한다. 예를 들어 아이폰에 만족한 소비자가 아직 사용해 보지 않은 아이패드나 애플워치도 좋을 것이라고 추론하는 것이 이에 해당한다. 다음으로 유사성에 의한 추론은 처음 접하거나 잘 모르는 대상을 판단할 때, 자신이 알고 있던 것 중에서 그것(새로운 것)과 유사하다고 인식되는 것에 기초해 해석하는 것을 말한다. 예를 들어 어떤 아이돌을 처음 봤을 때 우리는 곧바로 이전에 알고 있던 아이돌 중에 유사한 대상을 찾아내며, 그것에 준해 판단한다. 마지막으로 상관관계에 의한 추론은 어떤 대상이나 특성 간의 상관관계에 의존한 판단을 말한다. 대표적인 예로'품질이 좋으면 가격이 비싸다', '작은 차는 연비가 좋다', '빨간 국물은 맵다' 등을 들 수 있다.

2) 제한된 합리성과 휴리스틱

주어진 자극을 단순히 지각하는 수준을 넘어 어떤 대상에 대한 소비자의 판단 과정에 대해서도 살펴볼 필요가 있다. 이와 관련해 가장 중요한 개념이 제한된 합리성(bounded rationality)[10]이다. 구체적으로 합리적 의사결정의 관점에서 볼 때, 소비자들은 정확한 판단을 내리기 위해 가용한 모든 자원을 충분히 활용하는 존재이다. 즉, 검색된 결과 하나하나를 꼼꼼하게 살펴보고, 그중에서 가장 나은 대안을 정확하게 골라내려고 한다는 것이다. 하지만 우리의 인지적 능력도 충분하지 않고, 우리를 둘러싼 의사결정 환경도 그와 같은 합리적 결정(혹은 객관적 평가)을 하도록 내버려 두지도 않는다. 따라서 소비자들은 가장 좋은 것을 정확히 골라내는 것이 아니라 주어진 환경에서 최선이라고 여겨지는 것을 선택한다(Payne, Bettman and Johnson, 1993).

제한된 합리성의 관점에서, 소비자의 기본적인 사고 과정(시스템 1)은 자동적이고 직관적이다. 이러한 사고 과정은 최소한의 인지적 용량을 사용할 뿐만 아니라, 인지적 노력도 거의 들이지 않는 것이다. 예를 들어, 'Se□ul'에서 비어 있는 알파벳을 바로 떠올리는 것과 같다. 하지만 때때로 중요한 문제(혹은 어려운 과제)에 직면했을 때, 우리는 더 많은 인지적 자원과 노력을 들여야만 하는 통제적 사고(시스템 2)를 한다. 예를 들어 중요한 시험문제를 풀어야 할 때 혹은 값비싼 물건을 구매할 때 발생하는 사고가 여기에 해당한다. 하지만 이와 같은 진지하고 신중한 사고 과정은 그리 오래 유지되지 못한다. 인지적 자원의 소모가 심하고, 환경 요인의 변화에 민감하기 때문이다(윤선길, 2015). 따라서 소비자가 일상적으로 내리는 판단의 대부분은 시스템 1에 의존하는

---

10 일상생활에서 접하는 복잡한 정보를 수집하고 그것을 분석하는 우리의 인지적 능력은 한계가 있다. 따라서 소비자들이 실제로 내리는 판단은 더 적은 능력을 요구하는 단순한 의사결정 규칙과 절차에 따라 이뤄진다.

것이라고 볼 수 있다.

정리하자면 소비자들은 의사결정 상황에서 주어진 모든 정보에 주의를 기울이거나 처리하지 않으며, 그중 (때때로 매우 제한적인) 일부만을 고려한다. 현실적으로 어떤 대상과 관련된 모든 정보가 한 번에 다 주어지는 경우는 거의 없지만, 그보다 중요한 것은 언제나 소비자가 처리할 수 있는 양보다 더 많은 정보가 제시된다는 것이다(Jansson-Boyd, 2010). 검색 결과를 살펴보는 소비자도 마찬가지다. 더 나아가 일반적으로, 그렇게 많은 정보를 처리하는 데 필요한 시간이 충분히 주어지지도 않는다. 소비자들은 언제나 시간에 쫓기며, 시시각각 변화하는 환경에 빠르게 적응해야 한다. 이러한 상황에서 소비자들은 휴리스틱(heuristics)을 활용한다. 여기서 휴리스틱은 직관적이고 자동적인 사고 과정이다(Kahneman et al, 1982). 즉, 인지적 자원과 노력이 거의 들지 않으며, 처리 속도가 매우 빠르다. 이러한 관점에서 휴리스틱을 '간편 추론 규칙', '인지적 지름길' 혹은 '어림법'이라고 번역하기도 한다.

일반적으로 소비자가 어떤 검색어를 입력했을 때 제시되는 결과는 복잡하며 경쟁적이다. 하지만 불행히도 소비자들의 인지적 능력은 충분하지 못하다. 따라서 소비자들은 선택과 집중 전략을 사용할 수밖에 없으며, 자신이 이전에 경험했던 혹은 기억하고 있는 지식구조에 의존한 판단을 내릴 가능성이 높다. 이는 어떤 대상을 봤을 때 곧바로 이뤄지는 지각 수준에서부터 그 대상에 대한 평가와 판단이 내려지는 고차적인 인지 수준에 이르기까지 일관적이다. 때때로 소비자가 충분한 인지적 자원을 최대로 활용하는 체계적이고 합리적인 판단이 발생할 수도 있지만, 대개의 경우, 직관적이고 자동적인 사고 과정을 통해 어떤 정보를 선별할 가능성이 높다. 따라서 검색광고의 효과를 높이기 위해서는 소비자의 지식구조에 기초해 소비자가 쉽고 빠르고 편하게 판단할 수 있는 정보(혹은 자극이나 단서)를 제공하는 것이 바람직하다.

3) 맥락효과에 대한 이해

마지막으로 검색 결과가 제시되는 맥락 역시 고려해 볼 필요가 있다. 소비자가 검색엔진에 어떤 검색어를 입력했을 때, 바로 그 검색어를 기준으로 정보가 제시되므로, 제시되는 결과는 대부분 유사한 내용을 포함하고 있다. 때로는 몇 가지 정보만 제시되고 그 내용조차 서로 다를 수 있지만, 일반적인 검색광고 장면에서는 매우 많은 정보가 한 번에 제시될 뿐만 아니라, 그것의 세부적인 내용조차 비슷할 때가 많다. 이러한 상황에서 소비자들은 여러 항목을 비교·평가하는 과정을 거치며, 여기에는 다양한 요인이 영향을 미칠 수 있다.

먼저 정보의 노출 순서나 위치가 영향을 미칠 수 있다. 맨 처음에 제시되는 정보가 전체적인 검색 결과의 준거점(즉, 비교·평가 기준)이 될 가능성이 높다. 가장 높은 위치에 가장 먼저 제시되는 것이 소비자의 주의를 끌고, 클릭을 유도할 가능성이 가장 높지만, 그렇다고 해서 소비자가 언제나 그 대안을 선택하는 것은 아니다. 다음으로 함께 제시되는 여러 대안 사이에서 지각적 대조 효과가 발생한다. 비슷한 문구와 유사한 정보가 제시되는 상황에서 차별적인 정보는 주의를 끈다. 하지만 차별성을 지나치게 강조할 경우, 검색어의 맥락에 부적합한 것으로 인식될 수도 있다. 효과적인 차별성은 소비자의 지식구조(인지도식이나 연상 네트워크)에 포함되어 있지만, 다른 경쟁 업체들이 사용하지 않은 것에 가깝다. 또한 평가용이성의 개념에도 주목해 볼 필요가 있다. 예를 들어 서로 다른 대안을 비교·평가하는 과정에서 양적인 속성은 평가용이성이 높다. 하지만 질적인 속성은 비교·평가하기 쉽지 않다. 따라서 양적 속성에서 우위에 있다면, 다른 대안과 비교·평가될 수 있도록 제시하는 것이 바람직하고, 이와 같은 경쟁을 피하려고 할 때는 전혀 다른 차원의 속성을 제시하거나 질적인 속성을 강조하는 것이 바람직하다.

참고문헌

김재휘·박은아·손영화·우석봉·유승엽·이병관. 2009.『광고심리학』. 커뮤니케이션북스.

김하빈·추호정·이하경. 2014.「소셜커머스 상황에서 타인의 존재가 구매의도에 미치는 영향」. ≪소비자학연구≫, 25(5), 167~188쪽.

윤선길. 2015.『휴리스틱과 설득』. 커뮤니케이션북스.

이정모·강은주·김민식·감기택·김정오·박태진·김성일·이광오·김영진·이재호·신현정·도경수·이영애·박주용·조은경·곽호완·박창호·이재식·이건효. 2009.『인지심리학』. 학지사.

Atkinson, R. C. and R. M. Shiffrin. 1968. "Human Memory: A Proposed System and Its Control Processes." *In Psychology of Learning and Motivation*, 2, pp.89~195. Academic Press.

________. 1971. "The Control of Short-Term Memory." *Scientific American*, 225(2), pp.82~91.

Baddeley, A. D., G. J. Hitch and R. J. Allen. 2009. "Working Memory and Binding in Sentence Recall." *Journal of Memory and Language*, 61(3), pp.438~456.

Barsalou, L. W. 2009. "Simulation, Situated Conceptualization, and Prediction." *Philosophical Transactions of the Royal Society B: Biological Sciences*, 364(1521), pp.1281~1289.

Collins, A. M. and M. R. Quillian. 1969. "Retrieval Time from Semantic Memory." *Journal of Verbal Learning and Verbal Behavior*, 8(2), pp.240~247.

________. 1972. Experiments on semantic memory and language comprehension. In L. W. Gregg, *Cognition in learning and memory*. Oxford, England: John Wiley & Sons.

Collins, A. M. and E. F. Loftus. 1975. "A Spreading-Activation Theory of Semantic Processing." *Psychological Review*, 82(6), p.407.

Cowan, N. 2001. "The Magical Number 4 in Short-Term Memory: A Reconsideration of Mental Storage Capacity." *Behavioral and Brain Sciences*, 24(1), pp.87~114.

Engel, J. F., R. D. Blackwell and D. T. Kollat. 1995. "Life Styles and Consumption Behavior." *Journal of Comsumer Research*, 6(4).

Greenwald, A. G. and C. Leavitt. 1984. "Audience Involvement in Advertising: Four Levels." *Journal of Consumer Research*, 11(1), pp.581~592.

Hampton, J. and D. Dubois. 1993. "Psychological Models of Concepts: Introduction." *Categories and Concepts*, pp.11~33.

Healy, A. F., S. M. Kosslyn and R. M. Shiffrin. 2013. *From Learning Theory to Connectionist Theory: Essays in Honor of William K. Estes, Volume I; From Learning Processes to Cognitive Processes, Volume II. Psychology Press*, pp.149~167.

Jansen, B. J. and S. Schuster. 2011. "Bidding on the Buying Funnel for Sponsored Search and Keyword Advertising." *Journal of Electronic Commerce Research*, 12(1), p.1.

Jansson-Boyd, C. V. 2010. *Consumer psychology*. New York, NY: Open University Press.

Kahneman, D., S. P. Slovic, P. Slovic and A. Tversky(eds.). 1982. *Judgment under Uncertainty: Heuristics and Berses*. Cambridge university press.

McCloskey, M. and S. Glucksberg. 1979. "Decision Processes in Verifying Category Membership Statements: Implications for Models of Semantic Memory." *Cognitive Psychology*, 11(1), pp.1~37.

McNamara, T. P. 2005. *Semantic Priming: Perspectives from Memory and Word Recognition*. Psychology Press.

Miller, G. A. 1956. "The Magical Number Seven, Plus or Minus Two: Some Limits on Our Capacity for Processing Information." *Psychological Review*, 63(2), p.81.

Moe, W. W. 2003. "Buying, Searching, or Browsing: Differentiating Between Online Shoppers Using In-Store Navigational Clickstream." *Journal of Consumer Psychology*, 13(1-2), pp.29~39.

Paivio, A. 1978. "Mental Comparisons Involving Abstract Attributes." *Memory & Cognition*, 6(3), pp.199~208.

Payne, J. W., J. R. Bettman and E. J. Johnson. 1993. *The Adaptive Decision Maker*. Cambridge University Press.

Prakash, A. 2017. "Bettman Information Processing Model." *Deliberative Research*, 34(1), pp.1~4.

Rosch, E. 1983. "Prototype Classification and Logical Classification: The Two Systems." *New Trends in Conceptual Representation: Challenges to Piaget's Theory*, pp.73~86.

Schwarz, N. 2007. Attitude construction: Evaluation in context. *Social cognition*, 25(5), pp.638~656.

Severin, W. J. and J. W. Tankard. 2001. *Communication Theories*. translated by Alireza Dehghan. Publications: Tehran.

Sternberg, R. J. and K. Sternberg. 2016. *The Psychologist's Companion: A Guide to Professional Success for Students, Teachers, and Researchers*. Cambridge University Press.

Yang, Y., U. Lueken, A. Wittmann, K. Holtz, N. I. Kleint, M. J. Herrmann and B. Pfleiderer. 2016. "Neural Correlates of Individual Differences in Anxiety Sensitivity: An fMRI Study Using Semantic Prty ng." *Social Cognitive and Affective Neuroscience*, 11(8), pp.1245~1254.

Zhang, Z. and Y. Hou. 2017. "The Effect of Perceived Risk on Information Search for Innovative Products and Services: The Moderating Role of Innate Consumer Innovativeness." *Journal of Consumer Marketing*, 34(3), pp.241~254.

7장
검색광고 효과 측정

검색광고는 현재 국내외 디지털 광고 시장에서 가장 큰 비중을 차지하며 디지털 광고의 성장을 견인하고 있다. 소비자의 정보 획득 욕구에 적극적으로 대응하는 검색광고는 기존의 전통매체 광고에서 찾아볼 수 없는 독특한 장점을 지닌 광고로서 비용의 산정, 광고의 노출, 효과의 측정과 분석에서 차별성이 있다. 검색광고의 효과 측정이 비용과 매우 밀접한 관련성이 있기 때문에 디지털 광고의 다양한 비용 산정 방식과 과금 체계에 먼저 살펴보고, 광고 비용에 대한 이해를 바탕으로 입찰가와 순위에 따른 CPC 산정과 노출 순위에 대해서도 살펴본다. 광고 비용에 대한 산정을 바탕으로 검색광고 집행 후 분석해야 하는 기본지표, 전환지표, 수익지표의 항목과 특성에 대해 논의하고 기본지표, 전환지표, 수익지표 기준으로 비용 효율성을 높이기 위한 검색광고의 전략적 운영에 대해 자세히 살펴본다.

1 | 디지털 광고의 비용 체계에 대한 이해

검색광고 효과 측정의 중요성을 고찰하기 위해 디지털 광고 상품과 비용 체계에 대한 이해가 수반되어야 한다. 광고 효과의 분석에서 비용 대비 결과의 산정과 효율성 측정이 매우 중요한 비중을 차지하기 때문에 광고비 산정 방식에 대한 이해는 검색광고 효과 측정의 시작점이 될 수 있다. 디지털 광고 산업에서 광고 비용은 보편적으로 노출 기준과 성과 기준으로 산정되고 있다.

1) 노출 기준 광고비 산정

노출 기준 광고 상품은 특정 시간 독점 방식과 일정 기간 노출량 보장으로 다시 세분화할 수 있다. 특정 시간 독점 방식 (또는 고정형) 광고 상품은 텍스트, 이미지, 동영상 등 웹사이트 또는 모바일 앱의 특정 위치에 특정한 시간 동안 독점적으로 노출되는 상품이다. 광고 비용은 사전 협의되거나 정해진 단가로 결정된다. 네이버의 타임보드와 유튜브의 마스트헤드가 특정 시간 독점 방식으로 운영되는 디지털 광고 상품의 대표적인 사례이다. 네이버의 타임보드는 한 시간 단위(모바일은 세 시간 단위) 독점으로 네이버 초기 화면 상단 영역에 게재되는 광고 상품이며, 유튜브의 마스트헤드는 일일 독점으로 운영되는 상품이다. 고정 기준 광고비는 시간 독점일 경우 CPT(cost per time), 일 독점일 경우 CPD(cost per day)로 산정된다. 고정 방문자가 많은 웹사이트 또는 사용자가 많은 모바일 앱과 웹에 게재되는 고정 기준 독점 광고 상품은 단시간에 광고 도달률이 높기 때문에 브랜드 인지도를 빠르게 상승시키는 장점이 있다. 특정 시간 독점형 광고 상품은 매체사와 광고주가 관리하기 용이하고 광고비 산정이 단순하다는 장점이 있다. 고정 기준 광고비로 운영되는 디지털 광고 상품은 일정 수 이상의 광고 노출, 클릭 횟수 등을 고려하지 않는 단점이 있다. 독점 광고 상품은 대규모 예산이 소요되기 때문에 소수의 광고주만이 제한적으로 활용할 수 있다.

노출 기준 광고비는 사전에 약정된 광고 노출량에 따라 비용이 결정되며 대부분의 국내 매체사가 디스플레이광고 판매에 사용하고 있다. 노출 기준 광고 상품은 실제로 소비자에게 광고가 노출된 횟수를 바탕으로 광고비를 결정한다. 배너광고는 1000회 노출당 비용 산정 방식인 CPM(cost per mille)이 통용된다. 최근 활용도가 높은 동영상광고는 실제 시청당 비용 산정 방식인 CPV(cost per view)를 많이 사용하고 있다. 노출 기준 광고 상품은 광고 노출량이 보장되며 광고와 브랜드의 인지 효과를 향상시킬 수 있다. 하지만 광고에 노출된 소비자의 반응과 사후 행동이 보장되지 않는 단점이 있다. 최근 정교해진 소비자의 로그 분석 서비스나 사후 행동 추적 서비스를 사용하면 노출형 광고에 직접 클릭을 한 소비자와 클릭을 하지 않고 광고주의 사이트를 방문하거나 회원가입, 구매 등을 한 소비자를 분류해 성과를 측정할 수 있다.

2) 성과 기준 광고비 산정

성과 기준 광고 상품은 광고주의 광고 집행 목표와 관련된 행위(예: 클릭을 통한 사이트 방문, 회원가입, 구매, 앱 인스톨)를 기준으로 광고비를 산정한다. 성과 기준 광고 상품은 일정한 광고 결과를 보장하며 고정 기준과 노출 기준 광고 상품에 비해 이용자의 광고에 대한 주목 정도와 반응을 더 자세히 파악할 수 있는 장점이 있다. 성과 기준 광고 상품은 대표적으로 CPC(cost per click 또는 pay per click)와 CPA(cost per action)를 이용해 운영된다. CPC는 클릭 기준 요금으로 불리기도 하며, 광고를 클릭한 횟수에 의해 광고비가 산정되는 방식이다. CPC

를 활용한 대표적인 디지털 광고가 검색광고이다. CPC를 활용한 검색광고는 일반적으로 클릭 이후 소비자의 행동을 보장하지 않는다. 클릭 자체가 소비자의 회원가입, 이벤트 참여, 구매를 의미하는 것은 아니기 때문에 광고주의 입장에서 더 향상된 광고 효과를 기대할 수 없다는 단점도 존재한다. 소비자의 광고 반응 효과를 보장받기 위해 광고주와 매체사의 협의에 의해 CPA 방식으로 광고 캠페인이 운영될 수 있다. CPA는 소비자의 회원가입, 이벤트 참여, 앱 다운로드 및 인스톨, 구매 등의 행위 발생 시 과금이 된다. CPI(cost per install)는 모바일 광고에서 앱 설치를 완료했을 때 광고비를 산정하는 방식이며, CPE(cost per engagement)는 광고주가 정의한 소비자와 광고 소재 사이의 상호작용[1] 또는 특정 행동을 완료했을 때 광고비를 과금하는 방식이다(Mashable, 2013). 대표적인 애드 네트워크인 구글의 GDN(Google display network)을 활용한 배너광고와 동영상광고도 단순 노출이 아니라 클릭 또는 행위 발생 시점에서 광고비를 광고주에게 과금하는 방식으로 운영이 가능하다.

3) 노출 기준 vs. 성과 기준

〈그림 7-1〉의 광고 비용 산정 방식을 기준으로 왼쪽으로 갈수록 일반적으로 광고 상품을 운영하는 매체에 유리하고, 오른쪽으로 갈수록 광고주에게 유리한 광고비 산정 방식이다. 광고 인벤토리는 왼쪽으로 갈수록 많고, 오른쪽으로 갈수록 적어진다. 예를 들어 모바일 광고를 보고 앱 설치 후 실행으로 이어졌을 때 소비자의 행동과 광고 효과를 결합해 생각하면 ① 모바일 광고를 본다(CPM으로 광고비 결정), ② 관심이 가서 광고를 클릭한다(CPC로 광고비 결정), ③ 광고물을 클릭하고 앱스토어를 통해 앱을 설치한다(CPI로 광고비 결정), ④ 앱을 설치하고 실행하고 특정 액션을 한다. 예를 들어 회원가입을 하거

1 인게이지먼트(engagement)의 발생으로 정의한다.

그림 7-1 **디지털 광고 비용 산정 방식**

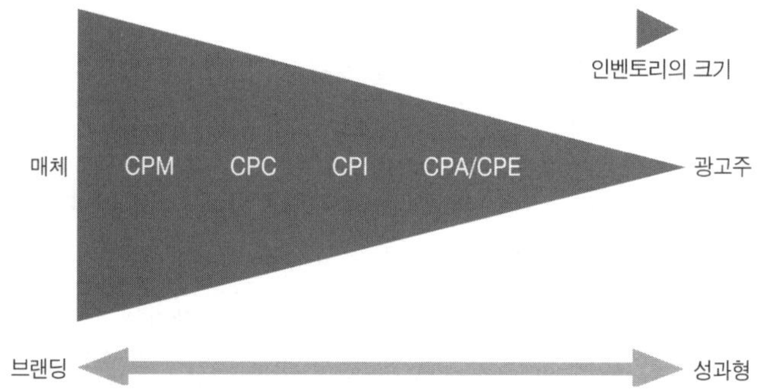

나, 제품 구매를 하거나, 게임이라면 튜토리얼을 마칠 수도 있다. 앱 인스톨 후 광고주가 원하는 행동을 소비자가 실행한 경우 CPA 또는 CPE 방식으로 광고비가 결정된다.

CPI, CPA, CPE가 광고주에게 유리한 이유는 그림에서 오른쪽으로 갈수록 광고주의 리스크가 감소하기 때문이다. 매체사가 CPA 또는 CPE 완료 후 광고주에게 비용을 청구하는 것은 훨씬 어려운 과제이다. 왼쪽에서 오른쪽으로 갈수록 소비자가 특정 행동을 해야 광고비를 청구할 수 있기 때문에 매체는 노출만으로 광고 수익을 획득하고자 할 것이고, 광고주는 광고 목적의 달성에 따라 광고비를 지급하고자 한다. 〈그림 7-1〉을 보면 양방향 화살표의 왼쪽은 브랜딩, 오른쪽은 성과형이라고 적혀 있다. 광고주가 브랜드 인지도 향상을 목적으로 광고를 집행한다면 노출량 극대화에 초점을 맞춘 CPM을 기준으로 광고비를 산정하는 것이 유리하고, 앱 설치 등의 성과에 따라 광고비를 지출하고 싶다면 오른쪽에 있는 과금 방식을 선택하는 것이 유리하다.

최근 상이한 비용 산정으로 거래되는 광고 상품 간 효율성의 측정과 비교를 위해 eCPM(effective CPM)[2]이 빈번하게 사용되고 있다. CPM은 1000회 노출

2 매체의 eCPM = (퍼블리셔가 광고로 획득한 수익 ÷ 노출수) × 1,000.

기준 비용으로 계산되지만, eCPM은 1000회 노출 기준 광고주의 매출 성과 또는 매체의 광고 수익을 기준으로 산정되며 특정 매체 또는 광고 상품 간 운영 효과를 비교할 수 있다. eCPM이 매체에 유용한 이유는 CPC 방식으로 운영하고 있는 광고 유닛 또는 광고 상품의 성과를 비교할 수 있으며, 성과가 높은 광고 유닛 또는 광고 상품에 집중할 수 있기 때문이다. A라는 매체는 세로형의 스카이 스크래퍼 배너와 정사각형 배너를 광고 유닛으로 운영하며, 각 유닛의 CPC는 200원이고, 2만 번의 광고가 각각 노출된다고 가정하자. 스카이 스크래퍼 배너의 평균 CTR이 0.1%이고 200번의 클릭이 발생해 4만 원의 수익을 창출했다. 정사각형 배너의 평균 CTR은 0.2%이고 400번의 클릭이 발생해 8만 원의 수익을 창출했다. 스카이 스크래퍼 배너의 eCPM은 200원이 되고, 정사각형 광고 유닛의 eCPM은 400원이 된다. 이 결과를 토대로 A 매체는 사이트 전체에서 정사각형 광고 유닛의 비중을 확대하고 스카이 스크래퍼 광고 유닛의 비중을 축소하는 결정을 할 수 있다. 애드 네트워크를 통한 노출형 광고가 CPC로 판매되는 현실을 고려하면, eCPM은 매체에 광고 유닛의 전략적 운영을 위한, 유용한 광고 효과 측정 도구로 활용될 수 있다.

eCPM의 활용은 광고주에게도 실질적 도움이 된다. 각 광고 상품의 eCPM을 측정하고 비교한다면 비용 효율성을 증가시킬 수 있다. 일반적으로 CPM 방식의 광고 판매가 매체사에 유리하지만, CPM으로 판매되는 광고 상품의 평균 CTR이 높아 클릭이 많이 발생하여 CPC와 eCPM이 하락하면 CPC로 판매되는 광고 상품에 비해 오히려 광고주에게 유리하다. eCPM을 활용한다면 상이한 방식으로 판매되는 광고 상품의 효율성 비교가 용이하기 때문에 디지털 광고 캠페인의 전략적 그리고 전술적 운영이 가능하다. 즉 eCPM을 활용한다면 디지털 광고 캠페인의 전략적 그리고 전술적 운영이 가능하다.

광고주의 eCPM = (광고주가 광고로 획득한 수익 ÷ 노출수) × 1,000.

2 | 검색광고의 차별성과 효과 측정

1) 검색광고의 차별성

효과 측면에서 검색광고의 특징을 다시 한번 간략하게 요약하자면, 검색광고는 소비자가 검색창에 특정 단어를 입력했을 때 자연(또는 Organic)검색결과보다 먼저 광고주의 사이트 또는 콘텐츠가 노출되고 소비자가 클릭을 했을 때, 게재 순위에 의해 결정된 클릭당 비용이 광고주에게 청구되고 결제된다. 검색광고는 광고 클릭에 따라 광고비가 산정되는 성과형 광고이며 배너광고와 동영상광고에 비해 적은 예산으로 집행이 가능하다. 검색광고는 소비자의 관심 단어나 어구 입력 행위에 의존하므로, 원칙적으로 노출량을 보장할 수 없다. 검색광고의 효과 측정에서 가장 중요한 점은 단순 클릭의 총합이 검색광고 캠페인의 성공을 보장하지 않는다는 사실이다. 광고에 대한 소비자 반응의 시작이 클릭이지만 광고주가 실제 원하는 소비자의 후속 행동(예: 회원 가입, 제품 구매, 앱 다운로드)에 대한 다각적인 분석이 이루어져야 검색광고의 실질적 효과 측정이 가능하다.

검색광고는 기존 전통 광고매체에서 찾기 힘든 유형의 광고 상품으로 여러 가지 독특한 특징이 있다. 첫째, 검색광고는 소비자의 정보 획득 욕구와 행동에 적극적으로 대응하는 광고 형태이다. 소비자는 인터넷을 자료 및 정보 획득을 위한 중요한 도구로서 인식하고 활용한다. 특히 검색 기능의 신속성과 편리함 때문에 검색 서비스 의존도는 매우 높고, 스마트폰의 대중화로 인해 소비자의 의사결정 과정에서 검색하고 참고하는 정보의 양과 질은 크게 증가해, 결과적으로 소비자의 검색 쿼리가 크게 증가했다. 검색광고는 찾아오는 소비자에게 광고를 노출한다는 점에서 소비자의 관심과 관련성이 높은 광고 상품이다. 불특정다수가 아닌 광고주의 사이트나 비즈니스와 연관된 검색어에 관심을 가진 소비자가 찾아오기 때문에 검색광고는 광고주가 소비자를 찾는 방식의 단순 노출 광고 상품에 비해 클릭률과 주목도가 상대적으로 높다. 소비자가 관심 키워드를 검색창에 입력하는 행위 자체가 매우 고도화된 타기팅 역할을 하기 때문에 검색광고는 고객의 상황이나 인구통계학적 타기팅 및 웹서비스 이용 이력에 근거한 타 광고 상품보다 전환으로 이어지는 광고 효율이 상대적으로 높다(Rutz et al., 2011). 검색창에 입력하는 단어나 어구에 대해 소비자의 관여도가 높기 때문에 검색 결과에 노출된 광고에 반응할 확률은 상대적으로 높다. 특히 소비자의 정보검색 의도가 구매인 경우, 제품 또는 서비스에 대해 구체적인 정보를 제공하는 검색광고를 클릭할 확률은 더 높아진다. 광고주가 소비자의 검색어에 최대한 부합하는 정보만 제공한다면 높은 광고 효과를 획득할 확률이 증가한다.

둘째, 검색광고와 디스플레이광고를 구분하는 중요한 차이점이며 검색광고의 또 다른 장점은 성과의 즉시성에 초점을 맞추는 소액 광고주의 높은 접근성이다. 디스플레이광고에 비해 검색광고는 소액으로 집행할 수 있기 때문에 국내에서 연간 35만 명 이상의 광고주가 검색광고를 사용하고, 소액 광고주의 절대 다수가 10만 원 미만의 광고비를 지출하고 있다. 검색엔진을 운영하고 검색광고 플랫폼을 운용하는 기업인 구글과 네이버는 수십만 명에서 수백만 명의 광고주가 검색광고를 운영하기 때문에, 자율적으로 경매시스템에 참여해 자신이 원하는 검색 키워드를 구매하도록 유도하고 있다. 광고주는 설정한 예산 범위 안에서 실제 소비자의 행동인 클릭이 발생할 경우에만 비용을 지불하기 때문에 합리적인 예산 분배와 집행이 가능하고, 많은 중소 상공업자들이 검색광고를 적극적으로 활용하고 있다. 최근 디지털 상거래가 증가하면서 등장한 쇼핑 검색 상품은 중소 상공업자들의 검색광고 활용 빈도와 양을 증가시키고 있다. 소비자의 온라인 쇼핑과 구매가 빠르게 증가하고 있기 때문에 검색광고 플랫폼들은 적극적으로 쇼핑 검색 상품을 출시하는 모습을 보이고 있으며, 중소 상공업자들은 쇼핑 검색을 통해 소비자에게 제품의 이미지와 가격을 직접 알리고 있다.

셋째, 검색광고의 대한 소비자의 직접적 반응을 입체적으로 분석할 수 있다. 검색광고가 대중화되고 많은 광고주가 참여하면서 검색광고의 효과 분석은 더욱 입체적이고 과학적으로 진화하고 있다. 검색광고의 가장 기본적인 효과 분석은 광고에 대한 소비자의 직접적 반응인 클릭이다. 광고주가 더 큰 관심을 가진 회원 가입, 앱 인스톨, 구매 등의 전환 효과는 클릭 이후 발생하며, 소비자의 다양한 반응을 입체적으로 분석하는 것은 검색광고 캠페인의 평가와 향후 전략 수립 및 수정에서 중요한 역할을 한다.

검색광고에서 게재 순위는 검색광고 효과를 결정짓는 일차적 요소이며, 게재 순위 결정은 검색광고 전략의 중요한 부분을 차지한다. 게재 순위를 결정짓는 중요한 요소는 광고주가 입찰한 CPC와 품질평가점수이다[3](Google n.d.). 품질평가점수는 예상 클릭률, 광고 관련성, 방문 페이지 만족도로 구성되며 점수가 높으면 비용은 감소하고 광고 게재 순위는 상승하는 효과가 발생한다. 검색광고 및 방문 페이지가 소비자와 관련성이 높을수록 품질평가점수도 높아진다. 게재 순위가 결정되는 방식을 다음의 예를 통해 설명한다. 플랫슈즈를 판매하는 세 광고주(편의상 ABC로 지칭)가 있다. 〈표 7-1〉은 각 광고주의 최대 입찰 CPC와 품질평가점수[4], 광고 등수[5], 광고 게재 순위, 그리고 실제 과금되는 CPC 정보를 보여준다. C 광고주가 최대 입찰 CPC를 제시했지만, 품질평가점수가 0.3을 기록해 광고 등수는 90을 획득했다. A와 B 광고주는 동일하게 CPC 200원으로 입찰했지만, B 광고주의 품질평가점수가 1.0이어서 광고 등수 200을 기록한 반면, A 광고주의 품질평가점수는 0.8로

---

3 검색광고 플랫폼은 검색광고 품질평가 방식을 자체적으로 개발해 운영 중이다. 7장에서 논의하고 있는 품질평가점수는 구글이 사용하는 방식이다. 네이버는 품질지수를 개발해 운영 중이다. 네이버의 품질지수는 광고 효과(CTR), 키워드와 광고문안의 연관도, 키워드와 사이트의 연관도 등 광고 품질을 평가할 수 있는 다양한 요소를 반영한다(네이버 n.d.).

4 품질평가점수의 최고점은 1.0이다.

5 광고 등수 = 최대 입찰 CPC × 품질평가점수이다.

표 7-1 입찰 CPC, 품질평가점수, 게재 순위 및 실제 CPC

광고주	최대 입찰 CPC	품질평가점수	광고 등수	게재 순위	실제 CPC
A	200원	0.8	160	2위	123원
B	200원	1.0	200	1위	170원
C	300원	0.3	90	3위	최소 입찰가

광고 등수 160을 기록했다. C 광고주가 최대 CPC로 입찰했지만, 게재 순위는 3위였고, 품질평가점수가 가장 우수한 B 광고주의 광고 문안이 우선 게재되었다. 순위 획득을 위한 최소 입찰 CPC의 계산은 다음과 같다.[6]

최소 입찰 CPC = (아래 순위의 광고 등수 ÷ 나의 품질평가점수) + 10원

2) 구매 의사를 고려한 검색광고 효과 분석의 필요성

검색광고를 효과적으로 운영하기 위해서 광고 효과를 분석하고 이를 통해 전략을 개선하는 과정, 즉 광고 효과 분석이 필요하다. 광고주가 광고 효과 분석을 하는 이유는 이러한 지표들이 타깃 소비자가 광고주에게 보내는 신호를 파악하고자 하기 때문이다. 이러한 지표가 보내는 신호들을 통해 광고 집행에서 어떠한 문제가 있는지, 광고 전략을 어떻게 수정해야 할지, 어떻게 운영해야 좀 더 효과적인 광고 집행을 할 수 있을지 확인할 수 있다. 광고 효과 분석은 광고 집행에서 가장 중요한 단계 중 하나이다. 막대한 예산을 투여해서 사이트를 개편하고 경쟁력을 확보할 수 있도록 광고비를 지출하더라도 효율적인 광고 결과 분석을 하지 않는다면 검색광고 캠페인의 효율성, 즉 광고 목표 또는 수익 증가를 달성하기 힘들다.

---

6 순위 획득을 위한 최소 입찰 CPC 이하로 광고주가 입찰할 경우 해당 순위를 획득할 수 없다.

그림 7-2 **기본성과지표 보고서 구성 설정**

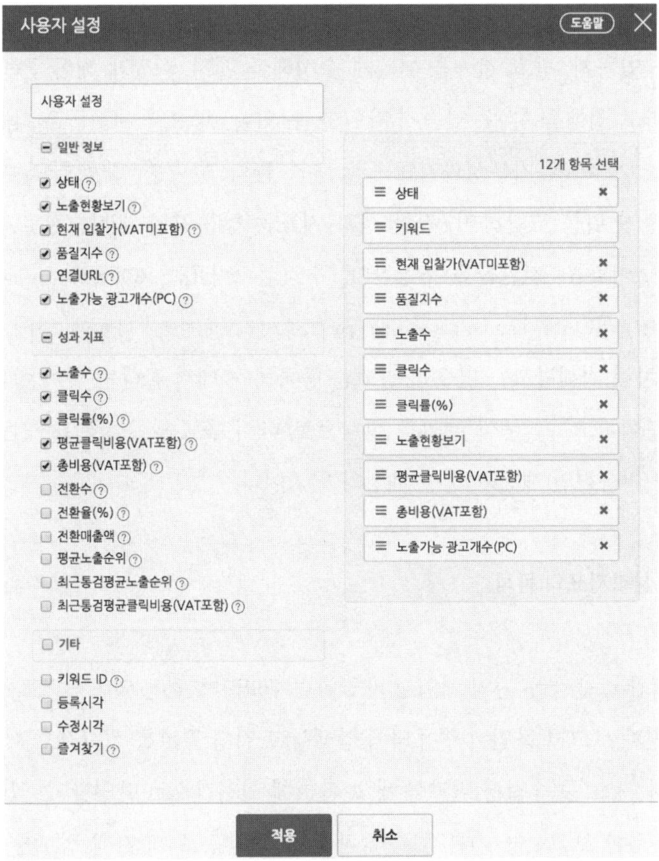

소비자의 의사결정 과정에서 구매결정에 가까울수록 소비자가 입력하는 검색어는 구체적이고 자세하다는 특징이 있다. 구체적인 검색어, 즉 세부 키워드는 대표 키워드에 비해 총검색 및 노출 횟수는 작을 수 있지만, 소비자의 즉시적 행동과 연관성이 높을 수 있다. 세부 키워드별 전환과 소비자의 행동을 구체적으로 파악하고 소비자의 의사결정 또는 구매결정과 관련성이 높은 키워드를 발굴하고 높은 게재 순위 또는 노출 순위를 유지한다면 최대의 비용 효율성 획득이 가능하다.

검색광고 관련 중요 지표가 보내는 신호들을 통해, 광고 캠페인에 어떠한 문제가 있는지, 광고 전략을 어떻게 수정해야 할지, 어떻게 해야 좀 더 효과적인 광고 집행을 할 수 있을지 확인할 수 있다. 중요한 지표들은 다음과 같다(<그림 7-2> 참고). 기본성과지표는 노출수, 클릭, 클릭률, 평균 클릭 비용, 평균 노출 순위를 포함하며, 전환 성과 지표는 방문자 수, 방문 경로, 사이트 이용률, 이탈률, 전환율을 포함한다. 수익성과지표는 ROI(return on investment: 투자수익률), ROAS(return on advertising spend: 광고를 통해 발생한 매출)에 의해 결정된다. 이처럼 검색광고는 단순히 광고를 등록하는 데서 끝나는 것이 아니라 효과를 분석하고, 그 분석 결과를 바탕으로 다시 목표를 수정하고, 전략을 확인하는 지속적인 개선과 발전 과정의 연속이다.

3) 기본성과지표의 분석

검색광고 플랫폼 운영 기업이 제공하는 관리시스템은 일반적으로 광고 관리 화면과 보고서 화면이 연동되어 검색광고 집행 결과를 실시간으로 확인할 수 있다. 광고주는 집행 결과를 광고 관리에 실시간으로 반영할 수 있다.

기본성과 보고서는 기본정보, 성과정보, 문안정보 세 가지 정보를 포함하고 있다. 기본정보는 노출 가능 광고 개수, 품질지수, 현재 노출 순위, 입찰가, 실제 클릭 비용을 포함한다. 성과 정보는 전일/최근 7일/최근 30일 간의 평균 노출 순위, 노출수, 클릭 수, 클릭률, 평균 클릭 비용, 총비용을 포함한다. 문안정보는 현재 노출되고 있는 광고주의 검색광고 문안이 무엇인지, 어떤 키워드의 문안을 변경했는지를 신속히 확인할 수 있다. 광고주는 이렇게 많은 정보 중 반드시 보고 싶은 정보만 골라 기본 성과 보고서를 구성할 수 있다(<그림 7-3> 참조).

기본성과지표와 분석 방법을 가상의 사례를 통해 살펴본다(<표 7-2> 참조).

그림 7-3 **검색광고 기본 성과 보고서 사례**

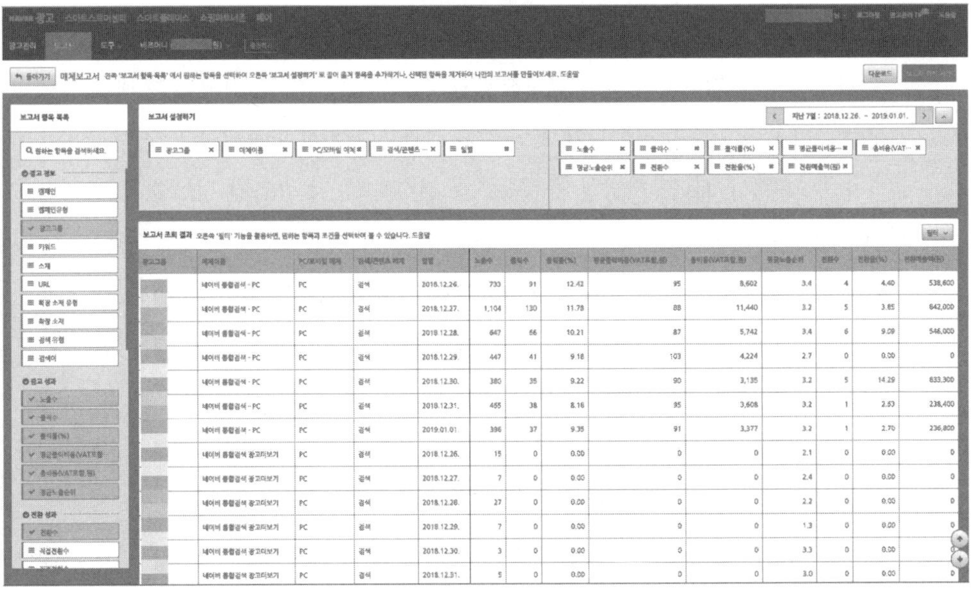

표 7-2 **검색광고 기본성과지표 분석 사례**

광고주	노출수	클릭 수	클릭률	입찰 CPC (원)	실제 CPC (원)	평균 노출 순위	총비용 (천 원)
A	30,000	6,000	20%	1,000	510	1	3,060
B	30,000	3,600	12%	500	500	2	1,800

주: 플랫슈즈의 월간 검색량을 3만 회 가정한다.

플랫슈즈를 판매하는 A와 B 광고주가 동일한 기간(1개월)을 기준으로 검색광고를 집행하고자 한다. 인기 키워드인 플랫슈즈에는 많은 광고주가 입찰 경쟁을 하고 있다. 현재 검색 노출 순위에서 1위와 2위를 놓고 경쟁하는 A와 B 광고주는 플랫슈즈가 월간 단위로 PC와 모바일을 통해 3만 회가 검색되었다는 사실을 검색광고 플랫폼을 통해 파악했다. A 광고주는 검색광고 노출 순위 1위를 유지하기 위해 검색어인 플랫슈즈에 대해 CPC 1000원으로 입찰했고, B 광고주는 예산의 제약 때문에 플랫슈즈에 대해 CPC 500원으로 입찰했다.[7] A와 B 광고주 사이트의 품질평가점수는 1로 동일하다는 가정하에 A 광고주의 광고 문안이 1위로, B 광고주의 광고 문안이 2위로 노출되었다. 플랫슈즈 구매를 고려하는 고객이 검색창에 플랫슈즈를 입력하면 검색 결과 페이지에 A와 B 광고주의 사이트가 자연 검색 결과보다 우선 노출되었다.[8]

A 광고주 사이트는 다양한 플랫슈즈를 전시하고, 각 슈즈별 정보를 정리해 노출하는 동시에 플랫슈즈를 활용한 패션 아이템 정보도 노출하고 있다. B 광고주의 사이트는 A 광고주가 제공했던 유사한 정보와 함께 실제 발 크기 및 모양과 대조해 플랫슈즈의 실제 사이즈를 예측할 수 있도록 부가적인 정보를 추가했다. 소비자들은 어떤 사이트에서 실제 구매를 할까? 동일한 노출량에 대해 A 광고주의 플랫슈즈 광고물의 실제 클릭률은 20%로 12%를 기록한 B 광고주의 광고물보다 매우 높았다.

앞의 사례에서 제시한 것처럼 검색광고의 기본성과지표는 검색 키워드별 노출, 클릭, 클릭률, 평균 클릭 비용, 평균 노출 순위를 포함한다. 검색광고의 노출 순위가 CPC와 품질평가점수에 의해 결정되지만, 노출(또는 노출량)도 중요한 의미가 있다. 노출수가 절대적으로 적은 검색 키워드는 소비자의 관심이 상대적으로 작기 때문에 효율적 광고 효과를 기대하기 어려우며 노출수가 많은 검색 키워드는 소비자의 관심도 크기 때문에 높은 광고 효과를 기대할 수 있다. 하지만 노출수가 많은 검색 키워드는 다수의 광고주가 노출 순위 경쟁을 하거나 일정 노출 순위를 유지하기 위해 평균 클릭 비용이 상승하는 단점이 있다. 앞의 사례에서 플랫슈즈 키워드에 대한 A와 B 광고주 사이 평균 클릭 비용의 차이는 10원에 불과하지만, 총비용은 126만 원의 차이를 기록했다. 광고주들이 검색광고를 집행할 때 대표 키워드와 세부 키워드를

---

7 A 광고주가 지불하는 실제 평균 클릭 비용은 510원이 된다. 차순위 광고주가 입찰한 경매가에 10원이 더해진 가격이 실제 클릭 비용으로 산정된다. 동일 품질평가점수가 1.0으로 동일하다는 가정이다.

8 A, B 광고주 외 제3의 광고주 입찰가는 490원, 품질평가점수는 1.0로 가정했다.

비롯한 다수의 검색 키워드를 구매하는 상황을 고려하면 총검색광고 비용의 차이는 더욱 커질 수 있다.

광고주들이 인기 검색어에 대해 노출 순위 경쟁을 하는 이유는 노출 순위가 총클릭 수와 클릭률에 유의미한 영향을 미치기 때문이다. 1위로 노출되는 검색광고의 클릭 수와 클릭률이 2위와 3위로 노출되는 검색광고에 비해 유의미하게 높다고 산업계와 학계에서 평가하고 있다(Ghose and Yang, 2009). 노출 순위가 입찰 CPC와 품질평가점수에 의해 결정되기 때문에 광고주는 입찰 CPC와 품질평가점수 관리를 동시에 수행해야 한다. 노출 순위 운영 전략을 입안해 실행하는 것도 광고주의 성공을 위한 매우 중요한 요소이다. 최근 검색광고 플랫폼은 입찰 가격과 해당 광고의 품질평가점수를 반영해 노출 순위를 결정하는 방식을 선택해 광고주의 무분별한 광고비 경쟁을 방지하고 있다.

클릭 발생에서 노출 순위의 역할이 중요하지만, 검색광고로 노출되는 광고주의 광고 문안도 클릭 발생에서 역시 중요한 역할을 한다. 소비자의 정보 검색 및 획득 욕구와 높은 연관성이 있는 광고 문안의 노출은 소비자의 주의를 끌 것이고, 결과적으로 클릭 행위를 유도할 확률이 높다. 최근 검색광고 경쟁이 치열해지고 상위 노출 순위를 점유하기 위한 입찰가 상향 현상이 발생하면서 비용 효율성을 확보하기 위해 창의적인 광고 문안의 작성과 노출의 중요성은 더욱 강조되고 있다. 최근 검색광고 대행사들은 복수의 광고 문안 효과 분석을 위한 서비스를 광고주에게 제공하면서, 효율적이며 전략적인 광고 문안의 개발과 노출이 가능해졌다.

실제 광고가 집행된 후 노출 순위, 클릭 수, 클릭률만으로 광고 효과를 정확하게 평가하는 것은 다소 부족하다. 제한적 광고 예산을 효율적으로 운영하기 위해, 적절한 전환지표(예: CPA)와 수익지표(예: 매출액, ROAS)를 고려한 노출 순위 및 광고 문안 제작 전략이 계획되고 검토되어야 한다. 검색광고 상품을 판매하는 네이버와 구글, 검색광고 대행사들은 전환지표와 수익지표를 평가할 수 있는 로그 분석 서비스를 광고주에게 지원하고 있다. 이로써 광고주는 다양한 전환지표와 수익지표를 획득할 수 있으며, 검색광고 캠페인의 실행 전략을 수정하거나 개선 작업을 지속적으로 수행할 수 있다.

4) 로그 분석 서비스의 중요성

광고주는 기본성과지표 외 검색광고의 입체적인 효과 측정을 위해 전환지표와 수익지표가 필요하다. 전환지표와 수익지표를 획득하기 위한 필수 요소가 광고주 사이트의 로그 분석이며 네이버와 구글같은 검색광고 플랫폼은 로그 분석 서비스를 제공하고 있다.[9] 광고주가 검색광고 관리시스템을 통해 로그 분석 서비스를 신청하면 로그 분석 데이터가 추가로 제공되며, 웹 로그 분석 보고서를 통해 사이트 운영에 관한 전반적인 분석이 가능하다.

로그 분석을 통해 제공되는 정보는 광고주 사이트의 방문자 유입 경로와 사이트 내 행동 정보로 크게 분류할 수 있다. 두 유형의 정보를 결합하여 유입 경로별 소비자의 사이트 내 행동 정보도 획득할 수 있다. 로그 분석으로 사용자 환경 분석 정보도 분석 가능하다. 방문자가 사용하는 운영체제, 웹 브라우저, 화면 해상도, 모바일 단말기 환경 등도 파악할 수 있다.

구체적으로 로그 분석은 사이트 방문자의 유입 경로를 입체적으로 분석한다. 로그 분석을 통해 자연검색으로 인한 유입, 직접 유입, 광고를 통한 유입, 리퍼럴 사이트 유입(관련 사이트 및 블로그 등에서 유입)과 SNS 채널을 통한 유입 등 다양한 유입 경로 정보를 파악할 수 있다. 더 나아가서 유입 분석으로 검색 유입 현황, 유입 검색어, 유입 상세 URL 페이지 분석, 인기 페이지, 시작 페이지, 종료 페이지, 반송 페이지 관련 정보를 파악할 수 있다.

---

9 네이버의 로그 분석 서비스는 네이버 애널리틱스(Naver Analytics), 구글의 로그 분석 서비스는 구글 애널리틱스(Google Analytics)이다.

로그 분석으로 광고주 사이트 방문자 행동에 관한 분석 자료도 획득할 수 있다. 사이트 방문자 수 및 방문 현황, 페이지뷰, 각 웹 페이지별 방문 횟수, 시간대별·요일별 방문 분포, 재방문 간격, 방문 체류시간, 방문 지역 분포, 이탈률[10]을 포함한 다양한 정보를 이용해 광고주는 효과적인 사이트 운영과 유용한 마케팅 전략을 수립할 수 있다.

유입 경로와 방문 행태 정보를 결합하면 각 유입 경로별 소비자가 사이트에서 얼마나 체류하고, 사이트의 웹 페이지를 얼마나 소비했는지 비교할 수 있다. 즉, 로그 분석 서비스는 각 경로별 유입자에 대한 사이트 내부의 자세한 정보를 명확한 수치로 수집한다. 직접광고 유입자와 간접광고 유입자, 순수 유입자[11]를 손쉽게 파악할 수 있으며, 광고 캠페인에 대한 실제적이며 구체적인 전환 데이터를 획득할 수 있고, 직접광고 효과와 간접광고 효과를 구분해서 파악할 수 있다.

로그 분석 결과를 검색 결과 보고서와 연계해 활용하면 검색광고를 통해 유입된 방문자 중 제품 구매, 회원 가입 등의 전환이 실제로 얼마나 발생했는지 손쉽게 측정할 수 있고, 효율적으로 전환 유형별 전환 데이터(구매 완료, 회원 가입, 장바구니, 신청/예약, 기타)와 세부 키워드별 전환 데이터도 득할 수 있다. 결론적으로 로그 분석을 활용하면 구매한 키워드 중 가장 많은 구매와 목표 행동을 유발한 키워드의 확인이 가능하고 소비자들의 사이트 방문 시기와 방문 빈도, 방문 경로를 추적할 수 있다. 로그 분석을 통해 소비자의 검색광고 노출 빈도, 총클릭 수(Clicks), 클릭전환율(CTR), 클릭 1회당 단가(CPC), 구매전환 수(CV), 구매전환 비율(CVR), 광고를 통한 매출(CPA) 등의 중요 정보도 손쉽게 획득할 수 있다.

---

10 이탈률이란 고객이 사이트로 들어왔는데, 10초 이상 머무르지 않고 나가버리면 표시되는 수치다. 그리고 이탈률은 높을수록 부정적인 지표이다.

11 광고에 노출되지 않고 방문한 방문자를 지칭한다.

5) 전환지표와 수익지표의 분석

전환성과지표의 의미와 분석의 중요성을 다음의 가상 사례를 통해 살펴본다. 앞 사례의 A와 B 광고주의 평균 플랫슈즈 판매가를 2만 원이라고 가정할 때(<표 7-3> 참조), A 광고주는 이 검색광고를 통해 600만 원의 매출을 기록했고, B 광고주는 720만 원의 매출을 기록했다. A와 B 광고주의 입찰가는 각 1000원, 500원이었으며, 실제 평균 클릭 비용은 각 510원, 500원으로 클릭당 비용의 차이는 10원이었고, 클릭률 차이는 8%였다. 전환지표와 수익지표인 전환 수, 전환율[12], 매출액, CPA[13], ROAS[14]를 살펴보면 검색광고를 통해 A 광고주의 사이트에서 300번의 구매가 발생했고 구매전환율 5%를 기록했으며, B 광고주의 사이트에서는 검색광고로 360번의 구매가 발생했고 구매전환율 10%를 기록했다. B 광고주의 구매전환율은 A 광고주의 구매전환율에 비해 매우 높았다. 차별화된 상품 정보가 높은 구매율로 연결되었다(<표 7-3> 참조). 전환 비용(CPA)에서 A 광고주는 1만 200원, B 광고주는 5000원을 기록했다. A 광고주의 ROAS는 196%였으며, B 광고주의 ROAS는 400%이다. B 광고주는 CPC 10원의 차이로 노출 순위는 2위가 되었고 8% 낮은 클릭률을 기록했지만, 소비자의 손쉬운 구매결정을 가능케 하는 콘텐츠를 사이트에 추가하면서 A 광고주에 비해 전환 수, 구매전환율에서 높은 실적을 기록했다. A 광고주에 비해 B 광고주는 전환 한 건당 5200원을 절약할 수 있었으며, 광고수익률(ROAS)에서 2배가 넘는 효율성을 보여주었다.

표 7-3 **검색광고 전환지표 및 수익지표 분석 사례**

구분	클릭 수	클릭률	구매 전환 수	구매 전환율	총비용 (천 원)	CPA(원)	매출액 (천 원)	ROAS
A	6,000	20%	300	5%	3,060	10,200	6,000	196%
B	3,600	12%	360	10%	1,800	5,000	7,200	400%

6) 전환지표와 수익지표 활용의 중요성

전환지표와 수익지표를 활용한 광고 효과 분석은 광고 집행에서 가장 중요한 단계 중 하나이다. 전환지표는 전환 수(직접전환 수+간접전환 수), 전환매출액(직접전환 매출액 + 간접전환 매출액), CPA, ROAS를 끊임없이 확인하고 파악해야 한다. 로그 분석 서비스와 검색광고 보고서를 결합해 광고주는 구매한 검색 키워드 중에서 어떤 것이 가장 많은 구매를 일으키는지 확인하고, 사이트 방문자들이 언제, 어디를 통해, 얼마나 많이 내 사이트를 방문하는지 확인할 수 있다. 예를 들어 전환지표와 수익지표를 활용해 특정 검색 키워드가 클릭과 전환을 많이 유발했을 때, 해당 검색어가 계정에 있다면 해당 검색 키워드의 입찰가를 상향 조정해 노출 순위를 높여 더 많은 클릭과 더 높은 전환율을 획득할 수 있다.

검색광고 결과보고서와 로그 분석 보고서를 연동함으로써 광고주 사이트의 비효율적인 부분을 개선하고, 광고 효과를 높이며, 전환(구매, 결제, 회원 가입)을 개선해 나가는 데 활용할 수 있다. 앞서 설명했지만, 검색광고 관리시스템은 소비자의 방문을 유도하기 위한 광고 프로그램이다. 로그 분석 시스템은 광고주 사이트를 방문한 소비자가 어떤 행동을 하는지 분석한다. 검색광고 관리시스템은 광고주 사이트 외부의 정보 수집을 담당하고, 로그 분석 시스템은 사이트 내부의 정보 수집을 담당한다.

전환지표와 수익지표를 획득하기 위해 필히 수행해야 할 작업이 검색광고 관리시스템에 전환지표와 수익지표 관련 설정을 하는 것이다. 전환과 수익 측정이 이루어져야 광고의 효율성을 측정할 수 있고, 더 의미 있는 데이터의

---

12 전환율(conversion rate) = (전환 수 ÷ 클릭 수) × 100.

13 CPA=총광고비÷총전환 수.

14 ROAS(return on ad spending, %) = (매출액 ÷ 총광고비) × 100.

수집과 분석이 가능하다. 즉, 구매전환, 회원가입 등의 목표 설정을 해야 유의미한 데이터를 수집할 수 있다. 여기서 축적된 자료는 광고주의 사이트를 현재보다 더 나은 방향으로 개선할 수 있는 근거 자료가 된다. 메뉴도 많고 운영도 복잡하지만, 광고 관리와 로그 분석 시스템을 활용해 획득한 전환지표와 수익지표는 광고주의 마케팅 관련 의사결정에서 근거 자료로 활용할 수 있으며, 사이트 내부의 정보를 명확하게 수치로 제공한다. 광고주 사이트에 나타나는 이상 징후 또한 데이터를 분석하고 추적하면 원인을 파악할 수도 있다.

광고 관리시스템과 로그 분석 시스템을 결합해 운영하면 순수 광고 유입 효과와 자연 유입 효과를 구분한 데이터를 획득할 수 있다. 사이트 내부로 들어온 고객의 유입 경로, 이동 경로, 구매전환 경로와 소비자의 특성 등을 분석할 수 있다. 로그 분석 서비스는 광고의 효율성을 포함해 전체적으로 다른 모든 소스(채널)에서의 효율성과 함께 비교할 수 있다는 것이 강점이다. 이를 통해 광고 예산의 적절한 분배, 구매전환을 위해 어떤 부분을 개선해야 하는지 등의 이슈를 해결해 나갈 수 있는 단서를 제공한다. 더 나아가 사이트의 오류도 로그 분석 데이터를 이용하면 찾아낼 수 있다.

전환지표와 수익지표 분석 결과를 사용해 정해진 예산을 효율적으로 배분하고 광고의 효율성을 극대화하는 방향으로 차후 광고 집행이 가능하다. 로그 분석 서비스 활용의 단점도 있다. 첫째, 로그 분석 서비스와 보고서는 메뉴가 많고 사용이 매우 복잡하다. 용어나 구동 원리에 대한 개념의 이해가 있어야 로그 분석 보고서에 대한 수치를 읽고 분석해 사이트를 진단할 수 있다. 둘째, 기본적인 코드를 설치하는 것 이외에, 추가적인 설정을 하면 매우 효율적인 정보 수집과 축적이 가능하며 언제라도 필요한 정보를 확인할 수 있지만, 경험이 없는 초보자가 설정을 완료하는 일은 쉽지 않다. 최근 로그 분석을 위한 코드 생성과 분석 서비스를 웹 호스팅 업체에서 제공하면서 로그 분석의 활용 기회가 점차 확대되고 있다.

참 고 문 헌

네이버(n.d.). "광고용어사전 품질지수". https://m.searchad.naver.com/dic/view/151(검색일: 2019년 5월 4일).

Google(n.d.). "품질평가점수를 이용한 최적화 가이드: Google 권장사항". https://support.google.com/google-ads/answer/6167123(2019년 2월 3일).

Ghose, A. and Yang. 2009. "An empirical analysis search engine advertising: sponsored search in electronic markets." *Management Science*, 55(10), pp.1605~1622.

Mashable. 2013. "Is CPE the Best Way to Quantify ROI?" https://mashable.com/2013/12/09/cost-per-engagement-metrics/(2019년 2월 13일).

Rutz, O. J., M. Trusov and R. E. Bucklin. 2011. "Modeling indirect effects of paid search advertising: which keywords lead to more future visits?" *Marketing Science*, 30(4), pp.646~665.

8장

검색광고 규제 환경의 이해

'규제'란 일반적으로 행정주체인 국가가 공공의 목적을 위해 개인이나 기업 등의 활동에 일정한 제약을 가하는 일체의 행위로 이해되고 있다. 광고에서도 규제는 존재하며, 특히 국가는 부적절한 광고로부터 소비자를 보호할 필요성에 따라 별도의 법률 또는 정책을 마련해 제약을 가하고 있다. 국내 광고 규제의 현황을 이해하는 것은 그리 간단치 않다. 광고의 기본 법률을 중심으로 각 업종별로 규정되어 있는 개별 광고법률의 적용을 받기 때문이다. 검색광고 역시 이러한 일반 광고의 규제 방식을 그대로 따르고 있다고 볼 수 있는데, 대부분의 내용이 방송, 인쇄물 등 기존 매체를 중심으로 만들어진 것이다 보니 새로운 유형의 매체 특성을 반영하지 못하는 등의 문제가 발생하고 있다. 이 장에서는 검색광고 규제 환경을 개략적으로 살펴보고 바람직한 규제 방향을 검토해 보고자 한다.

1 | 들어가며

검색광고는 1998년 빌 그로스(Bill Gross)의 고투닷컴(GoTo.com)에 의해 처음 등장한 이후 온라인광고 성장의 견인차 역할을 해옴과 동시에 많은 이해관계자에게 순기능을 제공하고 있다. 소비자에게는 자신이 찾고자 하는 재화 또는 용역을 손쉽게 검색할 수 있도록 정보를 제공해 주는 역할(KISA의 2017년 온라인 광고산업 동향조사 및 분석 보고서에 따르면 인터넷 이용자 중 58.1%가 상품 및 서비스 정보를 쉽게 얻을 수 있어 검색광고를 선호한다고 밝히고 있다)을 했으며, 광고주에게는 비교적 저렴한 비용으로 고객 타기팅(targeting)이 가능한 마케팅 수단을 제공했고(2015년 서울대학교 이상승 교수의 연구 결과에 따르면 네이버 검색광고 광고주가 광고비로 100원을 지출하면 순 경제적 이익이 203~231원에 달한다고 한다), 광고매체에는 광고비 수익을 통한 경제적 이익을 제공했다.

그러나 순기능의 이면에는 일부 부정적인 시각이 존재하기도 한다. 검색광고 상품에 대한 가치 효율성에 대한 의문, 즉 광고비는 지속적으로 올라가는데 광고 효과는 떨어지는 것이 아닌가라는 비판과 동시에 정보의 값어치가 없는 광고 상품이며, 인터넷 이용 환경을 저해하는 한 요소라고 폄훼하는 경우도 있다. 이러한 문제들은 일부 개선이 필요한 경우일 수도 있고, 일부 오해에서 기인한 것일 수도 있다. 그러나 무엇보다 중요한 것은 검색광고의 양적·질적 성장을 위해 해당 문제들을 인식하고 개선하기 위한 노력이 필요하다는 점이다. 이러한 노력의 첫걸음으로 검색광고와 관련한 규제 환경을 이해하는 것은 매우 중요하다.

이 장에서는 검색광고를 둘러싼 기본적인 규제 환경 이해를 목표로 한다. 다만, 복잡한 체계와 외형을 보이고 있는 국내 광고 규제 현황을 모두 이해하는 것은 매우 어렵다. 따라서 가급적 상세한 내용을 다루기보다는 검색광고를 중심으로 한 주요 법제와 이해관계자, 광고 심의 현황을 중심으로 개략적으로 정리하고자 한다.

2 | 광고 규제의 이해

'규제'란 행정 주체인 국가가 공공의 목적을 위해 개인이나 기업 등의 활동에 일정한 제약을 가하는 일체의 행위를 의미한다. 즉, 개인이나 기업은 헌법에 의해 보장된 자유로운 경제활동을 할 수 있는 권리가 있지만 국가는 바람직한 경제사회 질서의 구현 또는 공공의 목적을 위해 법률에 근거해 개인이나 기업의 활동을 제한할 수 있는 것이다. 때로는 국가가 아닌 민간 영역이 주도가 되어 자율적으로(법률에 근거가 있는 경우도 있다) 규제를 하는 경우도 있는데, 이를 '자율 규제'라 이해해도 좋다.

광고에서도 규제는 존재한다. 광고 행위가 기업의 영리(마케팅) 활동의 일환으로 본다면 기업은 다소 과장된 방법을 이용해서라도 자사의 제품 또는 서비스를 판매하기 위해 노력할 것이고, 상대적으로 정보비대칭의 관계에 있거나 어린이·청소년 등 성숙되지 못한 소비자는 광고 내용을 신뢰한 상황에서 선의의 피해를 입는 경우가 있다. 따라서 국가는 부적절한 광고로부터 소비자를 보호할 필요성에 따라 별도의 법률 또는 정책을 마련해 제약을 가하는 것이다. 이러한 제약의 내용과 그 결과에 따라 광고 집행에 연관된 이해관계자가 책임을 질 수 있다.

그러나 엄연히 상업적 광고를 포함한 광고 역시 '표현의 자유'와 '영업 활동의 자유'에 따른 보호 대상으로 인식[1]되고 있는 상황이므로, 광고 규제와

1 광고는 사상·지식·정보 등을 불특정 다수인에게 전파하는 것으로서 언론·출판의 자유에 의한 보호를 받는 대상이다. 헌재 2015.12.23. 2015헌바75, 상업적 광고는 ……영업이나 상품의 홍

권리 보호의 경계를 긋는 것은 매우 어렵다. 따라서 국가가 부적절한 광고에 대해 적절히 개입해 규제하는 것은 필요하지만, 그 규제의 내용은 권리의 본질적인 내용을 침해하지 않는 선에서 최소화해 진행할 필요가 있다고 보는 것이 타당하다.

국내 광고 규제의 현황을 이해하는 일은 그리 간단치 않다. 광고의 일반법이라 할 수 있는 '표시·광고의 공정화에 관한 법률'(이하 '표시광고법')을 기본으로 각 업종별로 규정되어 있는 개별 광고법률의 적용을 받기 때문이다. 온라인광고 역시 이러한 기존 광고의 규제의 방식을 그대로 따르고 있다고 볼 수 있는데, 대부분의 내용이 방송, 인쇄물 등 기존 매체를 기반으로 만들어진 것이다 보니 온라인광고 등 새로운 유형의 매체 특성을 반영하고 있지 않는 것이 일반적이다. 특히, 이 책에서 주제로 다루고 있는 검색광고의 경우 키워드를 기반으로 소재가 노출되는 등 기존 매체의 광고와 다른 형태를 띠고 있는데, 법률적 정의조차 존재하지 않은 상황이며, 관련된 정책 담당자들의 이해도가 높지 않다 보니 실무에서는 무리한 법 적용과 현실을 벗어난 정책의 등장이 문제시되고 있다. 매체의 특성을 반영하지 못하는 광고 규제는 비일관성과 비체계성의 문제와 더불어 매체별 규제 형평성의 문제를 발생시킬 수 있는 있으므로 검색광고 등 온라인광고에 특화된 현실성 있는 규제 방법의 연구가 시급하다.

3 | 검색광고의 법률적 정의 이해

규제 환경을 이해하려면 그 근거가 되는 법률 등에서 대상을 어떻게 정의

보와 판매촉진을 주된 목적으로 하는 영리적 활동이므로, 전체적으로 영업활동의 자유(헌법 제15조)에 포섭된다고 봄이 상당하다. 헌재 2008.6.26. 2005헌마506(조대현 재판관 별개의견).

하고 있는지를 살펴보는 일이 중요하다. 정의의 내용과 방식에 따라 규제 대상과 범위가 달라질 수 있기 때문이다. 이어서 국내 광고법제에서 '광고' 또는 '온라인광고'를 어떠한 방법으로 정의하고 있는지를 살펴보고, 검색광고의 법률적 정의의 필요성과 방향성을 고민해 보기로 한다.

1) 온라인광고의 법률적 정의

무엇인가를 정의한다는 것은 매우 어려운 일이다. 광고의 정의 역시 마찬가지이다. 그동안 수많은 연구자들이 광고를 정의하기 위해 노력했지만 결론에 이르지 못했고, 사회적 변화와 정보기술의 발달 등으로 광고의 범위가 확장되면서 그 개념은 더욱 모호해지고 있는 상황이다. 특히 최근에는 광고의 범위가 제품·서비스뿐만 아니라, 공익광고 내지 의견광고, 선거광고 등의 영역까지 확대되고 있는 상황이므로, 만일 광고에 대한 정의를 해야 한다면 이를 포괄해 정의할 필요가 있을 것이다.

국내에서의 광고에 대한 법률적 정의는 광고의 일반법이라 할 수 있는 표시광고법상의 정의가 대표적이다. 그 외 다양한 개별 법률에서 광고를 정의하고 있는데, 대부분이 규제 등 목적성을 가지고 광고를 정의하고 있어 모든 광고를 포괄한다고 보기는 어렵다.

'온라인광고' 또는 '인터넷광고'를 직접적으로 정의하고 있는 법률은 더욱 찾아보기 힘들다. '공직선거법'에서 인터넷광고의 정의[2]를 찾아볼 수 있으나 해당 법률의 입법 목적과 필요성에 의해 정의된 것이므로 한정적 정의에 지나지 않는다고 이해되고 있다. 법률이라고 보기는 어렵지만 정부 지침에서 인터넷광고를 정의하는 경우도 있다. 공정거래위원회의 업무지침인 '인터넷광고에 관한 심사지침'에서 "사업자(이하 사업자단체를 포함한다)가 인터넷 프로토

2 '공직선거법' 제82조의 7 제1항 "인터넷언론사의 인터넷홈페이지에 선거운동을 위한 광고".

표 8-1 **주요 법률에서의 광고 관련 정의**

구 분	광고의 정의
표시·광고의 공정화에 관한 법률	사업자 등이 상품 등에 관한 법률에서 정한 사항을 각 매체 또는 방법을 통해 소비자에게 널리 알리거나 제시하는 것(제2조 제2호)
옥외광고물 등 관리법	'옥외광고물'이란 공중에게 항상 또는 일정 기간 계속 노출되어 공중이 자유로이 통행하는 장소에서 볼 수 있는 것으로서 간판·디지털광고물·입간판·현수막·벽보·전단과 그 밖에 이와 유사한 것을 의미(제2조 제1호)
식품 등의 표시·광고에 관한 법률	라디오·텔레비전·신문·잡지·인터넷·인쇄물·간판 또는 그 밖의 매체를 통하여 음성·음향·영상 등의 방법으로 식품 등에 관한 정보를 나타내거나 알리는 행위(제2조 제10호)
의료법	'의료광고'란 의료인등이 신문·잡지·음성·음향·영상·인터넷·인쇄물·간판, 그 밖의 방법에 의하여 의료행위, 의료기관 및 의료인등에 대한 정보를 소비자에게 나타내거나 알리는 행위(제56조 제1항)
전자상거래 등에서의 소비자보호에 관한 법률	'구매권유광고'란 전자상거래를 하는 사업자 또는 통신판매업자가 전화, 팩스, 컴퓨터통신 또는 전자우편 등을 이용하여 재화를 구매하거나 용역을 제공받도록 권유하는 행위(제24조의2 제1항)

콜에 기반한 정보통신망, 즉 인터넷을 매체 또는 수단으로 이용하는 광고로서, 배너광고, 팝업·팝언더광고, 검색광고, 이용후기광고, 사업자 자기 또는 다른 사업자의 인터넷 홈페이지, 블로그 등을 통한 광고 등이 포함된다"라고 규정하고 있는데, 광고 일반 법리에 의한 포괄적 정의라 볼 수 있으므로, 이를 일반화하기에는 어려운 측면이 있다.

물론 입법 시도는 지속적으로 있어왔다. 대표적으로 제19대 국회에서 한선교 의원이 발의한 '정보통신망 이용촉진 및 정보보호 등에 관한 법률'(이하 '정보통신망법')에서는 "온라인광고란 이용자 그 밖의 다른 사람에게 널리 알리기 위하여 정보통신망을 이용해 제공되는 광고주, 재화 또는 용역에 관한 정보(온라인광고사업자가 이를 위하여 광고주로부터 대가를 지급받는 경우에 한한다)를 말한다"라고 정의했다. 결국 입법에 이르지는 못했지만 온라인광고의 범위가 점차 확대되고 있는 상황에서 현실적으로 범위를 획정하기 위해 '대가성'이라는 의미를 부가하려 시도한 것은 특징적이다.

정리하자면 온라인광고를 법률적으로 정의하려는 시도는 수차례 있어왔지만 아직까지 통일된 정의를 찾아보기는 어렵다. 이는 아직까지 국내에서 온라인광고만을 대상으로 한 법률이 존재하지 않는다는 것만으로도 이해가 될 것이다.

2) 검색광고의 법률적 정의

검색광고 역시 이를 직접적으로 정의하고 있는 법률은 찾아보기 어렵다. 지난 제18대 국회에서 진성호 의원이 발의한 '정보통신망법' 개정안에서 검색광고를 "온라인광고사업자가 대가를 받고 입력된 검색어에 연동하여 사전에 등록된 광고문구 또는 광고대상인 홈페이지의 인터넷주소를 노출하여 주는 온라인광고"라고 언급한 경우는 있었으나, 결국 입법에 이르지는 못했다.

일부 정부의 지침과 가이드라인에서 검색광고를 정의하는 경우가 있다. 앞서 살펴본 공정위의 '인터넷광고에 관한 심사지침'에서는 검색광고를 "소비자가 인터넷 포털사이트 등의 검색창에 특정 검색어를 입력했을 때 사업자가 자기의 인터넷 홈페이지 등이 검색 결과에 나타나게 하여 광고하는 것"이라고 정의하고 있으며, 2014년 공정위에서 발표한 검색 서비스 산업 모범거래 기준에서는 키워드광고라는 명칭으로 "정보검색서비스 이용자가 검색어를 입력하면 검색 결과 화면에 검색어와 관련된 광고를 노출시키는 광고기법"이라 정의하고 있다. 그 외 일부 하급심 법원의 판례에서 검색광고를 언급하기도 한다.

학계에서는 검색광고를 "검색엔진사이트 이용자들이 광고주가 구매한 특정검색어를 입력하여 검색 결과를 요청하는 경우 광고주의 웹사이트를 다른 웹사이트들보다 검색결과의 상위에 노출될 수 있도록 하는 광고방법(유대종, 2006)" 또는 "입력된 등록검색어(keyword)에 연동하여 사전에 등록된 광고문구(heading and text) 및 광고대상사이트의 인터넷주소가 노출되는 인터넷광고(유상

표 8-2 **검색광고 정의**

구 분	검색광고 정의
인터넷광고에 관한 심사지침(공정거래위원회 예규 167호)	소비자가 인터넷 포털사이트 등의 검색창에 특정 검색어를 입력하였을 때 사업자가 자기의 인터넷 홈페이지 등이 검색 결과에 나타나게 하는 광고
검색서비스 산업 모범거래기준(공정거래위원회)	(키워드광고) 정보검색 서비스 이용자가 검색어를 입력하면 검색 결과 화면에 검색어와 관련된 광고를 노출시키는 광고 기법
정보통신망법 개정안(18대 국회 진성호 의원 발의)	온라인광고사업자가 대가를 받고 입력된 검색어에 연동하여 사전에 등록된 광고 문구 또는 광고대상인 홈페이지의 인터넷주소를 노출하여 주는 온라인광고
법원(하급심 판례)	- 검색창에 특정 키워드를 입력하면, 사전에 포털사업자로부터 해당 키워드를 이용한 광고 서비스를 구매한 광고주의 사이트 주소와 광고문구가 검색 결과 화면의 상단에 게시되도록 하고, 사람들이 그 주소나 광고 문구를 클릭하면 해당 사이트로 연결되도록 해주는 키워드 검색광고 서비스(2013가합32048 판결) - 특정 키워드에 대하여 포털사업자가 광고주로부터 일정한 대가를 받고 검색이용자의 결과화면에 광고주의 웹페이지를 보여주는 광고(2014나2006129 판결)

성을 전제로 한다)"(조용혁, 2009)라고 정의하기도 하고, "광고주가 일정한 키워드나 검색어를 등록해 놓고 이용자가 해당 키워드를 검색하면 사전에 등록된 광고문구와 광고주의 링크를 보여주고, 링크를 클릭하여 광고주의 웹사이트로 연결시켜 주는 방식의 광고"(안정민·최세정, 2014)라고 정의하기도 한다.

이처럼 아직까지 일반화할 수 있는 검색광고의 법률적 정의를 찾아볼 수는 없으나, 정부, 학계 등 다양한 분야에서 검색광고를 정의하기 위해 노력했다는 것을 확인할 수 있었다. 이는 검색광고가 광고가 더 이상 새로운 광고 유형이 아닌 중요한 광고 수단의 하나로 자리 잡았기 때문이다.

검색광고를 법률적으로 정의하는 일은 필요한가? 반드시 필요하다고 말하기는 어렵다. 그렇지만 산업이 고도화될수록 관련된 법률적 문제들은 더욱 다양하고, 복잡해질 가능성이 높다. 더욱이 기존 매체를 기반으로 한 광고 일반 규제를 그대로 적용하고 있기 때문에 특성을 고려한 기준점은 필요할 것이다. 다만, 검색광고가 초기 제목, URL(사이트 주소), 설명 문구 등의 정형적인 모습에서 벗어나, 새로운 인터넷 환경(예컨대 모바일, 인공지능 환경 등)에 맞추어 진화하고 있는 상황이므로 섣부른 접근보다는 각계의 의견 수렴과

깊이 있는 연구가 뒷받침되어야 할 것이다. 만일 현시점에서 반드시 정의를 해야 한다면, 진흥 또는 분쟁 해결을 위한 목적으로서 '유상성을 전제로 인터넷 이용자가 인터넷 포털사이트 등에서 키워드와 연계하는 등의 방법으로 광고를 노출시키고(노출되는 형태는 각 유형별로 상이) 이용자가 노출된 광고를 클릭할 경우 해당 링크를 통해 바로 광고주의 웹사이트 등으로 연결해 주는 방식의 인터넷광고 기법' 정도로 정의하는 것이 현실적일 것이다.

4 | 검색광고 규제 체계 이해

앞서 언급한 내용과 같이 검색광고를 비롯한 온라인광고 역시 기존 매체를 중심으로 한 일반 광고 규제 법리를 그대로 따르고 있다고 볼 수 있는데, 대부분의 근거 법률이 기존 매체의 형식을 기준으로 제정된 내용이므로 온라인광고의 특성을 반영하고 있지 않다. 일부 온라인광고 관련 내용이 반영되었다 해도 실제 적용 과정에서 현실적 특성을 반영하지 못하는 경우가 많다. 예컨대 어떠한 법률에서 특정한 제품 또는 서비스를 광고하려면 반드시 일정한 분량 이상의 경고 문구 삽입 또는 표시를 강제하는 경우가 있다. 그러나 검색광고 또는 모바일 배너광고는 지면의 제한으로 이를 따르기가 용이하지 않다. 이러한 경우 각 광고의 특성에 맞는 별도의 가이드가 마련되어야 하지만 그렇지 못한 경우가 대부분이다.

국내 광고 규제 체계는 크게 공적 규제와 자율 규제로 나눌 수 있다. 통상 공적 규제는 법률을 기반으로 한 소관 정부 부처의 강제적 규제를 의미하고, 자율 규제는 사업자를 중심으로 한 자율적·임의적 규제를 의미한다. 특히 공적 규제를 살펴보기 위해서는 광고를 소관하고 있는 정부 부처를 이해할 필요가 있지만 이것이 그리 간단치는 않다. 일반 광고 업무를 담당하고 있는 부처만 해도 여러 곳이고, 각 업종별 특성 따라 산재되어 있기 때문이다. 간

표 8-3 **온라인광고 규제 현황**

법적 규제 · 광고 관련 법령 규정(약 200여 개)	민간위임형 규제 · 광고 사전심의 제도 · 유관 법률을 통해 사전심의 위임·위탁 예: 의료기기산업협회 등 공무수탁사인
민간지원형 자율 규제 · 정부가 민간 자율 규제를 지원하는 형태 예: 온라인신문협회, 인터넷신문위원회, 광고자율 심의 기구 등	민간주도형 자율 규제 · 사업자(매체) 스스로 규제 · 민간 자율기구를 통한 자율 규제 예: 광고사업자, KISO(온라인광고심의위원회)

자료: 「청소년 보호를 위한 인터넷상의 선정적 광고 개선방안」(국가인권위원회, 2014) 자료 재가공.

략히 설명하면 다음과 같다.

- 문화체육관광부(미디어 정책, 방송광고 등)
- 공정거래위원회(광고 규제 일반)
- 과학기술정보통신부(온라인광고 진흥 및 규제)
- 방송통신위원회(온라인광고 진흥 및 규제)
- 그 외 각 업종별 소관 부처

한편, 국내의 경우 과거부터 광고의 심의가 제도화되어 있는 상황인데, 사전심의와 사후심의 또는 법정심의와 자율심의가 혼재되어 있고, 심의의 주체도 국가로부터 심의 업무 위탁을 받은 단체(공무수탁사인)와 자율 심의 기구가 존재하는 등 복잡한 형태를 띠고 있다. 이마저도 업종별·매체별로 각기 다른 단체가 존재하고 있어 일반인들이 쉽게 이해하기는 어렵다. 온라인광고와 관련한 주요 심의 주체로는 사후심의를 담당하고 있는 '방송통신심의위원회'와 정부기관으로부터 심의업무를 위탁받은 각 업종별 협회 등이 있으며, 민간 자율심의 주체로는 각 매체사와 한국인터넷자율정책기구(KISO)의 온라인광고심의위원회 등이 대표적이다.

1) 공적 규제의 이해

국내 광고 규제 관련 법률은 크게 일반법에 따른 규제 유형과 각 업종별 개별법에 의한 규제 유형으로 구분되며, 검색광고도 이러한 법률의 영향을 받는다. 일반법에 의한 규제 유형에 해당되는 대표적인 법률은 '표시광고법', '정보통신망법', '전기통신사업법' 등이며, 각 업종별 개별 법률에 의한 규제 유형의 대표적인 법률로는 '의료법', '식품 등의 표시·광고에 관한 법률' 등을 들 수 있다. 그 밖에 청소년유해매체물의 유통 규제 차원에서 청소년보호위원회 등에 의해 결정·고시된 청소년 유해 매체물의 광고를 규제하고 있다. 또한 별도 정부에서 마련한 가이드라인 등이 대표적인 공적 규제의 유형이라 할 수 있다. 이어서 주요 법률의 내용 및 검색광고의 실적용 문제 등을 간략히 살펴보기로 한다.

(1) 표시·광고의 공정화에 관한 법률

'표시광고법'은 국내 광고 규제의 일반법이라 불릴 정도로 포괄적인 광고 규정들을 다루고 있다. 특히 거짓·과장의 표시·광고(사실과 다르게 표시·광고하거나 사실을 지나치게 부풀려 표시·광고하는 것), 기만적인 표시·광고(사실을 은폐하거나 축소하는 등의 방법으로 표시·광고하는 것), 부당하게 비교하는 표시·광고(부당하게 비교하는 표시·광고는 비교 대상 및 기준을 분명하게 밝히지 아니하거나 객관적인 근거 없이 자기 또는 자기의 상품이나 용역을 다른 사업자 또는 사업자단체나 다른 사업자등의 상품등과 비교하여 우량 또는 유리하다고 표시·광고하는 것), 비방적인 표시·광고(다른 사업자 등 또는 다른 사업자등의 상품 등에 관하여 객관적인 근거가 없는 내용으로 표시·광고하여 비방하거나 불리한 사실만을 표시·광고하여 비방하는 것) 등의 개별 규정은 부당광고의 표준을 제공해 이용자 보호의 중요한 기준점 역할을 하고 있다. 이와 같은 규정들은 검색광고에도 당연히 적용되고 있으며, 부당한 내용의 검색광고를 게재한 경우 해당 규정에 의해 규제를 받을 수 있음은 물론이다. '표시광고법'의 해석을 위한 공정위 업무지침인 인터넷광고 심사지침에서는 사업자가 자기 또는 자기가 취급하고 있는 상품 등과 관련하여 거짓 또는 과장된 검색어를 통해 광고하여 소비자를 속이거나 소비자가 잘못 알게 할 우려가 있는 경우에는 부당한 광고에 해당된다고 하여 검색광고가 부당 광고 규제 범위에 포함된다는 것을 명확히 규정하고 있다. 다만, 광고의 정의가 포괄적이다 보니 검색광고의 경우 어느 범위까지 광고로 볼 것인지 문제가 제기될 수 있다.

검색광고는 일반적으로 검색 결과 화면상에 노출되는 광고 소재, 즉 제목과 사이트 URL, 설명 문구 정도를 광고의 범위로 보고 있는데, 검색을 위한 키워드 또는 연결이 되는 페이지나 사이트까지 검색광고의 범위에 포함시킬 수 있는지 등이 대표적이다. 이와 관련해서는 여전히 연구와 논의가 필요한 상황이지만, 통상 검색광고가 키워드를 활용하여 잠재적 소비자를 타기팅하는 마케팅 행위라고 본다면, 키워드는 타기팅을 설정하기 위한 도구에 불과하므로 광고의 범위에 들지 않는다고 보는 것이 타당하고, 연결이 되는 페이지나 사이트를 검색광고의 범위에 해당된다고 보는 것은 광고의 범위를 지나치게 확장할 수 있으므로 책임 소재의 명확화라는 측면에서 적절치 않을 것이다.

(2) 전기통신사업법

'전기통신사업법'은 국내 전기통신사업의 운영과 관리, 공정 경쟁 유도와 이용자 보호 등을 목적으로 제정된 법률이다. 다수의 온라인광고 회사들이 부가통신사업자에 해당되는 상황이므로 동 법률의 적용 대상에 해당된다고 볼 수 있다. '전기통신사업법' 이용자 보호를 위해 사업자의 금지 행위를 나열하고 있는데(제50조), 특히 이용자의 이익을 해치는 전기통신 서비스의 제공 행위로서 타 전기통신 서비스의 선택 또는 이용의 방해와 관련한 행위와 관련해 광고와 관련한 금지 규정 선택 또는 이용의 방해와 관련한 행위와 관련해 광고와 관련한 금지 규정을 다루고 있다(시행령 제42조 제1항 관련 별표4). 그 내용은 다음과 같다. ① 부당하게 광고와 광고가 아닌 정보를 명확히 구분하지 않고 제공함으로써 이용자를 오인하게 하는 행위(일부 제외 사항 있음), ② 광고를 배포·게시·전송하면서 부당하게 광고가 아닌 다른 정보를 가리는 광고의 삭제를 제한하는 행위이다.

검색광고의 경우 대부분 광고임을 명확히 표시하고 있거나, 정보를 가리는 등의 형태를 띠고 있지 않으므로, 상기 규제와는 거리가 있다고 할 수 있으나, 이 역시 일반적 광고 규제의 한 유형임은 인지할 필요성이 있다.

(3) 청소년보호법 등

'청소년보호법'은 청소년에게 유해한 매체물 등이 유통되는 것을 미연에 방지하는 등 청소년을 유해한 환경으로부터 보호·구제하는 것을 내용으로 하는 청소년 보호 관련 대표 법률이다. '청소년보호법'은 대표적으로 청소년 유해 매체물과 청소년 유해 약물 등을 규제하고 있다. 각 매체물의 유형에 따라 차이가 있기는 하나, 기본적으로 청소년 유해 매체물로 지정된 매체물의 경우에는 의무적으로 청소년 유해 표시를 부착해야 하고, 청소년 유해 매체물로 지정된 광고선전물을 온라인상 청소년 접근 제한 기능 없이 설치·부착·배포해서는 안 된다('청소년보호법', 제19조 제1항). 이러한 청소년 유해 매체물은 '정보통신망법'에 의해서도 규제가 되고 있는데, 청소년 유해 매체물을 광고하는 내용의 정보를 정보통신망을 이용해 청소년에게 전송하거나 청소년 접근을 제한하는 조치 없이 공개적으로 전시하는 행위는 금지되고 있다('정보통신망법' 제42조의2).

검색광고 역시 이러한 청소년 보호 규제에 따라 청소년 유해 매체물에 해당될 수 있는 매체물의 한 범위에 해당되므로, 청소년 유해 매체물로 지정 또는 자율 표시를 통해 별도로 분류된 경우라면 청소년 접근 제한 조치를 통해 제한적으로 노출하고 있다.

(4) 의료법

'의료법'은 의료광고를 직접적으로 규제하는 업종별 개별 법률의 대표적 유형이다. '의료법'에서는 의료광고와 관련한 규제를 직접적으로 다루고 있는데, 의료광고는 의료인 등만 제한적으로 집행이 가능하다는 점과 타 업종 대비 상세한 내용 규제를 규정하고 있다는 점이 특징이다. 이는 의료광고의 '비가역성'(서비스의 실패가 소비자의 생명에도 영향을 미칠 수 있다) 때문이라 이해된다.

2015년까지만 해도 의료광고를 집행하려면 '의료법'에 근거해 보건복지부 장관의 사전심의를 받아야 했다. 실제 심의 업무는 업무를 위탁받은 대한의사협회, 대한한의사협회, 대한치과의사협회 등의 이른바 '공무수탁사인'이 주체가 되어 수행했으며, 심의 대상임에도 심의를 받지 않고 광고를 집행한 경우에는 형사처벌을 받는 등 강력한 규제로 작용했다. 그러나 정부의 광고 사전심의가 검열로 작용할 수 있다는 헌법재판소의 위헌결정(헌재 2015.12.23. 2015헌바75) 이후 수년간의 과도기를 거쳐 지난 2018년 9월부터 개정된 '의료법'이 시행되고 있다. 개정된 '의료법'은 기존 법률 대비 입법 목적상 큰 차이점이 있다고 할 수는 없으나, 광고사전심의 제도를 유지하되 정부 주도의 심의가 아닌 민간 자율 주도의 심의로 변경했다는 점, 기존에는 광고사전심의 대상에 해당되지 않았던 모바일 애플리케이션을 심의 대상에 포함시켰다는 점, 심의 주체를 기존 3개 의사 단체에서 소비자 단체로 확대했다는 점 등이 주된 개정 내용이라 할 수 있다. 다만, 심의가 민간 자율 주도로 전환되기는 했으나, 심의 대상임에도 심의를 받지 않고 광고를 집행했을 경우 형사처벌을 받을 수 있는 상황이므로, 완전한 자율 규제가 아닌 '규제된 자율 규제'의 형식을 취하고 있다고 볼 수 있다.

검색광고의 경우 검색광고를 집행하는 주요 매체가 '의료법'에서 규정하고 있는 광고심의 대상 매체에 해당되므로 의료 분야 검색광고를 집행하려면 반드시 사전심의를 받아야 한다. 그러나 사전심의라는 강력한 규제 정책을 시행하고 있음에도 검색광고 등 온라인광고의 특성을 반영한 심의 기준은 존재하지 않으며, 각 심의 기구별로 운영 방식이 상이하고, 각기 다른 기준 적용을 하고 있는 상황이므로 일각에서는 통일적이고 합리적인 심의 업무 진행을 위한 기반 마련이 필요하다고 지적한다.

박스 8-1 **의료법상 의료광고 금지 규정(제56조)**

1. 법률에 따른 평가를 받지 아니한 신의료기술에 관한 광고
2. 환자에 관한 치료경험담 등 소비자로 하여금 치료 효과를 오인하게 할 우려가 있는 내용의 광고
3. 거짓된 내용을 표시하는 광고
4. 다른 의료인등의 기능 또는 진료 방법과 비교하는 내용의 광고
5. 다른 의료인등을 비방하는 내용의 광고
6. 수술 장면 등 직접적인 시술행위를 노출하는 내용의 광고
7. 의료인등의 기능, 진료 방법과 관련하여 심각한 부작용 등 중요한 정보를 누락하는 광고
8. 객관적인 사실을 과장하는 내용의 광고
9. 법적 근거가 없는 자격이나 명칭을 표방하는 내용의 광고
10. 신문, 방송, 잡지 등을 이용하여 기사(記事) 또는 전문가의 의견 형태로 표현되는 광고
11. 법률에 따른 심의를 받지 아니하거나 심의 받은 내용과 다른 내용의 광고
12. 법률에 따라 외국인환자를 유치하기 위한 국내광고
13. 소비자를 속이거나 소비자로 하여금 잘못 알게 할 우려가 있는 방법으로 법률에 따른 비급여 진료비용을 할인하거나 면제하는 내용의 광고
14. 각종 상장·감사장 등을 이용하는 광고 또는 인증·보증·추천을 받았다는 내용을 사용하거나 이와 유사한 내용을 표현하는 광고. 다만, 다음 의 어느 하나에 해당하는 경우는 제외됨
    가. 법률에 따른 의료기관 인증을 표시한 광고
    나. 법률의 규정에 따른 중앙행정기관·특별지방행정기관 및 그 부속기관, 법률에 따른 지방자치단체 또는 법률에 따른 공공기관으로부터 받은 인증·보증을 표시한 광고
    다. 다른 법령에 따라 받은 인증·보증을 표시한 광고
    라. 세계보건기구와 협력을 맺은 국제평가기구로부터 받은 인증을 표시한 광고 등 하위 법률로 정하는 광고
15. 그 밖에 의료광고의 방법 또는 내용이 국민의 보건과 건전한 의료경쟁의 질서를 해치거나 소비자에게 피해를 줄 우려가 있는 것으로서 법률에서 정하는 내용의 광고

(5) 식품 등의 표시·광고에 관한 법률

2019년 3월 이전을 중심으로 '식품 또는 건강기능식품 등 광고는 식품위생법과 건강기능식품에 관한 법률'(이하 '건강기능식품법') 및 기타 식품 관련 법률에 의해 규제되었다. 이러한 식품 관련 법률에서는 허위·과대 광고를 금지하고 있으며(제13조), 특히 영유아식, 체중 조절용 조제 식품 등 이른바 '특수용도식품' 광고와 건강기능식품의 기능성에 대한 광고를 집행하기 위해서는 식품의약품안전처장의 광고사전심의를 받아야 했다.

그러나 지난 2015년 의료광고 법정사전심의의 위헌결정 이후, 식·의약 관련 소관 정부 부처인 식품의약품안전처에서는 식품 관련 광고 규제 체계의 전면 개편이 불가피하다고 판단했고, 그동안 여러 법률에 분산되어 있던 식품 관련 규제들을 통합된 하나의 법률에서 관리한다는 내용의 구체 체계 마련을 꾀했다. 이렇게 등장한 것이 '식품 등의 표시·광고에 관한 법률'(이하 '식품표시광고법')이다. '식품표시광고법'은 기존 '식품위생법', '건강기능식품법', '축산물위생관리법'상의 표시·광고 관련 규제를 하나의 법률로 통합한 것이며, 2019년 3월에 시행되었다. 이 법률은 '의료법'의 체계와 유사하게 기존의 광고사전심의 제도를 정부 주도에서 민간 자율 주도의 심의로 변경했다는 것이 특징인데, 역시 동일하게 심의대상인데도 심의를 받지 않고 광고를 집행했을 경우 형사처벌을 받을 수 있으므로, '규제된 자율 규제'의 형식을 취하고 있다고 볼 수 있다. 참고로 식약처의 '식품표시광고법' 개정 작업 중이던 2018년 6월 정부 주도의 건강기능식품광고 사전심의 역시 검열로 작용할 수 있다는 이유로 헌법재판소의 위헌결정이 내려졌다(헌재 2018. 6. 28. 2016헌가8, 2017헌바476 병합).

검색광고 역시 '식품표시광고법'의 적용 대상 매체 및 광고에 해당되므로, 해당 법률상의 부당 광고 관련 규제를 준수해야 하는 것은 물론이다. 또한 광고사전심의의 적용 대상에도 해당된다고 볼 수 있는데, 식품 등 광고의 경우 특성상 제품 자체의 광고인 경우가 대부분인데, 검색광고의 경우 개별 제품의 광고보다는 다수의 제품을 판매하는 판매자의 광고가 대부분이므로 심의 대상에 해당되지 않는 경우가 대부분이라 이해되고 있다.

박스 8-2 **식품표시광고법상 부당광고 행위 금지 규정(제8조)**

1. 질병의 예방·치료에 효능이 있는 것으로 인식할 우려가 있는 표시 또는 광고
2. 식품 등을 의약품으로 인식할 우려가 있는 표시 또는 광고
3. 건강기능식품이 아닌 것을 건강기능식품으로 인식할 우려가 있는 표시 또는 광고
4. 거짓·과장된 표시 또는 광고
5. 소비자를 기만하는 표시 또는 광고
6. 다른 업체나 다른 업체의 제품을 비방하는 표시 또는 광고
7. 객관적인 근거 없이 자기 또는 자기의 식품 등을 다른 영업자나 다른 영업자의 식품등과 부당하게 비교하는 표시 또는 광고
8. 사행심을 조장하거나 음란한 표현을 사용하여 공중도덕이나 사회윤리를 현저하게 침해하는 표시 또는 광고
9. 법률에 따라 심의를 받지 아니하거나 같은 조 제4항을 위반하여 심의 결과에 따르지 아니한 표시 또는 광고

(6) 정부의 가이드라인

국가가 일정한 영역의 규제를 검토할 때는 그 근거가 되는 법률이 존재해야 함은 물론이다. 적정한 규제의 법률이 존재하지 않는 경우에는 국회를 설득하여 법률을 제·개정하거나 정부가 직접 주체가 되어 법률을 발의하기도 하는데, 이것이 그리 간단한 일이 아니다. 법률이 제·개정된다는 것은 그와 관련한 개인 또는 기업에게 상당한 영향을 미칠 수 있는 일인 만큼 이 역시 법률에 근거한 절차와 검증을 거쳐야 하므로 상당한 시간과 검토 과정이 필요한 것이다. 그래서 정부에서는 일정한 영역의 규제라는 행정 목적을 달성하기 위해 법률이 아닌 가이드라인의 형식(모범 거래 기준 또는 권고안 등의 명칭을 사용하기도 함)을 빌려 규제를 하는 경우가 있다. 이러한 가이드라인은 '행정지도'의 한 형태인데, 모든 행정이 법률에 근거하야 한다는 관점에서 본다면 예외

적인 경우에만 사용되어야 하지만, 제도의 편의성과 운영의 탄력성 때문에 실무적으로 자주 사용되고 있다(안정민·최세정, 2014).

2013년과 2014년 구 미래창조과학부(이하 '미래부')와 공정거래위원회는 포털의 검색 결과와 광고 구분 등의 내용을 담은 가이드라인을 마련해 발표했다. 이는 각 포털 사업자들이 검색광고 사업을 영위하는데, 광고와 정보를 명확히 구분해 서비스하고 있지 않아 일반 이용자로 하여금 오인하게 할 여지가 있다는 데 기인한다. 이에 2013년 10월 구 미래창조과학부는 '인터넷 검색서비스 발전을 위한 권고안'을, 2014년 1월 공정거래위원회는 '인터넷 검색서비스 산업모범거래기준'을 발표[3]하면서 검색광고 사업자에게 이용자가 광고와 그 외의 검색 결과를 명확히 구분할 수 있도록 할 것을 권고했다.

미래부의 가이드라인의 주요 내용은 광고와 정보를 명확히 구분하도록 조치할 것을 규정하고 있으며, 공정위의 가이드라인은 좀 더 구체적으로, ① 광고 영역에 "…에 관한된 광고"라는 사실을 기재하고 광고 노출 기준에 대한 안내문 제시, ② 검색 결과로 노출된 개별 광고 사이트(하이퍼링크)마다 광고임을 표시, ③ 광고 영역을 별도 상자로 표시하고, 해당 상자에 배경색을 설정하여 상자에 테두리를 치는 등으로 일반 검색 결과와 명확하게 구분, ④ 광고를 일반 검색 결과 우측에 배치해 검색 결과와 광고가 구분되어 있음을 쉽게 알 수 있도록 표시하라는 등의 사항을 규정하고 있다.

한편, 2017년 2월 방송통신위원회에서는 '온라인 맞춤형 광고 개인정보보호 가이드라인'을 발표했다. 이는 타기팅 광고 기술의 발전으로 등장하고 있는 이용자 행태 정보(웹사이트 방문 이력, 앱 사용 이력, 구매 및 검색 이력 등 이용자의 관심, 흥미, 기호 및 성향 등을 파악하고 분석할 수 있는 온라인상의 이용자 활동 정보)를 기반으로 한

3 공정위는 이 모범거래 기준이 사업자 간 거래에 대한 권고 사항으로 사건 처리를 위한 위법성 판단 기준과 무관하다고 밝히고 있다. 2014년 5월 21일 '공정위, 모범거래기준·관련 지침 대폭 정비' 보도 자료를 통해 이 모범거래 기준의 폐지를 검토하겠다고 밝혔으나, 실제 폐기 여부는 확인되지 않고 있다.

그림 8-1 **행태정보 수집·이용사실 및 통제권 보장 방법 예시**

① 온라인 행태정보 수집·처리 사업자	○○○ 광고 컴퍼니 (○○○ 앱)
② 수집하는 온라인 행태정보의 항목	- 웹사이트 방문 이력, 앱 사용 이력, 검색 이력
③ 온라인 행태정보 수집 방법	- 사이트 방문 및 앱 실행 시 자동 수집·전송
④ 온라인 행태정보 수집 목적	- 사용자 관심 기반의 맞춤형 광고 제공
⑤ 온라인 행태정보 보유·이용 기간 및 이후 정보처리 방법	- 웹사이트 방문 정보 ○○일 - 애플리케이션 이용 정보 ○○일
⑥ 이용자 통제권 행사 방법	1. 이용자 맞춤형 광고 설정 수신 거부 2. 기타 방법 - 웹 브라우저, 스마트폰, 관련 협회 링크
⑦ 이용자 피해구제 방법	담당자, 전화, E-MAIL

자료: 「온라인 맞춤형 광고 개인정보보호 가이드라인 리플릿」(방송통신위원회, 2017).

온라인 맞춤형 광고[4]에 광고사업자가 지켜야 할 준수 사항과 개인정보 침해 우려를 최소화하기 위해 이용자가 취할 수 있는 조치 방법 등의 규정을 그 내용으로 하고 있다. 가이드라인의 주요 내용에 따르면, 광고사업자 및 매체 사업자는 이용자가 온라인에서 자신의 행태 정보가 수집·이용되고 있다는 사실을 쉽게 인지할 수 있도록 안내 방안을 마련해야 하고, 정보를 수집하는 데 필요한 범위 내에서 최소한의 행태 정보를 수집해야 하며, 행태 정보를 개인 식별 정보와 결합해 사용할 경우 이용자에게 사전 동의를 획득해야 한다. 또한 이용자가 행태 정보의 제공 및 온라인 맞춤형 광고 수신 여부를 쉽게 선택할 수 있도록 다양한 통제 수단과 이용 방법을 제공하여야 하며, 행태 정보를 보호하기 위한 기술적·관리적 보호 조치를 취하여야 한다(필요 최소한의 기간 동안 보관).

가이드라인은 법률이 아닌 정부의 행정 목적 달성을 위해 사업자의 자율적인 준수를 유도하기 위한 지침이다. 그러나 실상은 '자율적 준수 유도'라는 말이 무색하게 국내 사업자는 규제 부처와의 마찰을 피하기 위해 반강제적으로 준수를 하고 있는 상황이고, 국내에서 서비스를 제공하는 해외 사업자의 경우는 그렇지 않은 경우가 대부분이다. 이용자를 보호하고 후생을 제고

4 행태정보를 처리하여 이용자의 관심, 흥미, 기호 및 성향 등을 분석·추정한 후 이용자에게 맞춤형으로 제공되는 온라인광고를 의미한다.

하기 위한 취지의 가이드라인 제정이라면 동의 못할 바는 아니지만, 그 자체가 행정 편의적 수단으로 사용되거나 역차별의 요소가 되어서는 안 될 것이다.

2) 자율 규제의 이해

자율 규제란 일반적으로 조직화된 집단이 그 구성원의 행위를 스스로 규제하는 행위로 이해된다. 자율 규제는 집단 스스로가 자율적으로 규제 방안을 만들어 적용하는 것을 기본으로 하지만, 때로는 정부가 주도하는 자율 규제의 방식도 존재하므로 성립 방식에 따라 그 형태와 유형이 다양하다. 자율 규제는 집단이 스스로 지켜야 할 기준을 제정하고 그 기준의 위반행위를 스스로 점검하고 적발하는 형태를 띠고 있는데, 공적 규제보다 노력과 비용이 상대적으로 적게 들고, 효율성, 집행력 확보의 용이성, 환경 변화의 적응성, 해당 분야의 전문성 등의 여러 장점을 가지고 있다. 특히 산업계에서는 자율 규제가 체계화되고 활성화될수록 공적 규제가 미치는 영향력도 그만큼 줄어들어 자율 규제의 도입을 위해 적극 노력하고 있는데, 공적 규제에 비해 위반에 따른 제재 수준이 미약하므로 실효성이 없다는 비판의 시각이 존재하기도 한다. 이어서 검색광고 등 온라인광고 산업의 자율 규제 현황을 간략히 살펴보기로 한다.

(1) 금융업종 광고의 자율 규제

금융투자 업종, 보험 등 이른바 금융업종은 판매자와 소비자 간의 정보비대칭이 큰 편이다. 특히 상품의 특성상 내용이 복잡하고 복합적인 구조이다 보니 아무리 상세히 설명해도 일반 소비자가 이해하기란 쉽지 않다. 이에 따라 '불완전판매(금융회사가 상품 판매 과정에서 중요 사항을 누락하거나 허위·과장으로 오인에 이르게 하는 경우)' 문제가 사회적으로 이슈화되고 있으며, 광고 역시 소비자의 선택과 구매 등에 중요한 영향을 미치므로 관련한 문제에서 자유롭지 못하다.

금융업종의 광고 역시 기본적으로는 각 금융업권별 법률의 규제를 받고 있다. 은행 상품의 경우 '은행법', 금융투자상품 등의 경우 '자본시장과 금융투자업에 관한 법률'(이하 '자본시장법'), 보험 상품의 경우 '보험업법', 카드 상품의 경우 '여신전문금융업법', 대부 상품의 경우 '대부업법' 등 각 권역별 법률에 의해 형식 규제와 내용 규제(허위·과장 광고 금지 등)가 이루어지고 있다. 그러나 금융업종의 특성상 이러한 법률적 규제에 한계가 있으므로, 이를 기초로 한 자율 규제가 적극적으로 활용되고 있는 상황이다. 대표적인 분야가 투자광고와 보험광고이다.

투자광고의 경우 금융투자업자의 업무 및 금융투자 상품에 관한 광고를 포괄한다. '자본시장법'의 하위 법령인 금융투자업 규정에서 "투자광고를 집행하기 위해서는 협회의 심사를 받아야 한다"라고 명시하고 있기는 하나, 금융투자협회의 금융투자회사의 영업 및 업무에 관한 규정 및 하위규정에 근거한 사전 자율 심의의 형태로 자율 규제를 진행하고 있다. 보험광고의 경우 크게 생명보험광고와 손해보험광고 등으로 구분된다. 각각 생명보험협회의 생명보험 광고·선전에 관한 규정 및 하위규정, 손해보험협회의 생명보험 광고·선전에 관한 규정 및 하위규정에 근거한 사전 자율심의의 형태로 자율 규제를 진행하고 있다.

검색광고 각 규제 방식의 적용 대상이 됨은 물론이다. 다만, 주요 금융업종의 경우 온라인광고에 특화된 별도의 기준이 있으므로, 더 유연한 규제가 이루어질 수 있다는 것이 특징이다. 특히 보험업종의 경우 별도로 '보험 온라인 상품광고 심의기준'을 마련해 적용 중인데, 각 온라인광고 상품의 유형 정의와 더불어 상품 특성에 따른 유연한 기준 적용 방식을 설명하고 있다. 예컨대 검색광고 소재 내 공간상의 제약으로 심의 필 표시 및 중요 고지 문구의 표시가 곤란한 경우 이를 생략할 수 있거나 연결되는 사이트 또는 페이지에 표시하도록 하는 것이다. 이는 자율 규제의 장점인 유연성과 환경 변화의 적응성을 나타내는 대표적인 사례라 할 수 있다.

(2) 검색광고 사업자에 의한 자율 규제

검색광고를 비롯한 광고매체 사업자들은 대개 광고 게재 업무 절차상에 '검수'라는 과정을 두고 있다. '검수'란 사업자 스스로 제정한 검수 기준에 근거해 작동되는 일종의 필터링 과정이며, 광고 게재의 적정성 등에 대한 검토 과정이다. 이러한 검수 과정은 사업자의 자기검열에 가깝다고 볼 수 있으므로, 어떻게 보면 가장 강력한 자율 규제 수단이라 할 수 있다. 만일, 검색광고 사업자가 이러한 자기검열을 등한시하게 될 경우, 이용자의 신뢰를 잃을 것이며, 전환 비용이 제로에 가까운 인터넷 서비스의 특성(예컨대 소비자가 특정 인터넷서비스에 불만 또는 싫증을 느낄 경우 타 인터넷서비스로 전환해 사용하면 그만인데, 대개 이 과정에서 별도의 비용이 발생하지는 않는다)상 사업성이 약화될 가능성이 높다. 현재 각 검색광고 사업자들은 사이트 검수(사이트의 적법성·적정성 등을 확인하는 과정), 광고 검수(광고 소재의 적법성·적절성 등을 확인하는 과정), 연관도 검수(광고 소재와 연결 사이트의 연관성 등을 확인하는 과정) 등의 검수 과정을 갖추고 있으며, 법률 등에 근거한 검수 기준을 토대로 실시간 검수 업무를 진행하고 있다.

한편, 검색광고 사업자가 각 정부 부처와 업무 협약 등을 맺고, 통지 및 삭제 조치(notice & takedown) 등을 진행하는 방식의 자율 규제 방법도 운영되고 있다. 이는 주로 '저작권법'에서 사용되는 방식인데, 예를 들면 특정 규제 기관에서 불법 광고 등의 모니터링을 진행한 후, 그 결과를 업무 협약을 맺은 광고매체에 전달하면 해당 매체에서는 이를 삭제함으로써 법적 책임을 면제받는 절차이다. 규제 기관과 각 광고매체가 별도의 협약 등을 맺어야 하며, 규제 기관 입장에서 지속적으로 법률에 근거해 모니터링해야 한다는 번거로움이 있을 수 있으나, 사후적으로 가장 빠르게 불법 광고의 게재를 중단할 수 있는 합리적 방법이라 할 수 있다.

(3) 한국인터넷자율정책기구(KISO) 온라인광고심의위원회의 자율 규제

한국인터넷자율정책기구(KISO) 온라인광고심의위원회는 온라인광고에서

그림 8-2 **네이버 검색광고 검수 절차**

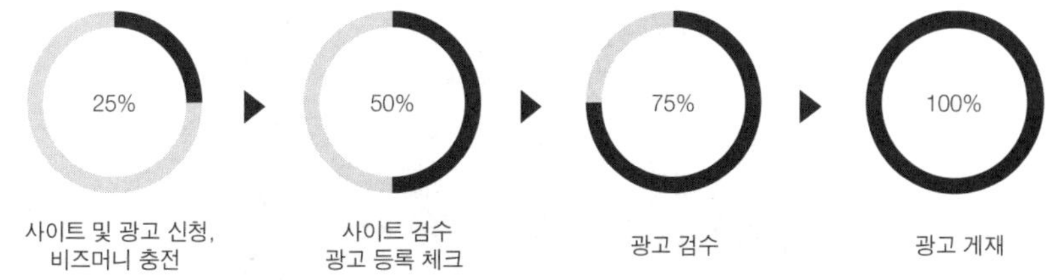

자료: 네이버 검색광고 스토리(네이버, 2014).

가장 대표적인 자율 심의 기구이다. 구 한국인터넷광고심의기구에 있던 자율심의 기능이 이관된 것인데, 회원사를 중심으로 신청을 받은 광고물에 대해 광고의 적합 여부 등을 심의하는 업무를 수행하고 있다. 각계에서 추천을 받은 심의위원들이 온라인광고심의위원회 운영 규정 및 심의 규정을 근거로 심의 업무를 진행하고 있으며, 외부로부터의 권한 위임이나 영향을 받지 않은 순수 자율 규제의 형태를 띠고 있으므로, 공정성, 객관성의 측면을 보장받을 수 있고, 이해 당사자인 각 사업자가 규제에 직접 참여함으로써 실질적 규제 효과를 발휘할 수 있다. 따라서 일반적인 광고 소재보다는 사회적 이슈가 될 수 있는 내용의 광고 등에 대해 균형 있고 합리적인 시각으로 심의를 할 수 있다는 장점이 있다. 다만, 회원사를 중심으로 광고 심의 업무를 수행하고 있으므로, 타 심의 기구에 비해 활발한 심의 업무를 할 수 없다는 점이 한계로 지적되고 있다.

5 | 기타 검색광고 관련 기관

1) 한국인터넷진흥원 온라인광고분쟁조정위원회

온라인광고분쟁조정위원회는 공공기관인 한국인터넷진흥원(KISA)의 ICT 분쟁조정지원센터 산하에 설치된 온라인광고 전문 분쟁조정기구이다. 온라

그림 8-3 **중소 광고주 인터넷광고 피해 예방 및 구제 강화를 위한 협의체**

자료: 한국인터넷진흥원(2017).

인광고의 발전과 성장에 따라 부당한 광고 계약 체결 등 이해관계자들 간의 분쟁이 지속적으로 발생했는데, 특히 온라인광고는 소액 분쟁이 다수를 차지하고 있어 법원을 통한 분쟁 해결은 비용과 시간이 많이 든다는 부담이 있었다. 이후 온라인광고 분야의 전문성 있는 전문 중재기관의 필요성이 대두되었고, 2009년 시범 운영을 거쳐 2010년부터 정식으로 출범해 운영되어 오고 있다. 온라인광고 분야의 전문 지식과 경험이 풍부한 법조계·학계·업계 전문가로 구성된 조정위원들이 조정 업무를 수행하며, 조정이 성립된 경우에는 '민법'상 화해계약('민법' 제732조, 당사자가 상호 양보해 분쟁의 종지를 약속한 것)이 성립된다는 것이 특징이다.

위원회는 특히 검색광고와 관련한 분쟁의 처리에서도 중요한 역할을 하고 있는데, 분쟁 사건의 절반 이상을 차지하고 있는 사기성 검색광고 대행업체의 불법 영업에 기인한 분쟁 해결이 바로 그것이다(2017년 접수된 총 480건 중 검색광고와 관련한 사건이 321건). 이는 주로 검색광고에 익숙하지 않은 소상공인 광고주에게 많이 발생하고 있는데, 대부분의 사기성 대행업체들은 검색광고가 클릭에 기반하여 광고비를 사후 정산하는 CPC 방식의 과금 구조가 있는데도 사전에 광고비를 요구하며, 광고가 노출되는 위치가 실시간 경매 입찰을 통해 정해지는 방식인데도 약정 기간 동안 검색 결과 최상단에 광고를 고정적으로 노출시켜 준다는 등 거짓 영업으로 부당 이득을 취하고 있다. 위원회는 이러한 사기성 대행업체에 적극 대응하기 위해 한국인터넷광고재단(KIAF), 네이버, 카카오, 구글 코리아, SK커뮤니케이션즈 등 유관 기관 및 업계와 협력해 '중소광고주 인터넷광고 피해 예방 및 구제 강화를 위한 협의체'를 구성해 활발히 활동하고 있다.

2) 한국인터넷광고재단

한국인터넷광고재단은 2014년에 설립된 국내 최초의 인터넷 광고 분야 공익법인이다. 광고재단은 인터넷광고 시장에서의 소비자 보호, 중소 사업자 보호 및 경쟁질서 확립, 인터넷광고와 관련한 학술 연구 등의 기본 업무를 수행하며, 공정거래위원회, 한국소비자원 등 인터넷광고 관련 주요 정부 기관 및 공공기관들과 협력해 인터넷광고 분야의 공익적 활동을 수행한다.

또한 광고재단은 보건복지부, 교육과학기술부, 금융감독원 등 주요 정부 기관과 협력해 불법·부당 인터넷광고 모니터링 활동을 진행하고 있으며, 별도의 신고센터를 운영해 인터넷광고로부터 피해를 입은 소비자·사업자의 상담 및 법률 자문, 소송 지원 등의 서비스를 제공하고 있다.

6 | 향후 검색광고 규제 연구 방향성

검색광고는 온라인광고 산업에서 가장 혁신적이고 합리적인 광고 기법이다. 기존의 방송, 인쇄물 광고와 달리 광고주의 규모와 상관없이 집행이 가능하며, 마케팅 효율을 극대화할 수 있다는 장점 때문에 급격히 성장해 왔고, 향후에도 지속적으로 진화하고 성장해 나갈 것이라 기대하고 있다. 그러나 이러한 성장세에 비해 이를 규제하기 위한 정책 및 체계는 변경된 것이 거의

그림 8-4 **네이버의 생활환경지능 기술 개발**

자료: 네이버, CES 2019 심벌 이미지(2019).

없으며, 이를 개선하기 위한 연구와 노력 역시 전무한 상황이다.

검색광고는 과거의 시각과 방식으로 이해하기 어려운 마케팅 기법이다. 검색광고 생태계 안에서는 수많은 이해관계자들이 실시간 우위를 차지하기 위해 경쟁을 하고 있고, 마치 카멜레온같이 상황에 맞게 변화하는 특성 때문에 기존의 사고로는 이해하기 어려운 부분이 많다. 따라서 검색광고 규제 연구의 첫걸음은 산업의 생태계와 작동 원리를 이해하는 데서 출발해야 할 것이며, 이후 생태계의 특성을 고려한 정책 방향성이 연구되어야 할 것이다. 다만, 검색광고의 특성상 경직되어 있는 공적 규제만으로는 합리적인 규제를 기대하기 어려울 것이다. 자율 규제를 기반으로 하는 새로운 규제 체계를 마련하되, 자율 규제에 적극적으로 참여하는 주체에게는 일정한 수준의 인센티브를 부여를 부여하고, 일부 보완적으로 공적 규제를 부가한다면 실제적 효과를 기대할 수 있을 것이다.

마케팅 기술은 빠르게 발전하고 있다. 광고주들은 더 나은 마케팅 방법을 찾고 있고, 소비자들은 마케팅의 홍수 속에서도 본인에게 도움이 되는 양질의 정보를 요구하고 있다. 이러한 요구에 부응해 기술회사들은 인공지능(artificial intelligence) 또는 증강현실(augmented reality) 등 새로운 기술을 기반으로 한 마케팅 기법, 자율주행 자동차 또는 생활용 로봇을 활용한 마케팅 기법 등을 지속적으로 등장시킬 예정이다. 광고의 규제 정책 역시 이렇듯 빠른 흐름을 인지하고 그에 걸맞은 연구와 방향 제시가 필요할 것이다.

표 8-4 **검색광고 관련 주요 법률과 소관 부처**

구분	관련 업종	법률명	소관 부처
공통	-	전기통신사업법	방송통신위원회 과학기술정보통신부
		정보통신망 이용촉진 및 정보보호 등에 관한 법률	
		표시·광고의 공정화에 관한 법률 ㄴ인터넷광고에 관한 심사지침	공정거래위원회
		전자상거래 등에서의 소비자보호에 관한 법률	
		부정경쟁방지 및 영업비밀보호에 관한 법률	특허청
		위치정보의 보호 및 이용 등에 관한 법률	방송통신위원회
		청소년 보호법	여성가족부
		* 온라인 맞춤형 광고 개인정보보호 가이드라인	방송통신위원회
		* 인터넷 검색서비스 발전을 위한 권고안	구 미래창조과학부
업종별	주류/담배	국민건강증진법	보건복지부
		담배사업법	기획재정부
		주세법 ㄴ주류의 통신판매에 관한 명령위임 고시	
	보건/의료	의료법 ㄴ안마사에 관한 규칙	보건복지부
		의료기사 등에 관한 법률	
	식의약품 등	식품위생법	식품의약품안전처
		건강기능식품에 관한 법률	
		축산물 위생관리법	
		어린이 식생활안전관리 특별법	
		수입식품안전관리 특별법	
		식품 등의 표시·광고에 관한 법률	
		약사법 ㄴ의약품 등의 안전에 관한 규칙 ㄴ동물용 의약품등 취급규칙	식품의약품안전처 (농림축산식품부)
		농수산물 품질관리법	식품의약품안전처 (농림축산식품부, 해양수산부)
		의료기기법	식품의약품안전처
		화장품법	
		마약류 관리에 관한 법률	
		친환경농어업 육성 및 유기식품 등의 관리 · 지원에 관한 법률	농림축산식품부, 해양수산부

구분	관련 업종	법률명	소관 부처
업종별	금융	자본시장과 금융투자업에 관한 법률	금융위원회
		대부업 등의 등록 및 금융이용자 보호에 관한 법률	
		보험업법	
		상호저축은행법	
		여신전문금융업법	
		유사수신행위의 규제에 관한 법률	
	학원/교육	학원의 설립·운영 및 과외교습에 관한 법률	교육부
		유아교육법	
	사행행위	사행행위 등 규제 및 처벌 특례법	경찰청
		국민체육진흥법	문화체육관광부
		한국마사회법	
		경륜·경정법	
		관광진흥법	
		폐광지역 개발 지원에 관한 특별법	산업통상자원부
		복권 및 복권기금법	기획재정부
	환경	먹는물관리법	환경부
		환경기술 및 환경산업 지원법	
	영화/게임	영화 및 비디오물의 진흥에 관한 법률	문화체육관광부
		게임산업진흥에 관한 법률	
	항공/운송	여객자동차 운수사업법	국토교통부
		자동차관리법	
		항공법	
		물류정책기본법	
		화물자동차 운수사업법	
	법률	변호사법	법무부
		외국법자문사법	
	기타	공직선거법	중앙선거관리위원회
		철도사업법	국토교통부
		방문판매등에 관한 법률	공정거래위원회
		신용정보의 이용 및 보호에 관한 법률	금융위원회
		공인중개사법	국토교통부
		결혼중개업의 관리에 관한 법률	여성가족부
		농약관리법	농림축산식품부
		총포·도검·화약류 등 단속법	경찰청

주: *는 법률이 아닌 정부의 가이드라인을 의미한다.

표 8-5 **광고 심의 현황**

심의 유형		심의 대상	근거	심의 주체	심의 기구	특징
법정 심의	사전 심의	의료기기 광고	의료기기법	식품의약품 안전처장	한국의료기기산업 협회	-
		의약품 광고	약사법	식품의약품 안전처장	한국제약바이오 협회	-
		영화·비디오물 광고선전물	영화 및 비디오물의 진흥에 관한 법률	영상물등급위원회	영상물등급위원회	청소년유해성 확인
	사후 심의	방송 광고	방송법	방송통신 심의위원회	방송통신 심의위원회	-
		게임물 광고	게임산업진흥에 관한 법률	게임물등급위원회	게임물등급위원회	-
자율 심의	사전 심의	의료 광고	의료법	의료 단체	대한의사협회 대한한의사협회 대한치과의사협회	위반 시 형사처벌/ 법령상 기준 충족 시 소비자단체 등 심의 가능
		특수용도식품광고 예: 영유아식, 체중 조절 식품 등	식품 등의 표시·광고에 관한 법률	식품 단체	한국식품산업협회	
		건강기능식품 광고		식품 단체	한국건강기능식품 협회	
		금융투자 상품 광고	금융투자업 규정 금융투자회사의영업및 업무에관한규정	한국금융투자협회	한국금융투자협회	금융투자업 규정상 심의 규제 근거 존재
		대부업 광고	대부금융광고 심의규정	한국대부금융협회	한국대부금융 협회	-
		보험 광고	생명보험 광고·선전에 관한 규정	생명보험협회	생명보험협회	-
			손해보험 광고·선전에 관한 규정	손해보험협회	손해보험협회	-
		주류 광고	주류광고 자율규제협약	한국주류산업협회	한국주류산업협회	-
		화장품 광고	화장품 표시·광고 관리 가이드라인	대한화장품협회	대한화장품협회	-
	사전·사후 심의	변호사 광고	변호사법 변호사업무광고규정	대한변호사협회	대한변호사 협회 외	-
		온라인 노출형 광고	KISO 온라인광고심의위원회 심의규정	한국인터넷 자율정책기구	한국인터넷 자율정책기구	-
		인터넷신문 광고	인터넷신문광고 자율규약	인터넷신문위원회	인터넷신문위원회	-
		기사형 광고/ 인쇄매체 광고 등	광고자율심의규정	한국광고 자율심의기구	한국광고 자율심의기구	-

참 고 문 헌

과학기술정보통신부·한국방송광고진흥공사. 2018.『2018 방송통신광고비 조사 보고서』.

국가인권위원회. 2014.『청소년 보호를 위한 인터넷상의 선정적 광고 개선방안』.

김병희. 2013.『광고의 새로운 정의와 범위』. 한경사.

김학웅. 2018.「의료광고 사전심의제도 자율규제 도입의 의미와 전망」. ≪KISO 저널≫, 31. 한국인터넷자율정책기구.

네이버. 2014.『네이버 검색광고 스토리』.

박정은·윤미영. 2014.「초연결사회와 미래서비스」. ≪정보와통신≫, 31(4). 한국통신학회.

방송통신심의위원회. 2010.『인터넷광고의 내용규제를 위한 법제도 개선방안 연구』, 2010.12.

방송통신위원회(한국인터넷광고심의기구). 2008.『인터넷광고 건전화 및 활성화를 위한 법제도 개선방안 연구』.

안수현. 2018.「금융광고와 금융소비자 보호(규제 정보방향과 법적 과제)」. ≪외법논집≫, 42(1). 한국외국어대학교 법학연구소.

안정민. 2015.「검색광고대행사의 법적 지위에 대한 소고」. ≪언론과법≫, 14(3). 언론법학회.

안정민·최세정. 2014.「검색광고 규제에 대한 법적 고찰, 이용자 인식조사를 바탕으로」. ≪언론과 법≫, 13(1). 한국언론법학회.

오선아·김진수·이상승. 2015.「검색광고를 통해 광고주가 얻는 경제적 잉여의 추산」. ≪산업조직학회 하계학술대회 자료집≫. 한국산업조직학회.

유대종. 2006.「검색광고의 법적 문제에 관한 소고」. ≪선진상사법률연구≫, 34. 법무부.

윤성훈. 2013.『국내 인터넷 포털 검색 서비스 이용 행태 조사 연구』. 한국온라인광고협회.

이동진, 2017.「전문병원과 키워드검색광고 규제」. ≪의료법학≫, 18(1). 대한의료법학회.

이병규. 2016.「인터넷 검색광고의 법적 제문제(규제방안 재정립을 중심으로)」. ≪성균관법학≫, 28(3). 성균관대 법학연구소.

이병준. 2009.「불법·불건전 인터넷광고에 대한 매체의 책임」. ≪정보화정책≫, 16(1). 한국정보화진흥원.

______. 2018.「온라인 검색광고 플랫폼과 소상공인의 보호」. ≪유통법연구≫, 5(1). 한국유통법학회.

이상돈·김나경. 2009.『의료법 강의』. 법문사.

이승선. 2010.「인터넷광고 심의에 대한 법적 고찰」. ≪한국광고홍보학보≫, 2010년 겨울, 12(4). 한국광고홍보학회.

이시훈 외. 2006.『온라인광고의 정책과 제도에 관한 연구』. 한국방송광고공사.

이원재. 2015.『인터넷광고』. 푸른사상.

장석권. 2015.「온라인광고 산업의 성장과 법적 과제(온라인광고 규제 및 분쟁 사례)」. ≪경제법연구≫, 14(3). 한국경제법학회.

______. 2016.「온라인광고 규제 법리에 관한 연구」. ≪성균관대 박사학위 논문≫.

______. 2018. 「광고 사전심의 제도의 위헌성에 대한 헌법적 고찰(의료기기 광고 사전심의 제도의 위헌성에 대한 검토를 중심으로)」. ≪이화여대 법학논집≫, 23(1).
정종섭. 2016. 『헌법학원론』. 박영사.
정찬형. 2016. 『상법강의요론』. 박영사.
조용혁. 2008. 「인터넷광고 규제의 법적 쟁점」. ≪글로벌 KHU 기업법무 리뷰≫, 1(1).
조재영. 2012. 「국내 광고 심의 체계에 대한 고찰 광고 매체별, 광고 업종별 심의 체계의 문제점과 개선 방향」. ≪한국광고홍보학보≫, 14(2).
최연구·김진우·안소윤. 2011. 「On-Line 검색광고 경매의 이론소개」. ≪한국경제학보≫, 18(1).
최준선. 2015. 『상법총칙·상행위법』. 삼영사.
한국온라인광고협회. 2017. 『온라인광고 법/제도 가이드북』.
한국인터넷광고재단. 2016. 『인터넷광고 자율규제기준 마련 및 자율심의 활성화 방안』.
한국인터넷기업협회. 2015. 『2015 한국인터넷산업규제백서』.
한국인터넷진흥원. 2009. 『인터넷광고 관련 국내외 법제도 동향 조사분석 위탁용역』.
______. 2017. 『2017 온라인광고 분쟁조정 사례집』.
______. 2017. 『온라인광고 산업 동향 조사 및 분석』.
황성기. 2016. 「인터넷 환경에서의 의료광고 규제제도 개선방안에 관한 연구」. ≪전북대학교 법학연구≫, 48.
황창근. 2013. 「온라인광고 심의의 현황과 과제」. ≪KISO 저널≫, 12호.
______. 2015. 「새로운 유형의 인터넷광고 시장 발전을 위한 이용자보호 정책과제」. 『국회 정책세미나 자료집』.

9장

검색광고 관련 기업과 직무

검색광고 산업을 구성하고 있는 광고주, 대행사, 검색광고 플랫폼의 직무와 역할에 대해 살펴본다. 검색광고 캠페인을 성공적으로 기획하고 집행하기 위한 광고주의 우선적 직무는 운영하고 있는 사이트에 대한 체계적인 분석이다. 동시에 검색광고를 통해 달성하고자 하는 목표를 명징하게 설정해야 한다. 대행사는 검색광고의 판매 및 대행 서비스 제공을 통해 수익을 창출한다. 검색광고 대행사의 수익 창출 방식을 세 가지로 분류해 기술한다. 키워드 선정 및 입찰 솔루션과 로그 분석 솔루션을 중심으로 검색광고 대행사의 역할과 직무를 논의한다. 마지막으로 검색광고 플랫폼에 대해 살펴본다. 검색광고 플랫폼은 검색엔진을 운영하며 검색광고를 통해 수익을 창출한다. 검색광고 캠페인의 실행 절차를 중심으로 검색광고 플랫폼의 역할에 대해 자세히 논의한다.

1 | 광고주의 검색광고 활용 방안

정보 획득에 대해 높은 욕구를 가진 소비자가 검색엔진에 특정 키워드를 입력하는 행위를 활용한 검색광고는 디스플레이광고에 비해 광고 반응 확률과 비용 효율성이 높은 것으로 알려져 있다(김운한, 2013; 이시훈·김경수, 2008; 최연구 외, 2011). 특히 소비자가 광고를 클릭한 경우에만 비용이 청구되기 때문에 합리적인 성과형 광고 형태라고 볼 수 있다. 하지만 효율적인 검색광고 집행을 위해 광고주가 해야 할 기본적인 직무는 간단하지 않다.

검색광고를 통해 광고주는 관심 키워드를 검색하는 소비자에게 자신의 광고 문안 또는 이미지, 동영상을 노출시키고,[1] 소비자가 클릭을 통해 자신의 웹사이트에 접속해 후속 행동(회원 가입, 앱 다운로드, 구매)을 하기를 기대한다. 광고주의 입장에서 검색광고를 집행한다는 것은 키워드를 꼼꼼하게 선별하고 광고 문안 또는 크리에이티브를 제작하고, 노출과 클릭 데이터와 웹 로그 데이터를 분석해 KPI 달성까지 확인하는 것으로 요약할 수 있다. 즉 검색광고는 검색 키워드 추출을 위한 사이트 분석부터 광고 효과 분석까지 체계적인 단계를 통해 집행된다. 광고 집행 프로세스는 각 단계별로 유기적으로 연결되며, 마지막인 광고 효과 분석을 완료했다고 해서 광고 집행이 종료되는 것이 아니라, 광고 효과 분석 결과를 토대로 광고 전략을 수정하고, 광고의 세부 목표 달성 여부를 점검하며, 사이트의 문제점을 재점검하는 등 끊임없는 작업이 필요하다.

검색광고를 검색 결과에 광고 문안만 노출해 소비자의 클릭을 유도하는 것이라고 단순하게 생각한다면 광고주가 기대하는 성과나 비용 효율성을 놓

---

1 최근 검색광고는 단순 텍스트 형태에서 이미지, 동영상을 활용하는 방식으로 확장되는 추세를 보이고 있다.

칠 수 있다. 광고주가 집행하는 검색광고의 예산 규모, 성과 목표, 환경 요소를 고려해 광고주가 검색광고를 자체적으로 운영할 수도 있고 대행사를 고용해 전문 인력의 도움을 받아 다양한 검색광고 플랫폼을 활용해 캠페인을 실행하고 다차원적인 효과 측정을 할 수도 있다. 이 장에서는 전략적 검색광고 집행을 위한 광고주의 중요 직무인 사이트 분석과 목표 설정에 초점을 맞추어 기술한다.

1) 사이트 분석: 광고주의 사이트는 검색광고를 하기에 충분한가?

검색광고를 통해 최소의 비용으로 최대의 효과를 얻기 위해 광고주는 자신이 운영하는 사이트를 집중적으로 분석할 필요가 있다. 소비자가 관심을 가진 검색어를 입력하는 행위에 의존해 노출되는 검색광고는 자체로 고도의 타기팅을 수반한다. 검색광고를 클릭하고 노출되는 사이트의 첫 화면을 랜딩페이지라고 부르며 소비자는 검색한 목적에 부합하는 정보가 랜딩페이지에 존재할 경우 후속 행동을 하지만, 그렇지 않은 경우 후속 행동은 발생하지 않고 결과적으로 광고비가 낭비되는 결과를 초래한다.

소비자가 입력하는 관심 검색어와 일치하는 검색광고 노출 전략의 첫 번째 단계는 광고를 통해 유입되는 사이트의 분석이다. 검색광고 집행에 앞서 사이트가 잠재 고객의 관심에 일치하며 클릭 이후의 행동을 유발할 요소가 있는지 우선적으로 반드시 확인해야 한다. 이 과정을 통해 광고주는 운영하는 사이트를 직관적으로 표현할 수 있는 단어와 어구를 추출해야 한다. 추출된 단어와 어구는 검색광고 키워드 리스트를 선정하기 위해 중요한 역할을 하며 검색광고 품질지수[2]를 향상시키는 중요한 요소로 작동한다. 품질지수

2 7장에서 설명된 품질평가점수와 동일한 의미로 사용한다. 구글은 품질평가점수, 네이버는 품질지수로 표시한다. 품질평가점수, 품질지수는 하나의 검색광고가 다른 검색광고와 비교해 얼마나 검색사용자의 의도와 요구를 충족하는지 수치화한 지표이다.

는 고객이 평가하는 검색광고의 신뢰도와 연관성이 매우 높기 때문에 검색광고 플랫폼은 품질지수가 높을수록 광고주가 실제 지불해야 하는 광고비를 낮게 산정하는 정책을 사용한다. 결과적으로 품질지수가 높을수록 광고주는 광고비 절감 효과를 누릴 수 있다. 검색광고의 품질지수가 높으면 노출 순위가 높아지는 효과도 발생한다. 동일한 가격으로 입찰한 광고 중에 품질지수가 높은 광고가 더 높은 순위에 노출되며 동시에 광고비를 절감할 수 있기 때문에 결과적으로 더 높은 광고 효과를 기대할 수 있다.

검색광고를 통해 유입된 소비자가 사이트에서 후속 행동을 하거나 지속적인 관심을 가지고 방문을 유도할 수 있는 요소가 충분한지 확인해야 한다. 소비자가 광고주의 사이트에 접속해서 자신이 필요한 상품 혹은 정보가 존재하는지 판단하는 데 걸리는 시간은 매우 짧다. 소비자는 서너 번의 눈짓으로 모든 상황을 판단하고 창을 닫거나 사이트의 특정 버튼을 클릭하기도 한다. 검색광고를 클릭해 노출되는 페이지에 관심을 유도하고 높은 주목도를 유발할 수 있는 요소를 포함하고 있는지 객관적으로 파악해 상품 또는 서비스의 매력이 잘 표현되어 구매 욕구를 자극할 수 있는지, 한 번 구매한 소비자가 지속적으로 방문해 충성 고객이 될 수 있도록 고객 지향적 혜택이나 이벤트가 포함되어 있는지 확인해야 한다. 광고주는 소비자가 클릭해 방문하는 랜딩페이지의 URL을 두 개로 분류해 운영할 수 있다. 표시 URL은 광고주가 사이트를 처음 등록했을 때 기록한 대표 URL이다. 연결 URL은 소비자가 광고를 클릭했을 때 이동하는 상세 페이지의 URL로서 키워드에 따라 다양한 페이지를 연결할 수 있다. 따라서 광고주는 고객이 특정 키워드를 검색한 의도가 무엇일지 고민해 상세 페이지를 구성하고, 연결해야 한다. 광고주가 제공하는 상세페이지의 콘텐츠가 소비자의 정보검색 목적에 부합된다면 전환 행동이 더욱 쉽게 발생할 수 있다.

2) 광고 목표의 전략적 설정

검색광고를 집행하는 광고주가 범할 수 있는 흔한 실수 중의 하나가 검색광고 순위 1위에 대한 집착이다. 검색광고 노출 순위가 높을수록 클릭이 발생할 확률은 높지만 비용 효율성이 반드시 노출 순위에 정비례하는 것은 아니다(조창환, 2014). 특히 고즈와 영(Ghose and Yang, 2009)은 검색광고 효과의 차이를 광고 노출 위치의 상대적인 차이로부터 기인하는 것으로 기술한다. 구체적으로, 검색 결과 페이지의 상단에 광고가 위치할수록 클릭률(CTRs)과 전환율(Conversion Rate)이 상승하나, 광고비의 효율성 측면을 고려할 때 검색 결과 페이지의 중간에 위치하는 것이 광고주에 유리하다고 주장한다. 더 나아가서, 나부트와 동료들은(Nabout et al., 2014)는 최근 증가 추세에 있는 기업의 검색광고 비용 지출과 광고의 효율성을 계량적인 측면에서 분석해 검색광고비가 증가함에 따라 클릭당 비용(CPC)은 증가하는 반면, 절대 클릭 수는 반드시 증가하지 않고 획득할 수 있는 최대 클릭수가 존재한다고 제시한다. 즉, 검색광고를 위해 구매한 키워드를 1순위로 유지하는 전략은 예산의 비효율성을 초래할 가능성이 높고 오히려 노출 중간 순위 전략을 채택한 캠페인이 비용 효율성 측면에서 우수할 수 있다.

검색 결과 페이지의 상위에 노출되어 더 많은 클릭이 발생하는 것보다 검색광고 목표 설정에서 더 중요한 요소가 소비자의 사후 행동과 비용 효율성이다. 최근 검색광고 플랫폼과 대행사가 제공하는 다양하고 심층적인 로그 분석 서비스를 사용할 경우 검색광고 목표의 전략적 설정과 달성이 한층 수월할 수 있다. 검색광고의 전략적 광고 목표 수립을 위한 첫 번째 단계는 구체적으로 수치화된 측정 가능한 목표의 설정이다. 검색광고 플랫폼과 대행사가 제공하는 검색광고 결과 보고서는 기본적인 노출, 클릭, CPC 정보 외에 로그 분석을 통해 검색광고 집행 후 발생한 페이지뷰, 방문, 전환 횟수, 전환 비용 등을 다각적으로 보여준다. 예를 들어, 광고 키워드별 CPC를 100원대로 유지, 목표

ROAS 350%의 설정과 같은 목표가 구체적이며 측정 가능한 목표이다. 광고 목표에 따라 광고 전략이 달라지므로, 광고를 통해 얻고자 하는 바가 무엇인지 구체적으로 목표를 세우는 것이 무엇보다 중요하다. 광고주는 측정 가능한 수치화된 목표 수립을 통해 광고 목표 달성 여부를 검토하고 광고 문안을 수정하거나 랜딩페이지 전략을 수정할 수도 있다. 제한된 예산과 시간 범위에서 검색광고 캠페인이 기획되고 집행되기 때문에 목표는 특정 기간에 달성 가능해야 한다. 즉, 검색광고 캠페인의 집행 기간을 정확하게 설정하는 것이 매우 중요하다. 주간 단위 또는 월간 단위로 캠페인 집행 기간을 설정하여 목표 과업 달성 여부를 지속적으로 분석하고 평가하여 세부 전략을 수정할 수 있다. 구체적으로 노출 순위, 광고 문안 또는 랜딩페이지를 변경해 기간별 목표 달성 여부를 평가하고 전략 수정을 통해 비용 효율성을 향상시킬 수 있다.

2 | 검색광고 대행사의 직무 및 역할

일반적으로 대행사는 광고에 대한 전문적인 지식과 풍부한 경험을 갖추고, 광고주를 대신하여 광고 등록, 운영, 효과 분석 등의 업무를 대행해 주는 전문업체이다. 현재 국내 검색광고 시장에서 검색광고 대행사의 비중은 매우 높으며, 국내 검색광고 플랫폼 운영 기업은 광고주의 효율적인 광고 운영을 돕기 위해 여러 대행사와 공식 계약을 맺고 취급고 기준으로 대략 15%의 대행수수료를 지급하는 대행 서비스 제도를 운영하고 있다. 광고주가 국내 검색광고 플랫폼과 공식 계약을 맺은 대행사를 이용할 경우, 광고비를 제외한 별도의 비용(대행 수수료) 없이 무료로 대행 서비스를 이용할 수 있다. 하지만 전 세계를 대상으로 검색광고를 운영 중인 구글은 광고주가 경매에 직접 참여하도록 유도하면서 대행사에 수수료를 지급하지 않는 정책을 국내에서도 고수하고 있다. 구글 검색광고를 이용할 경우 대행사는 광고주에게 직접 대행 수수료를 청구한다.[3]

검색광고 대행사는 어떤 서비스를 제공할까? 대행사의 서비스 내용은 다양하고 포괄적이다. 입찰 키워드 제안, 입찰 키워드의 가격 제안, 노출 순위 전략 제안, 광고 효과 분석을 포함한 기본적인 광고 운영은 물론이고, 로그 분석을 통해 광고주 사이트를 분석하고, 사업을 성공적으로 운영하기 위한 다양한 마케팅 전략을 제안하기도 한다. 대형 검색광고 대행사는 자체 검색광고 관리시스템과 성과 분석 시스템도 구축해 광고주에게 제공하고 있다.

현재 국내 대행사들은 검색광고의 효율성을 높이기 위해 솔루션을 자체 개발해 운영 중이다. 대행사가 구축한 솔루션의 장점은 여러 검색광고 플랫폼을 통합적으로 운영·관리할 수 있다는 점이다. 대행사의 통합 솔루션을 사용할 경우 복수의 검색광고 플랫폼을 사용한 검색광고 캠페인의 입찰 순위와 결과 보고서를 통합적으로 운영할 수 있다. 특히 많은 검색어를 관리하는 광고주의 경우 대행사의 통합 솔루션을 사용해 높은 운용 효율성을 확보할 수 있다. 대행사가 제공하는 솔루션과 성공 사례에 대한 이해가 높을수록 광고주의 검색광고 만족도는 향상될 가능성이 높다.

1) 검색광고의 판매 및 관리

검색광고의 영업과 집행 및 제공 서비스의 질과 양은 광고주의 규모에 따라 달라지며 국내 검색광고 대행사는 세 가지 방식으로 매출을 발생시키고 있다. 첫 번째, 검색광고에 대규모 비용을 지출하는 광고주는 대행사 차원에서 조직적으로 영업하고 관리한다. 최근 검색광고의 중요성이 강조되면서 대형 광고주들도 검색광고에 특화된 대행 서비스를 제공할 수 있는 대행사를 찾아 고용하는 추세다. 대형 광고주를 전담하는 부서가 존재하며 키워드

3 마크업(mark-up) 방식을 통해 광고비와 합의된 수수료를 합산해 총광고비를 광고주에게 청구한다.

선정 작업 및 효율 분석 등 검색광고 업무 전반에 대한 통합 서비스를 제공한다. 최근 온라인 쇼핑 시장과 인터넷 금융 및 보험 업종이 급성장해 경쟁이 격화되고 쇼핑몰, 금융 및 보험 광고주의 검색광고비 지출이 급증하면서 이들을 대상으로 영업 노력을 집중하고 있다. 현재 검색광고 시장에서 높은 점유율을 차지하고 있는 상위 대행사들은 진화하는 검색 상품에 대응하기 위해 자체적으로 성과 분석과 실시간 입찰이 가능한 솔루션을 개발·운영하며 광고주에게 통합 서비스를 제공하고 있다.

두 번째로, 검색광고 대행사는 종합광고 대행사와 협력 관계 구축으로 수수료 매출을 얻고 있다. 종합광고 대행사를 이용하는 광고주의 경우 전반적인 광고 집행을 대행사에 일임하지만, 검색광고 대행사와 비교하면 종합광고 대행사의 검색광고 전담 인력은 소수이며 일반적으로 검색광고 솔루션을 구비한 경우는 극히 드물다. 우선 종합광고 대행사 사이에 검색광고 판매 및 운영 대행 계약이 존재하지 않고 종합광고 대행사를 이용하는 광고주는 검색광고비만 선입금할 이유가 없기 때문에, 업무 협력을 맺은 검색광고 대행사가 광고비 선충전과 세금계산서 발행 업무를 대신 처리하고 2~3%의 수수료를 받는다. 종합대행사가 검색광고 대대행 관계를 맺은 검색광고 대행사의 인력과 솔루션을 활용해 검색광고 캠페인을 집행하는 경우, 종합광고 대행사는 2~3%의 수수료를 취하고, 나머지 수수료는 검색광고 대행사가 득하게 된다. 광고주와 검색광고 플랫폼 사이에 두 개의 대행사가 존재하는 다소 비정상적인 거래 행태가 발생하고 있다. 최근 대형 대행사도 검색광고 담당 인력을 늘리고 자체 솔루션을 구축하며 한계점을 극복하기 위해 노력하고 있다.

세 번째, 소액으로 검색광고를 집행 중이거나 집행 예정인 중소 상공인을 광고주로 영입하고 관리하는 것이다. 중소 상공인의 광고 집행 금액은 비교적 소액이고 광고 집행 경험이 적기 때문에 검색광고에 대한 안내 및 중요성에 대한 교육 차원의 대인 접촉 영업이 중요하다. 하지만 소액 광고주 영입에 초점을 맞춘 영업 방식은 제공 서비스의 질보다 가격적 메리트에 초점을 맞추고 있다. 광고 운영 경험이 적고 소액의 광고비를 집행하는 광고주는 대행사의 솔루션에 대한 정보가 부족하고, 영업 인력이 컨설팅과 솔루션 제공보다는 단순 영업 활동에 치중하면서 실제 광고주가 제공받을 수 있는 서비스가 저하되는 부작용이 발생하기도 한다.

대인 접촉이 매우 중요한 영업 방식이기 때문에 매출 증대를 위해 국내 검색광고 대행사는 대규모의 영업 인력을 확보하고 있다. 단적으로 종합광고대행사의 인력 규모와 비교해 보면 검색광고 대행사의 매출 대비 인력 규모는 상대적으로 크다. 특정 검색광고 대행사는 영업 인력의 규모를 유지하기 위해 성과급제를 도입해 운영하고 있다. 즉 직원이 수주한 광고의 수수수료 일부를 성과급으로 지급하고 있다. 낮은 기본급과 성과급에 의존하는 보수체계 때문에 영업 인력은 개인사업자처럼 광고를 수주하기도 한다.

검색광고를 수주하고 국내 검색광고 플랫폼에 광고를 집행하면 15%의 수수료를 지급받기 때문에 검색광고 영업 방식은 광고비를 할인하거나 리베이트를 제공하는 방식으로 변질되는 경우도 있다. 국내 검색광고 플랫폼은 직거래 광고주에 대해서는 광고비의 일정 비율을 리워드로 지급하는데, 일부 광고주는 대행사를 이용하며 똑같은 비율의 리워드를 요구하는 경우가 발생해 검색광고 대행사의 수익성이 악화되는 부작용도 발생한다.

2) 광고주 친화적 광고 관리 및 성과 분석 솔루션의 구축 및 제공

검색광고 플랫폼은 가격 입찰, 결과 분석 보고서, 로그 분석 서비스 및 보고서를 플랫폼 사용자인 광고주와 대행사에 제공하고 있다. 검색광고 플랫폼과 차별화된 서비스를 제공하기 위한 검색광고 대행사의 노력은 광고주 친화적 광고 관리시스템과 통합적 성과 분석 시스템의 구축으로 표출되고 있다. 구체적으로 국내 검색광고 시장에서 높은 매출을 기록하는 대행사들은 자체적으로 입찰 관리, 경쟁사의 키워드 현황 파악, 실시간 순위별 CPC

정보, 로그 분석 결과, ROAS 등 광범위한 자료를 광고주에게 실시간으로 제공하는 솔루션을 개발해 운영하고 있다. 검색광고가 대중화되고 광고주가 구매하는 검색 키워드의 수가 급증하며 성과 분석을 위한 다양한 데이터가 양산되면서 검색광고 대행사는 데이터 기반 마케팅 전략과 솔루션 제공에도 초점을 맞추고 있다.

(1) 키워드 선정 및 입찰 솔루션

광고주가 소수의 키워드가 아니라 다수의 키워드를 복수의 검색광고 플랫폼을 이용해 구매하고 광고를 집행하는 것은 이제 흔한 일이 되었다. 다시 한번 강조하지만, 검색광고에서 효율적 전환을 유도하는, 가치 있는 클릭을 유발하는 키워드를 발굴하고 선정하는 것은 매우 중요한 과정이다. 광고주는 새로운 키워드를 발굴해 검색광고의 효율성을 높이고 동시에 비용효과를 극대화하기 위해 이상적인 순위에 광고를 노출하고자 한다. 복수의 검색광고 플랫폼에 다수의 키워드를 구매해 효율적인 순위를 지속적으로 유지하기 위한 전략을 기획하고 실행하기 위해 대행사는 키워드 선정 및 입찰 솔루션을 구축해 광고주에게 제공하고 있다.

검색광고에서 가치 있는 클릭을 유발할 수 있는 키워드 선정이 매우 중요하므로 대행사 키워드 선정 및 입찰 솔루션은 많은 후보 키워드 중에서 광고주와 연관성이 높으면서 효율성이 뛰어난 키워드를 선별하는 서비스를 제공한다. 동시에 솔루션을 통해 경쟁사가 사용하고 있는 키워드, 광고 문안, 랜딩페이지와 홈페이지를 분석해 핵심 키워드의 현황을 파악할 수 있다. 최근 검색광고 대행사가 제공하는 입찰 솔루션으로 광고주는 자동입찰, 효율기반입찰, 예산기반입찰, 클릭순위입찰, 시간대별 입찰을 자신의 필요에 따라 빠르게 선택할 수 있다.

최근 대행사가 제공하는 솔루션은 키워드 구매 견적 추이와 순위별 가격 견적 비교까지 광고주에게 제공한다. 입찰을 통해 결정되는 노출 순위는 광고 효과에 직접적인 영향을 미치는 동시에 광고비의 지출과 직접적인 관계가 있기 때문에 경쟁사 키워드 순위를 실시간으로 파악하고 클릭과 전환 효율성이 높은 순위를 선점하기 위해 효과적인 순위 전략 수립과 그 실행이 대행사의 입찰 솔루션을 통해 가능하다. 요약하면 대행사가 제공하는 입찰 솔루션을 통해 광고주가 얻을 수 있는 혜택은 다수의 중요 키워드에 대해 경쟁사의 입찰과 순위 전략까지 파악해 광고주가 희망하는 목표 순위를 유지하며 안정적인 검색광고 캠페인을 간편하게 운영하는 것이다.

(2) 로그 데이터 분석 솔루션

다시 한번 강조하지만, 검색광고 플랫폼이 제공하는 로그 데이터 분석 솔루션과 차별점을 확보하기 위해 대행사가 구축한 로그 데이터 분석 솔루션은 각 검색광고 플랫폼을 통해 캠페인 집행 결과를 통합할 뿐만 아니라 방문분석, 유입 분석, 페이지 분석, 이동 경로 분석, 방문자 분석, 사용 환경 분석, 실시간 분석, 다차원 분석 자료를 제공해 타깃 소비자가 어떻게 유입되며, 사이트 내에서 소비자가 이동하는 동선은 어떠한지 분석하여 구매와 관련된 데이터를 광고주에게 제공하고 관리하는 업무까지 수행한다.

대행사 로그 데이터 분석 솔루션의 차별적인 특징을 간략하게 설명하면 다음과 같다. 일반적인 로그 데이터 분석은 단일 페이지 분석에 약점을 보이지만[4] 단일 페이지로 구성된 랜딩페이지를 운영하는 소액 광고주를 위해 대행사는 이 약점을 보완해 체류 시간 중심의 로그 데이터 분석 결과를 광고주에게 제공한다. 기업 광고주들은 복수의 도메인을 사용하는 사이트를 운영하는 경우가 많아 통합 분석에 어려움을 겪는다. 대행사의 로그 분석 솔루션은 개별 도메인 상세 분석과 함께 등록된 전체 사이트 통합 분석 서비스를

---

4 일반적인 로그 분석에서 단일 페이지에 오래 머물러도 이동이 없으면 반송률(즉시 이탈)이 100%로 측정된다.

제공해 기업 광고주들의 어려움을 덜고 있다. 검색광고 플랫폼과 대행사가 제공하는 로그 분석 솔루션의 중요한 차이 중 하나는 광고 문안과 랜딩페이지의 효율성을 직접 비교하는 서비스 제공이다. 광고주는 어떠한 광고 문안과 랜딩페이지가 더 높은 전환을 유도할 수 있을지에 관심이 높고, 비교 테스트를 통해 최상의 광고 결과를 얻고자 한다. 최근 대행사가 제공하는 로그 분석 시스템은 더 많은 방문을 유도할 수 있는 광고 문안과 더 많은 전환을 유발할 수 있는 랜딩페이지를 찾아낼 수 있도록 복수의 광고 문안과 랜딩페이지를 비교해 테스트 하는 서비스도 제공하고 있다.

광고주는 대행사의 로그 데이터 분석 솔루션을 이용해 각각의 유입 경로로 일정 기간 동안 방문한 유저 수, 신규 방문자 수, 사이트 이탈 비율, 방문자의 페이지 열람 수, 평균 체류 시간, 상거래 전환율 등을 통합적으로 조회할 수 있고, 중요 데이터를 축적할 수 있다. 막대한 양의 결과 데이터를 축적하더라도, 입체적인 분석이 이루어지지 않는다면 진화한 마케팅 전략을 수립하기는 요원하다. 최근 대행사의 로그 데이터 분석 솔루션은 광고 집행 관련 의사결정의 신속성과 정확성을 높이기 위해 대량의 축적된 데이터를 사용자가 직접 편의에 따라 빠르게 가공해 다차원적으로 분석할 수 있는 분석 서비스도 제공한다. 제공된 분석 서비스를 통해 광고주와 대행사는 데이터 중심의 온라인 마케팅 전략을 수립할 수 있다.

3) 대행사의 역할 사례[5]

소규모 판매 사이트의 광고 성과를 향상시키는 일은 결코 쉽지 않다. 소규모 판매 사이트가 우후죽순으로 생겨나면서 경쟁이 치열해졌으며, 소비자들은 정보 검색을 통해 트렌드와 유행을 인지하고 더욱 민감해지고 있다. 검색

5 실제 광고주 사례를 재구성한다.

광고를 집행하고 성과 분석과 마케팅 컨설팅을 통해 광고주의 성공을 이끈 사례를 소개하며 대행사의 역할을 설명한다.

AC는 2004년부터 '신발장'이라는 이름으로 오픈마켓에서 활동하다가 자체 판매 사이트를 오픈한 여성 구두 전문 판매 쇼핑몰이다. 상품 경쟁력은 뛰어났으나, 이를 효과적으로 알리는 광고 및 홍보의 전략 구성에 어려움이 있었고, 다양한 종류의 상품을 취급하면서 개별 상품의 정보 업데이트 업무가 폭주해 사이트 관리에 어려움을 겪고 있었다. 동시에 소규모 판매 사이트로서 광고 예산의 확정과 집행에도 어려움을 경험하고 있었다. AC의 검색광고 대행을 맡은 E 대행사는 정확한 성과 분석을 통한 체계적 관리로 매출을 향상시키는 전략을 수립했다. E 대행사에서 AC를 담당하는 검색 AE는 우선 AC에서 기집행한 검색광고 운영의 문제점을 찾았다. 가장 대표적인 문제는 체계적인 검색 키워드 관리의 부재였다. 주력 상품이 될 가능성이 농후한데도 광고하지 않는 키워드들이 많았으며, 광고 효과 측정이 전혀 이뤄지지 않았고, 무엇보다 입찰 순위 관리가 문제였다. 소비자들은 자신이 검색한 키워드를 이중, 삼중으로 검색할 가능성이 높아 특정 검색어에 대한 광고는 일정 시간 동안 꾸준히 고정 노출해야 높은 성과가 발생하지만 AC가 운영하는 일부 중요 검색어는 1위와 10위 밖을 오가며 들쑥날쑥 노출되고 있었다. 오랜 기간 온라인에서 활동한 업체지만 소비자의 브랜드 인지도 또한 높은 편이 아니었다.

담당 AE는 다음 세 가지 방향으로 구체적인 광고 목표와 단계별 광고 관리 계획을 수립했다. 첫째, 정교한 키워드 성과 분석에 따른 체계적인 관리, 둘째, 효율적인 키워드 발굴과 입찰 누수 저감을 통한 광고수익률 및 매출 증대, 셋째, 자사명이 곧 브랜드가 되는 브랜드 이미지 강화다.

효율적인 키워드 발굴, 광고 소재 최적화, 매체 다변화라는 실행 계획을 기반으로 검색광고를 집행했다. 첫째, 체계적인 관리를 위해 검색광고 운영사에서 제공하는 성과 관리 보고서와 로그 분석 보고서를 적극 활용해, 등록한 검색 키워드에 대한 기본적 성과지표와 전환지표와 수익지표까지 분석해 정확한 광고 집행 결과를 측정했다. 사이트 방문 경로나 페이지 분석을 위해 별도의 로그 분석 시스템도 적용시켰다. 그리고 둘째, 그 분석을 토대로 광고수익률 및 매출 증대를 위한 개선책을 마련해 나갔다. 최우선으로는 효율적 검색 키워드를 발굴하는 데 집중했다. 검색 키워드의 수만 확장하는 것이 아니라 '여성 워커단화, 여성 워커힐' 등 성과가 발생하는 특정 키워드와 연관 검색어나 TV나 잡지에서 소개된 최신 트렌드 방영하는 키워드를 발굴하고 사이즈나 색상별 구분을 통해 키워드의 다양한 조합을 시도했다.

의류 패션 업종의 검색광고에서 경쟁사의 이름도 키워드로 구매가 가능해지면서 이를 적극 이용했다. 효율적인 경쟁사 키워드를 추출하기 위해 블로그와 지식인의 질문을 십분 활용했다. 예를 들어 지식인을 통해 A라는 고객이 'AC, ○○바비, 코코○ 같은 구두 쇼핑몰 추천해 주세요'라고 질문을 하면 해당 고객이 ○○ 바비와 코코○도 함께 고려한다는 뜻이니 해당 키워드를 추가하는 전략을 사용했다. 로그 분석 보고서를 활용하여 검색 키워드별 성과지표, 전환지표, 수익지표를 파악해 지표가 우수한 키워드와 그렇지 않은 키워드를 분류하는 작업도 병행했다. 그 결과 광고 집행 전 500개에 머물던 키워드는 대행사 관리가 1년이 지난 시점에는 2000개로 확장됐고, 현재 AC가 사용 중인 검색 키워드 수는 5000개를 넘어섰다. 관리하는 키워드의 숫자는 증가했지만, 광고비는 20%만 증가했다. 효과적인 관리를 위해 키워드 그룹도 상품군에 따라 세분화해 총 21개로 분류·운영 중이다.

입찰 순위나 시간대별 전략에도 변화가 있다. AC의 가장 효자 키워드인 '플랫슈즈'는 1순위, 그 외 '여성 구두' 등 광고 결과가 좋은 주요 키워드는 2, 3순위 정도의 상위 순위에 항시 고정 노출하고 있으며, 광고 단가 절감을 위해 광고를 중단했던 퇴근 시간 무렵에도 꾸준한 노출을 위해 24시간 광고를 노출하고 있다. 특히 모바일 검색 비중을 빠르게 확장하면서 전체 검색광고비의 모바일 비중을 높여 공격적인 검색 마케팅을 펼치고 있다.

셋째, 브랜드 인지도 강화를 위해 광고 소재광고 소재 최적화에도 공을 들였다. 보통 쇼핑몰의 광고 문안에는 이벤트 정보를 많이 넣는 편인데, AC의 문안은 감성적인 문구를 주로 사용했다. 반짝하는 이벤트로 소비자를 현혹하기보다는 제품에 대한 정확한 사진과 정보 제공으로 '진짜' 사고 싶게 만드는 상품 경쟁력에 승부수를 두었다. "남보다 빨리, 느낌 아니까! 신상 플랫슈즈 업뎃, 따라올 수 없는 ACStyle!" 등 2030 여성들이 공감하기 좋은 개그 요소나 자사명을 문구에 반영했다. 또 제품의 상세 이미지에 최신 트렌드를 반영해 구두의 특징을 잘 살려 코디함으로써, 눈으로 보는 재미도 더했다. AC가 소비자에게 하나의 브랜드로 각인되도록 한 것이다.

검색광고의 실행 계획을 전략적으로 수립하고 실행에 옮긴 결과, 누구나 구두가 필요할 땐 AC라는 인지도를 확보하게 되었다. 그 결과, 대행사가 체계적 광고 관리를 시작한 이후 방문자는 2배 이상 상승한 월 40만 명을 확보했고, 대행 전 약 400만 건에 그쳤던 노출수는 1100만 건, 6만 건에 이르던 클릭 수는 최대 13만 건까지 확대되었다. 광고수익률도 대행이 시작된 지 한 달 만에 400%를 달성했으며, 봄 성수기 시즌에는 1800건 이상의 전환과 892%의 수익률을 기록했다. 대부분의 쇼핑몰들이 자사 키워드에 대한 수익률 의존도가 높은 편인데 자사 키워드를 사용하지 않으면서 이런 수익률을 기록한 것은 엄청난 사례이다. 회원가입률도 점차 증가해, 10만 회원을 달성했고, AC 자체 키워드 유입량도 3년 만에 2.5배 이상 증가했다. 꼼꼼함과 센스를 무기로 체계적이고 정교한 관리를 한 결과다.

3 | 검색광고 플랫폼 운영 기업의 직무

1) 검색엔진과 검색광고 플랫폼

검색광고 플랫폼의 효율성[6]을 향상하기 위한 중요한 원칙은 소비자가 원하는 정보성과 연관성이 매우 높은 검색 결과를 제공하여 검색광고를 노출하는 검색엔진의 선호도와 이용 횟수를 극대화하는 것이다. 검색엔진의 기본적인 역할은 정보탐색 욕구를 가진 소비자가 입력한 검색 키워드와, 관련된 콘텐츠의 연결하는 것이다. 특정 정보의 획득을 위해 소비자가 검색창에 특정 단어나 어구를 입력하면 검색엔진은 각각의 알고리즘을 활용해 월드 와이드 웹 또는 관련 콘텐츠를 검색해 연관성이 높은 순서로 관련 정보를 검색 결과 페이지에 노출한다. 검색엔진이 노출하는 정보의 종류는 웹 페이지, 이미지, 비디오, 인포그래픽스, 뉴스 기사, 연구 논문 및 기타 유형의 파일을 포함한다. 즉 검색엔진은 키워드로 변환된 소비자의 욕구와 콘텐츠로 변환된 정보 및 해결책을 연결하는 것이다. 정보를 찾는 이와 정보 생산자를 연결하는 역할을 고려하면 검색엔진은 정보 마켓 플레이스라고도 할 수 있다. 검색 결과의 정보성과 연관성을 극대화하기 위해 검색엔진은 자신의 알고리즘을 끊임없이 발전·진화시키고 있다.

검색엔진의 효율성은 소비자의 정보 획득 만족도와 직접적으로 연결되기 때문에 검색 결과 페이지에 노출되는 검색광고도 소비자의 정보 획득 욕구와 깊은 관련성을 가져야 한다. 결과적으로 검색엔진의 선호도와 이용 횟수의 극대화는 검색광고에 노출되는 사용자의 수와 검색광고 노출수의 극대화로 귀결된다. 노출되는 사용자 수와 검색광고 노출량이 증가할수록 소비자가 광고를 클릭할 확률이 증가하고 검색광고 플랫폼의 매출은 증가한다. 검색 결과의 정보성과 연관성을 극대화하기 위해 검색엔진이 자신의 알고리즘을 끊임없이 발전·진화시키면 소비자의 사용 빈도와 선호도가 증가하고 방문자와 페이지뷰를 기반으로 광고주를 만족시킬 수 있는 검색광고를 운영할 수 있다.

국내 검색광고 시장에서 높은 점유율을 차지하고 있는 네이버와 구글은 검

6 검색 쿼리의 수가 증가해 검색광고의 노출량이 증가하면, 광고를 클릭할 확률이 높아진다. 광고의 클릭은 검색광고 플랫폼의 매출 증가와 정비례 관계를 이룬다.

그림 9-1 **구글의 검색 결과 사례**

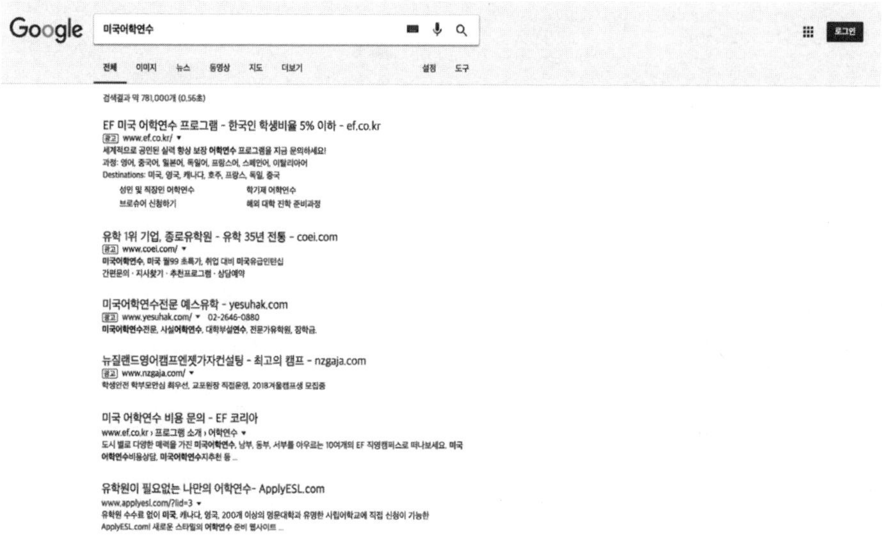

색 결과 콘텐츠의 차별성에 다른 방향으로 접근하고 있다. 구글은 인터넷에 흩어져 있는 정보들을 소비자가 입력한 검색어의 연관성을 기준으로 정보 콘텐츠를 효과적으로 노출시키는 데 초점을 맞추고 있다. 반면 네이버는 소비자에게 제공하는 콘텐츠 제작과 공유 플랫폼(예: 지시iN, 블로그, 포스트, 카페)을 통해 작성된 정보를 검색 결과에 적극적으로 노출시킨다. 검색광고 플랫폼인 네이버는 정보 마켓 플레이스의 역할을 충실히 수행하고 있다. 다음 가상의 사례가 두 검색광고 플랫폼이 검색 결과 페이지를 구성하는 방식과 검색광고 노출 방식의 차이점을 보여준다. 대학교 3학년인 A는 영어와 어학연수에 부쩍 관심이 많아졌다. 평소 자신이 자주 방문하는 사이트인 구글과 네이버를 이용해 어학연수를 검색했다. 〈그림 9-1〉처럼 구글은 검색 결과에 '광고'라고 표시된 업체의 이름과 업체의 웹사이트 주소를 우선 노출했다. 구글의 검색 결과는 검색어와 연관성이 깊은 사이트와 그 제목의 노출에 초점을 맞춘다. A는 검색어와 연관성이 깊은 이미지, 뉴스, 동영상, 지도 항목에서 자신이 입

그림 9-2 **네이버의 검색 결과 사례**

력한 검색어와 연관성이 높은 콘텐츠를 찾을 수 있었다.

〈그림 9-2〉처럼 네이버의 검색 결과는 구글의 검색 결과와 다른 모습을 A에게 보여준다. 네이버의 검색 결과는 우선 검색광고를 우선 보여주었고, 어학연수와 관련된 블로그, 카페, 지식iN, 포스트, 사이트, 쇼핑, 지도 등의 콘텐츠로 이동할 수 있는 경로가 표시되었다. A는 파워링크라고 표시된 영역에 첫 번째로 등장한 사이트를 클릭해 어학연수 업체가 제공하는 서비스에 대해 우선 파악했다. A는 미국 어학연수를 다녀온 다른 학생의 블로그, 어학연수 관련 카페에 게시된 글, 지식iN을 통해 어학연수에 관련 질문과 답변들을 쉽게 찾을 수 있었다. 네이버는 소비자가 콘텐츠를 직접 생산하는 플랫폼인 블로그(모바일은 포스트), 지식iN, 온라인 커뮤니티인 카페를 통해 생

산된 정보 콘텐츠를 검색 결과 페이지에 우선적으로 노출한다. 즉 네이버에서만 제공되는 유용한 정보 콘텐츠 때문에 국내 소비자의 네이버 의존도는 높고, 그 결과 현재 국내 검색광고 시장에서 네이버의 점유율은 매우 높다.

2) 검색광고 관리 및 로그 분석 솔루션 구축 및 제공

디스플레이광고에 비해 검색광고는 검색엔진을 개발하고 운영하는 검색광고 플랫폼이 검색광고 운영 관련 솔루션을 다수 구축해 광고주와 대행사를 위한 다양한 서비스를 직접 제공하고 있다. 구체적으로 검색엔진을 구축하고, 검색광고 상품을 개발하며, 검색광고 노출 순위를 결정하는 경매 방식의 입찰 시스템을 구축하고, 검색광고 품질점수 관리를 운영해 무분별 한 가격 경쟁을 최소화하며 광고 효과 및 로그 분석 시스템을 광고주와 대행사에 제공한다. 검색광고 플랫폼이 제공하는 검색광고 관리 및 로그 데이터 분석 솔루션은 광고주나 대행사가 검색광고 캠페인을 설정하고 실행하는 것을 도와주는 동시에 광고 효과 분석을 용이하게 만든다. 검색광고 플랫폼이 제공하는 검색광고 관리 솔루션과 로그 데이터 분석 솔루션을 네이버를 활용한 검색광고 캠페인의 실행을 중심으로 살펴본다.

(1) 검색광고 상품 개발 및 운용

검색광고 플랫폼은 검색광고 상품을 세분화해 광고주가 자신의 목적에 따라 광고 상품을 선택할 수 있도록 하고 있다. 네이버 검색광고 상품은 파워링크, 쇼핑검색, 파워컨텐츠, 브랜드 검색으로 분류할 수 있다(<그림 9-3> 참고). 파워링크는 대표적인 검색광고 상품으로 네이버의 통합검색 결과에 노출되며, 네이버와 파트너 관계에 있는 사이트의 검색 결과에도 동시에 노출된다. 쇼핑검색은 이미지형 검색광고 상품으로 소비자가 특정 제품을 검색할 경우 네이버 통합검색의 쇼핑 영역 및 쇼핑검색 결과 페이지에 노출된다. 파워컨텐

그림 9-3 **네이버 검색광고 캠페인 생성 사례**

츠는 콘텐츠 검색광고로서 신뢰성 있는 정보를 찾고자 하는 소비자의 의도에 부합하고자 하는 검색광고 상품이다. 소비자의 정보탐색 의도가 높은 검색어에 대해 해당 분야의 전문가인 광고주가 블로그, 포스트, 카페 등을 통해 정확하고 신뢰성 있는 정보를 노출시키는 검색광고 상품이다. 파워컨텐츠는 네이버가 지정한 특정 검색어에 대해서만 활용이 가능하다.

브랜드 검색은 특정 브랜드를 운영하는 광고주만이 선택할 수 있는 검색광고 상품으로 상호명·상품명 등의 브랜드 키워드에 한해 해당 광고주가 구매할 수 있으며, 일반 제품 검색어로는 브랜드 검색을 집행할 수 없다. 소비자가 특정 브랜드 검색어를 검색창에 입력하면 통합검색 결과 상단에 브랜드와 관련된 최신 콘텐츠가 텍스트, 이미지, 동영상 등을 활용해 노출된다. 〈그림 9-3〉의 플레이스 유형은 지역 소상공인이 사용할 수 있는 배너광고 상품으로 네이버 콘텐츠 서비스를 이용하는 지역 소비자들에게 노출된다. 검색광고 활용에 어려움을 겪을 수 있는 지역 소상공인이 스마트 플레이스에 등록한 점포 오픈 소식, 이벤트 내용, 신규 메뉴 등의 정보를 주변의 잠재고객에게 노출할 수 있는 광고 상품이다.

(2) 광고그룹 설정

광고 상품을 결정한 후 검색광고 플랫폼을 통해 광고 그룹을 생성할 수 있다(<그림 9-4> 참고). 광고 그룹 생성 과정에서 캠페인 내 세부 검색어 그룹도 설정할 수 있다. 그룹 명칭을 정한 후, 검색어 그룹을 통해 소비자가 도달하길 원하는 랜딩페이지의 URL를 입력하고, 검색어의 개별 입찰가를 설정할 수 있다. 이 단계에서 고급 옵션을 선택하면 노출할 매체 유형, 검색 결과가 노출되는 구체적 지면을 설정할 수 있다(<그림 9-5> 참고). 노출 매체 유형 선택을 클릭하면 우선 광고주가 설정한 광고 그룹의 PC와 모바일 검색 결과 노출 여부를 설정할 수 있으며 광고주는 PC와 모바일 검색 결과에 모두 노출하거나 하나만 선택해 광고 그룹을 노출할 수 있다. 세부 매체 유형 선택을 통해 네이버와 검색 파트너 관계에 있는 매체(예: 옥션, G마켓, 다나와 등)의 노출 여부를 결정할 수 있다. 콘텐츠 매체 설정을 통해 네이버의 지식iN, 블로그, 카페, 웹툰 검색 결과 노출 여부와 콘텐츠 파트너(예: KBS미디어, 조선닷컴 등)에 검색광고 노출도 설정할 수 있다. 노출 매체 개별 선택을 클릭하면, 앞에서 언급된 매체 유형과 세부 매체 유형을 일일이 설정할 수 있다.

광고 그룹 만들기의 고급 옵션을 통해 광고 노출 지역도 설정할 수 있다(<그림 9-6> 참고). 전국을 읍·면·동까지 세분화해 소비자가 검색어를 입력하는 지역에 검색광고를 노출시킬 수 있다. 예를 들어 경기도 성남시 분당구에 거주하고 있는 소비자에게 검색광고를 노출시키고 싶다면, 지역 선택 옵션을 통해 지역 노출을 세부적으로 선택할 수 있다. 소액 광고주의 경우 사업장 소재지에 초점을 맞춰 검색광고를 집행할 수 있기 때문에 노출 지역 설정은 광고 예산의 효율적 집행에 도움을 준다.

지역뿐 아니라, 검색광고가 집행되는 요일과 특정 시간대도 설정할 수

그림 9-4 **네이버 검색광고 광고그룹 생성 사례**

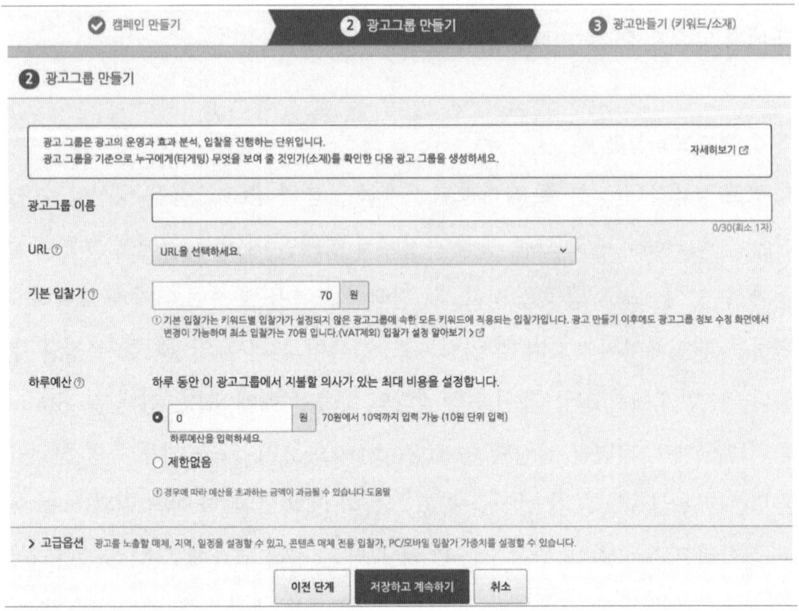

그림 9-5 **광고 그룹 만들기의 고급 옵션**

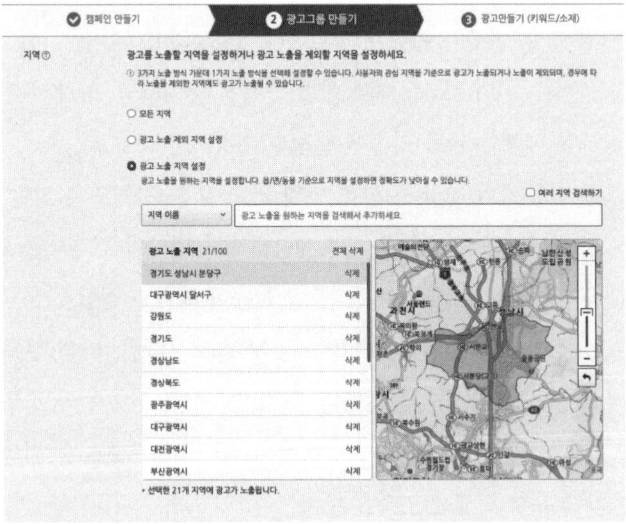

그림 9-6 **광고 그룹 만들기의 고급 옵션 중 지역 설정**

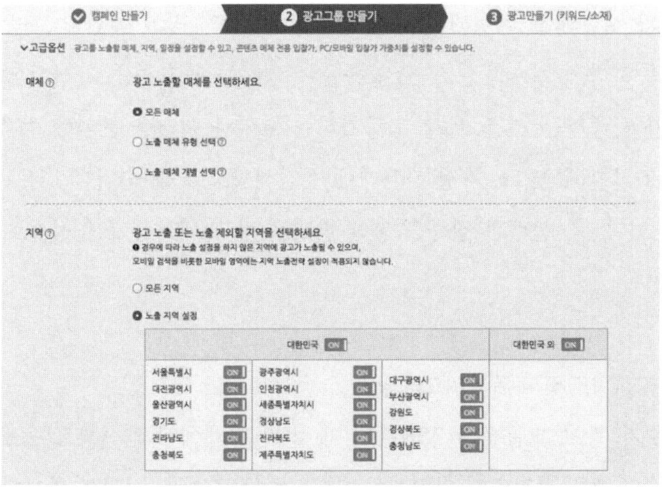

그림 9-7 **광고 그룹 만들기의 고급 옵션 중 요일/시간대 설정**

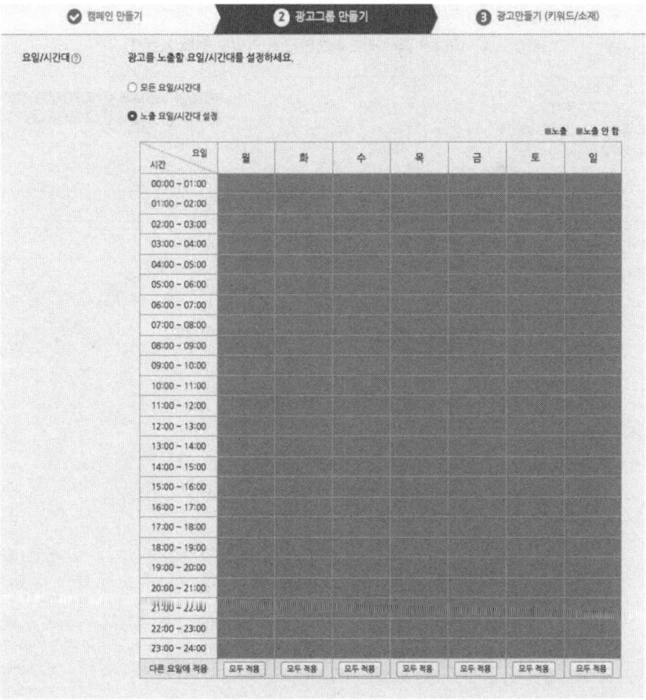

있다. 광고주의 영업 시간이나 타깃 소비자의 검색 활동량이 많아지는 특정 요일과 시간대를 설정해 광고를 집행할 수 있기 광고 예산의 효율적 집행이 가능하다(<그림 9-7> 참고). 쇼핑몰을 운영하는 광고주는 자신이 쇼핑몰 방문자가 급증하는 시간, 매출이 증가하는 요일과 시간을 분석해 검색광고 노출을 조절할 수 있고, 특정 시간대에만 검색광고 노출 순위를 1위로 조절할 수도 있다. 즉 선택과 집중을 통해 한정된 광고 예산을 효율적으로 배분할 수 있다.

(3) 대표 키워드 및 세부 키워드의 발굴

광고주가 광고 그룹을 설정했다면 세 번째 단계에서 검색광고에 필요한 키워드와 소재를 결정해서 입력해야 한다(<그림 9-8> 참고). 어떤 검색어에 광고를 노출해야 할까? 검색광고를 집행할 때, 어떤 검색어에 광고를 노출할 것

그림 9-8 **네이버 검색광고 광고만들기 키워드 선택 사례 1**

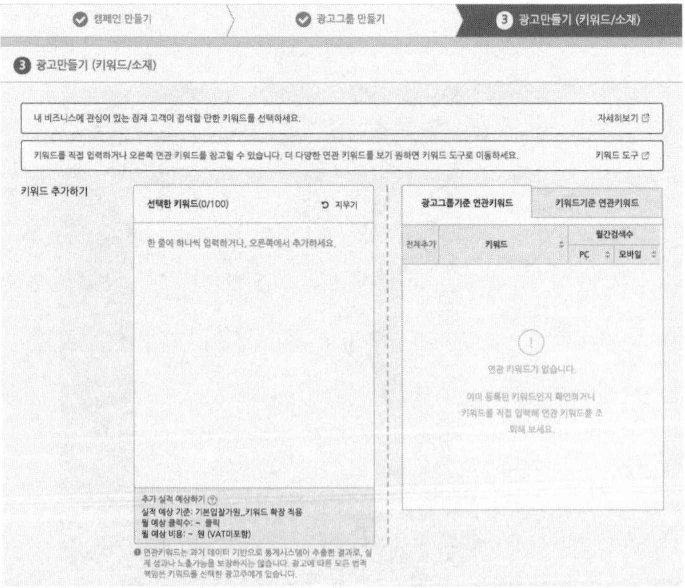

그림 9-9 **네이버 검색광고 광고만들기 키워드 선택 사례 2**

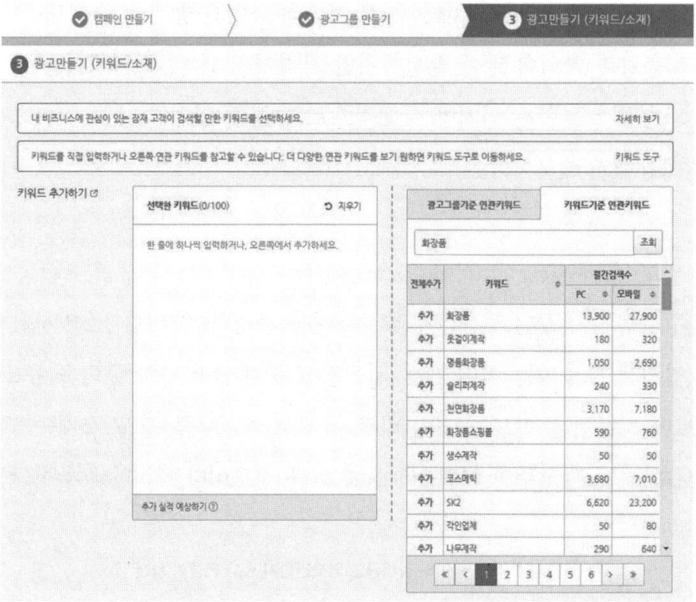

인가, 얼마나 많은 검색어에 광고를 노출할 것인가를 결정하는 것은 아주 중요하다. 검색광고 관리시스템은 검색어를 발굴하기 위해 매우 유용한 솔루션을 제공하고 있다(<그림 9-9> 참고). 우선 광고주가 대표 검색어를 정해 입력한다면, 검색엔진에 기록된 연관 검색어를 찾아서 PC와 모바일 기준 검색 수를 알려준다. 연관 검색어를 통해 대표 검색어와 연관성이 높은 세부 검색어를 설정할 수 있다. 네이버 검색어 자동 완성, 추천 비즈니스 검색어 등을 통해 고객의 검색 패턴을 확인할 수 있다. 먼저 검색광고를 집행하는 경쟁사의 광고 소재 속 상품 종류, 수식어를 통해 세부 검색어를 확장할 수 있다. 저렴한 광고비로 효과를 극대화하기 위해 최신 유행을 반영한 신규 검색어, 인기 검색어의 발굴이 검색광고 관리 솔루션을 통해 가능하다.

세부 키워드를 사용하는 이유는 적은 비용으로 광고 효과를 높이기 위해

서다. 예를 들어 두 광고주 A, B가 유사한 수준의 클릭을 얻었지만(동일한 횟수의 랜딩페이지 도착), 실제 광고비는 두 배 이상의 차이가 발생할 수 있다. A 광고주는 노출량과 클릭이 많이 발생했지만 가격이 비싼 대표 검색어를, B 광고주는 노출량과 클릭은 적지만 상대적으로 가격이 저렴한 세부 키워드를 여러 개 사용했기 때문이다.

(4) 광고 소재(문안)의 작성

검색어 선정이 끝난 후, 검색광고 소재를 완성할 수 있다. 소비자가 검색어를 입력해 노출되는 여러 개의 검색광고 중에 소비자의 클릭을 유도하고 사이트에 방문하게 만드는 것이 바로 광고 소재다. 즉, 광고 소재는 고객이 최초로 만나는 광고주의 상품(서비스)에 대한 정보이다. 각 검색어에 맞는 광

그림 9-10 **네이버 검색광고 광고만들기 소재 만들기 사례**

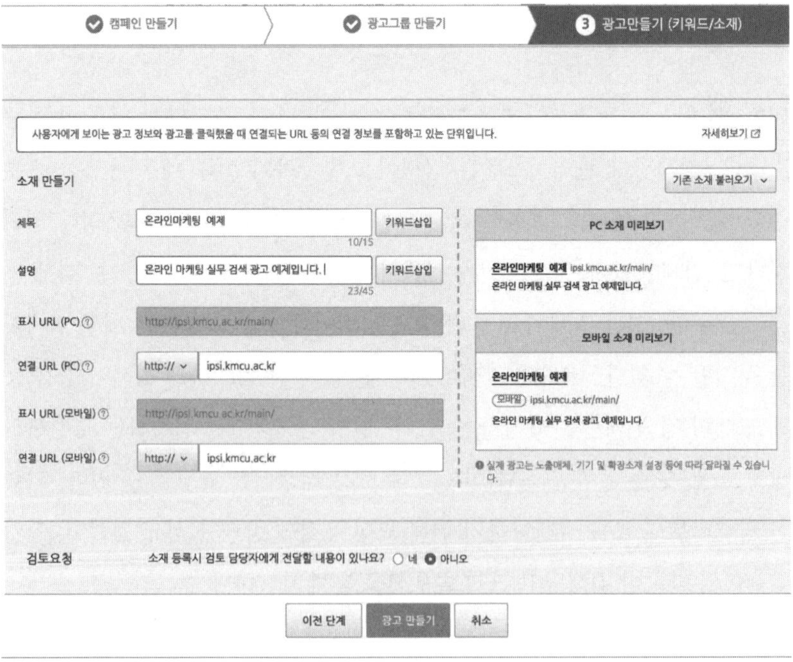

고 소재로 상품이나 서비스의 차별성을 자세히 설명하는 것이 중요하다. 검색광고의 소재는 사이트의 제목과 기본적인 설명, 표시 URL, 연결 URL로 구성된다. 소재 미리보기 기능을 통해 실제 검색 결과에 노출되는 소재를 확인할 수 있다(<그림 9-10> 참고).

(5) 검색광고 입찰가 설정

검색 결과에 노출되는 순위 결정에 입찰가는 매우 중요한 요소로 작용한다. 입찰가는 광고가 한 번 클릭될 때마다 지불할 의사가 있는 최대 금액을 의미한다. 네이버 파워링크는 PPC 기반으로 운영되기 때문에 광고주는 최소 70원에서 최대 10만 원까지 직접 입찰가를 입력해 입찰에 참여할 수 있다. 입찰가 관리에 따라 검색광고를 통한 사이트 노출수와 클릭은 달라진다. 입찰금액이 높을수록 더 많은 노출과 클릭을 획득할 수 있지만, 그만큼 많은 광고비가 지출될 수 있으므로 효율적인 입찰 금액을 찾는 것이 중요하다.

〈그림 9-4〉에서 제시된 것처럼, 동일 광고 그룹에 포함된 검색어의 입찰가에는 기본적으로 '기본 입찰가'가 동일하게 적용되지만, 개별 키워드마다 전략을 달리해서 입찰가를 설정하고자 할 경우 별도의 입찰가를 설정할 수 있다. 검색어별 입찰가는 광고 그룹의 기본 입찰가보다 우선 적용된다. 선택

그림 9-11 **네이버 검색광고 입찰 단가 일괄/개별 변경 방법**

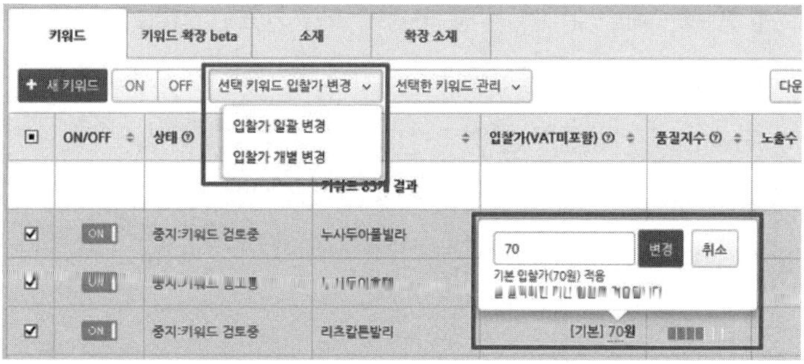

그림 9-12 **네이버 검색광고 입찰가 일괄 변경 방식**

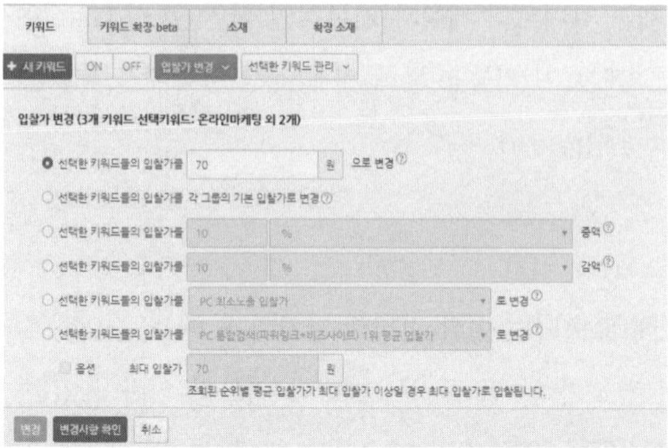

한 검색의 입찰가를 직접 입력하거나 동일한 금액으로 증액하거나 감액할 수도 있다. 또한 노출 기준 입찰가를 설정하거나 순위별 평균 입찰가로 일괄 수정할 수도 있다(<그림 9-11> 참고).

광고 그룹의 검색어 목록에서 여러 개의 검색어를 선택해 일괄 변경을 선택할 수 있다. 입찰가 변경을 위해 노출 기준 입찰가를 설정하거나 순위별 평균 입찰가를 일괄 수정할 수도 있다(<그림 9-12> 참고). 구체적으로 최소 노출 입찰가는 최근 4주간 검색을 통해 노출된 광고 중에서 최하위에 노출되었던 광고의 입찰가 중 가장 큰 값으로 결정된다. 중간 입찰가는 최근 4주간 검색을 통해 노출된 광고의 입찰가 중 중간에 위치한 중앙값으로 설정된다. 마지막으로 광고주는 최근 4주간 해당 순위에 노출되었던 입찰가의 평균값으로 특정 순위 평균 입찰가를 설정할 수도 있다. 하지만, 검색광고의 노출 순위와 입찰 단가는 실시간으로 변경되므로 광고주가 설정한 노출 순위를 유지하기 위해 검색광고 관리 솔루션을 이용한 지속적인 모니터링과 입찰가 변경을 할 수 있다.

(6) 검색광고 결과 지표 활용하기

검색광고에서 기본적이며 중요한 지표들은 다음과 같다(<그림 9-13> 참고). 기본으로 제공하는 광고 성과 지표는 노출수, 클릭 수(클릭률), 클릭 비용, 평균 노출 순위를 포함한다. 로그 데이터 분석 솔루션을 활용할 경우 획득할 수 있는 전환성과지표는 방문자 수, 방문 경로, 사이트 이용률, 이탈률, 전환율을 포함한다. 로그 데이터 분석 솔루션을 활용해 수익률 지표인 ROI, ROAS와 같은 데이터를 득할 수 있다. 기본적으로 검색어 리스트와 함께 보이는 정보는 기본 정보, 성과 정보, 문안 정보 세 가지이다. 기본 정보는 노출 가능 광고 개수, 품질지수, 현재 노출 순위, 입찰가, 실제 클릭 비용을 포함한다. 성과 정보는 어제/최근 7일/최근 30일간의 평균 노출 순위, 노출수, 클릭 수, 클릭률, 평균 클릭 비용, 총비용을 포함한다.

소재 탭을 확인하면, 현재 노출되고 있는 문안이 무엇인지, 어떤 키워드의 문안을 변경했는지를 신속하게 확인 가능하다. 이렇게 많은 정보 중 광고주는 꼭 보고 싶은 정보만 골라 별도의 탭을 구성할 수 있다. 기본, 성과 정보에 있는 지표 중 가장 필요한 내용만을 골라 탭으로 설정하고, 페이지 접근 시 가장 먼저 별도 구성된 탭을 확인할 수 있다. 네이버의 검색광고 관리 솔루션은 광고 관리 화면과 보고서 화면이 연동해 제공하기 때문에 광고 집행 결과를 바로 확인할 수 있다. 관리 화면에서는 보고서 탭을, 보고서 페이지에서는 관리 탭을 확인할 수 있다. 해당 탭을 클릭하면 각 기능을 구현하는 페이지로 이동할 수 있고, 쉽고 빠르게 전략을 확인하고, 적용할 수 있다. 네이버 검색광고 관리시스템에서 기본적으로 제공되는 보고서는 기간별, 요일별, 매체별, 실시간 보고서 네 가지이며, 각 탭 별로 바로 광고 성과를 확인할 수 있고, 엑셀 파일로 다운로드가 가능하며, 다운로드받은 엑셀 파일의 가공도 가능하다. 기간별 보고서를 통해 광고주의 광고 소재, 입찰 전략 변경 이후의 광고 성과를 확인할 수 있고, 요일별 보고서를 통해 좀 더 집중해야 할 시기를 한눈에 확인할 수 있다. 매체별 보고서를 통해 효율적인 광고 노출

그림 9-13 **네이버 검색광고 사용자 보고서 설정**

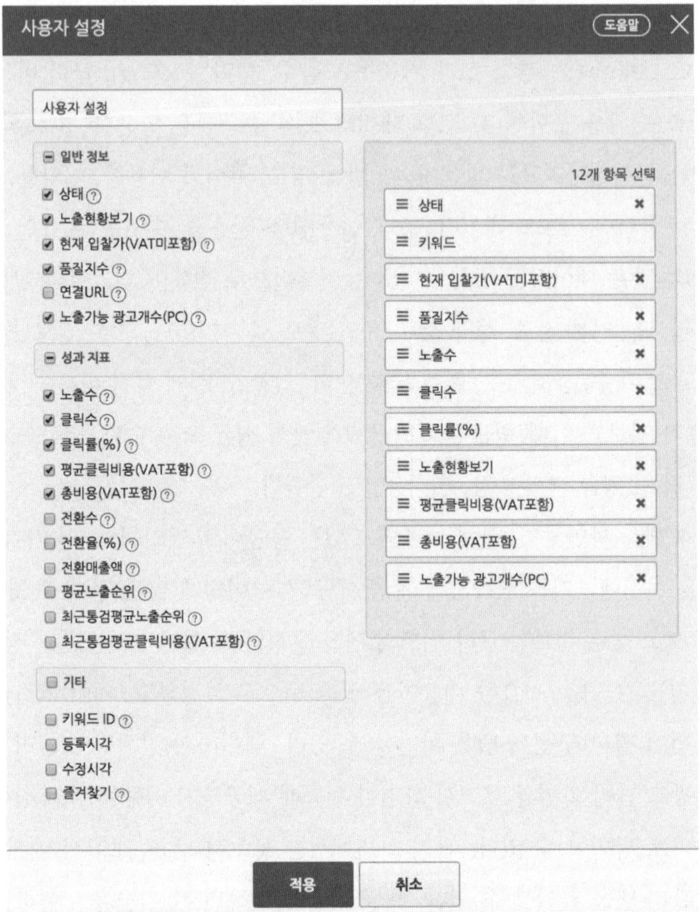

영역을 선택할 수 있었으며, 실시간 보고서를 통해 최근 24시간 동안의 클릭수와 비용을 손쉽게 확인할 수 있다. 또한 '비교보고서'를 통해 검색어별·기간별 광고 성과를 비교하고 좀 더 나은 성과를 거둔 전략을 취할 수 있으며, 유사한 콘셉트의 검색어를 서로 다른 전략으로 일정 기간 동안 광고를 일정 기간 집행한 후, 두 키워드를 선택하고 조회 버튼을 누르면 두 키워드의 성

그림 9-14 **로그 분석 솔루션 실시간 분석 화면 사례**

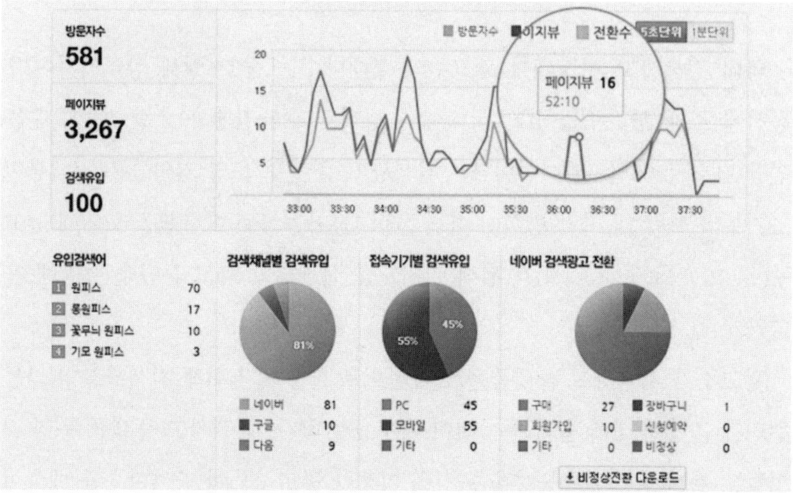

과를 비교할 수 있다. 이를 통해 어떤 광고 문구와 어떤 전략이 광고주에게 더 큰 효과가 있는지 확인할 수 있다.

로그 분석 서비스를 신청하면 기존에 맞춤보고서를 통해 제공되던 전환 유형별 전환데이터(구매 완료, 회원 가입, 장바구니, 신청/예약, 기타) 외에 키워드 단위로 전환데이터와 로그분석지표가 기본보고서와 비교보고서, 맞춤보고서에 제공된다(<그림 9-14> 참고). 로그 데이터 분석 솔루션에서 제공되는 웹 로그 분석 보고서에는 방문 분석, 방문 현황, 페이지 뷰, 시간대별 방문 분포, 요일별 방문 분포, 재방문 간격, 방문 체류 시간, 방문 지역 분포 등이 포함된다. 유입분석지표는 검색 유입 현황, 유입 검색어, 유입 상세 URL 페이지 분석, 인기 페이지, 시작 페이지, 종료 페이지, 반송 페이지 관련 정보가 제공되며, 추가로 사용자 환경 분석 정보도 제공된다. 즉 방문자가 사용하는 운영체제, 웹 브라우저, 화면 해상도, 모바일 단말기 환경 등도 파악할 수 있다.

3) 검색광고 교육 콘텐츠와 프로그램의 개발 및 교육

국내 검색광고 시장에서 광고주의 절대다수는 중소 영세 상공업자이며, 동시에 소액 광고주들이다. 국내에서 검색광고를 집행하는 광고주의 수는 연간 단위로 35만 명 이상이다.[7] 검색광고 플랫폼 운영 기업들은 검색광고 초기부터 사람 대 사람 방식이 아닌 사람 대 자동화된 솔루션을 도입해 광고주(또는 검색광고 운영 대행사)가 검색 키워드를 선정하고 광고 문안을 설정해 운영하게 하고 있다.

광고주가 검색광고 플랫폼을 효과적으로 활용하기 위해 검색광고의 작동 원리와 운영에 대해 습득하는 것이 매우 중요하다. 검색광고 플랫폼 운영 기업들은 검색광고의 효율성과 운영을 이해한 광고주들이 증가할수록 매출이 증가하기 때문에 검색광고 관련 콘텐츠를 개발하고 광고주 교육 프로그램을 운영하고 있다.

검색광고 교육 콘텐츠와 프로그램이 필요한 이유를 두 가지로 요약할 수 있다. 첫째, 검색광고는 사람 대 사람이 아닌 사람 대 플랫폼 방식으로 운영되므로 작동 원리에 대한 이해가 필수이다. 광고 운영 경험이 상대적으로 적은 소액 광고주가 광고 노출 순서 결정 방식, 검색광고비의 지출 원리, 대행사 수수료 지급 방식, 검색광고 상품별 특성과 장단점, 그리고 검색광고 플랫폼에서 지원하는 로그 데이터 분석 서비스를 이해한다면 소액 광고주들이 활발하게 검색광고 플랫폼을 이용할 기반이 마련될 것이고, 산업적 측면에서 검색광고 산업의 질적·양적 성장을 가져올 수 있다.

둘째, 검색광고의 원리와 운영에 대한 지식과 경험을 소액 광고주가 축적하게 된다면 검색광고와 관련된 불공정 거래 또는 사기성 거래에 노출될 가

7 2018년 연간 기준 네이버 검색광고 집행(과금) 계정 수이다.

능성이 현저히 감소할 것이다. 광고주가 검색광고 운용과 관련 비용 체계에 대한 이해의 폭이 좁다면 소액 광고주는 여전히 약자일 수밖에 없고 사기성 거래에 노출될 것이다. 검색광고 피해 사례를 살펴보면(권대우 외, 2016), 검색광고 운용과 관련 비용 체계에 대한 이해의 폭이 좁아 발생한 피해 사례가 많다. 특히 검색광고 플랫폼에서 무료로 제공되는 서비스 영역과 유료 검색광고를 혼용해 광고비를 갈취하는 사례가 보고되고 있다. 예를 들면 월정액제로 네이버 지도 영역(또는 블로그, 지식인 등) 상단 노출 프로모션 제안과 장기 계약으로 인한 피해이다. 네이버의 지도 영역, 블로그, 지식인은 네이버 서비스 영역으로 별도의 비용이 들지 않으며 실시간 이용자의 반응을 통해 위치가 정해지므로 상단에 고정으로 노출되는 것은 불가능하다. 하지만 월정액으로 1~2년의 금액을 일시불로 내면, 네이버의 파워링크와 지도 영역, 블로그 지식인 등의 영역 상단으로 노출되는 패키지 상품이 있다고 광고주를 현혹해 광고비 결제를 유도하는 사기성 거래가 빈번히 발생한다. 광고 효과를 경험하기 어려워 광고주가 계약 해지를 요구할 경우 과도한 위약금을 내세우기 때문에 소액 광고주의 피해가 속출하고 있다. 소액 광고주의 피해 사례와 금전적 피해는 부족한 검색광고 지식 및 운영 경험과 직접적으로 연관되어 있다. 검색광고 플랫폼 운영 기업이 검색광고 교육 콘텐츠와 프로그램의 이용을 적극적으로 장려한다면 소액 광고주를 보호하는 효과를 거둘 수 있다.

국내 검색광고 시장에서 높은 점유율을 기록하고 있는 네이버, 구글, 카카오의 검색광고 교육 콘텐츠와 관련 프로그램의 분석 결과는 주목할 필요가 있다. 네이버, 구글, 카카오 모두 검색광고 교육 프로그램을 온라인으로 운영하고 있다. 구글과 카카오의 교육 콘텐츠는 검색광고 운영 원리에 대한 교육보다 자사의 상품 소개와 솔루션 이용 방법에 초점을 맞추어 소액 광고주들이 반드시 숙지해야 할 내용이 부족했고, 광고주의 입장에서 검색광고가 운영되는 방식과 실제 사례 분석에 대한 자료가 다소 미흡했다. 반면 네이버는 온라인과 오프라인을 동시에 활용해 광고주를 위해 검색광고에 대한 일반적인 용어, 검색광고 상품 소개, 검색광고 운용을 위한 교육 프로그램을 운영하고 있다. 네이버는 서울, 부산, 광주에 소액 광고주를 위한 오프라인 교육 장소를 운영하며 소액 광고주의 프로그램 접근성을 높이고 있다.[8]

8 네이버 파트너 스퀘어(partner square)를 통해 광고 관련 프로그램을 운영한다.

참 고 문 헌

권대우 외 2016, "인터넷광고시장의 소비자 피해 실태와 구제 방안 연구". http://kiaf.kr/sboard/download.php?id=data1&no=5&gubun=1(검색일: 2019년 4월 20일).

김운한. 2013.「키워드 광고에서의 크리에이티브 인게이지먼트 요인 탐색」. ≪광고연구≫, 97, 39~77쪽.

이시훈·김경수. 2008.「인터넷 검색광고의 유형이 광고효과에 미치는 영향에 관한 연구: 제품에 대한 지식수준의 매개효과를 중심으로」. ≪한국광고홍보학보≫, 10(2), 186~217쪽.

조창환. 2014.「검색광고효과 최적화: 검색순위 vs. ROI」. 2015 한국광고학회 추계연차학술대회 특별 세미나 온라인광고 유통 구조 및 거래 질서 개선을 통한 온라인광고산업 선진화.

최연구·김진우·안소윤. 2011.「On-line 검색광고 경매의 이론 소개」. ≪한국경제학보≫, 18(1), 3~46쪽.

Ghose, A. and S. Yang. 2009. "An empirical analysis of search engine advertising: sponsored search in electronic markets." *Management Science*, 55(10), pp.1605~1622.

Nabout, N. A., M. Lilienthal and B. Skiera. 2014. "Empirical generalizations in search engine advertising." *Journal of Retailing*, 90(2), pp.206~216.

10장

검색광고의 가치와 미래

검색광고는 소비자가 직접 검색어를 입력하고 원하는 정보를 얻기 때문에 대부분의 광고와는 차별화된 가치가 있다. 또한 광고주의 관점에서 검색광고는 제한된 광고비를 활용해 소비자에게 원하는 제품이나 서비스 정보를 제공할 수 있는 거의 유일한 광고로서, 중소 광고주에게 가치가 있다. 온라인 플랫폼 입장에서는 검색광고를 통해 양면 시장 비즈니스 모형을 구현하고 광고주와 소비자 모두에게 차별화된 가치를 제공할 수 있다. 광고기술의 발달과 함께 새로운 유형의 검색광고가 등장하고 있으며 소비자가 원하는 정보와 콘텐츠를 선제적으로 파악하고 전할 수 있는 맞춤형으로 진화하고 있다. 이 장에서는 검색광고의 가치를 논의하고 검색광고의 미래를 조망한다.

1 | 검색광고의 가치

1) 소비자 관점에서의 검색광고 가치

소비자의 관점에서 원하지 않지만 수동적·강제적으로 노출되는 대부분의 광고에 비해 검색광고는 소비자 자신이 직접 관심이나 필요에 의해 자발적으로 정보를 추구하는 검색이라는 능동적인 행위를 기반으로, 관련된 정보의 광고를 접한다는 점에서 차별적 가치를 제공한다. 즉, 검색광고는 소비자의 정보 추구 행위를 방해하지 않으면서 소비자의 관심과 필요를 즉각적으로 반영하는 정보를 자연스럽게 제공한다는 장점이 있다. 검색광고는 소비자 스스로 원하는 정보를 제공하기 때문에 다른 유형의 광고에 비해 긍정적인 반응을 얻을 수 있다.

실제 한국인터넷진흥원의 보고서 「2017 온라인광고 산업 동향 조사 및 분석」에 의하면 2000명의 소비자들을 대상으로 조사했을 때 가장 많이 접했으

그림 10-1 **온라인광고 유형별 접촉률**

(단위: %)

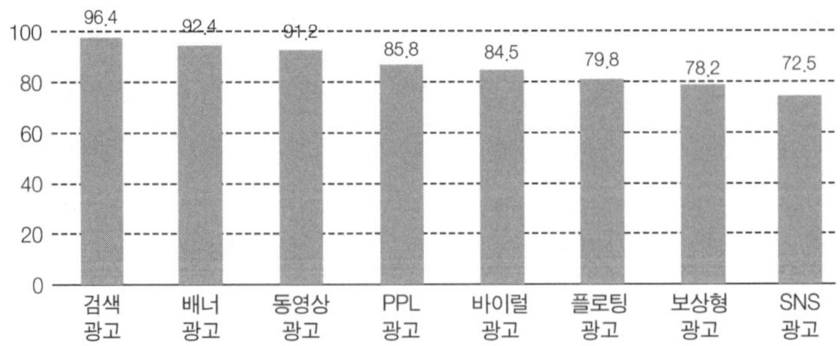

자료: 「2017 온라인광고 산업 동향 조사 및 분석」, 한국인터넷진흥원.

그림 10-2 **선호하는 온라인광고 유형 순위**

(단위: %)

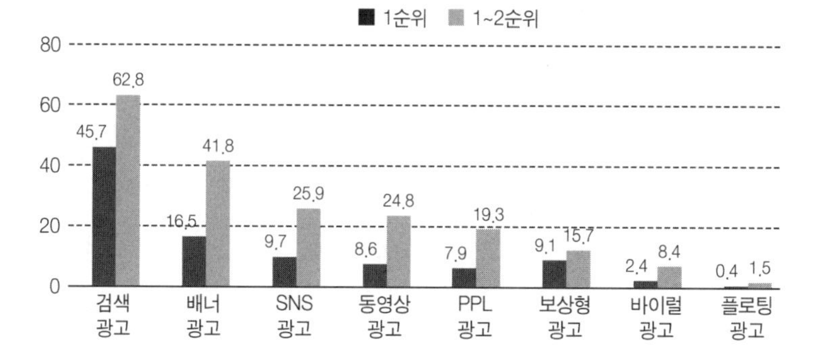

자료: 「2017 온라인광고 산업 동향 조사 및 분석」(한국인터넷진흥원, 2017).

그림 10-3 **선호하는 온라인광고 유형을 선택한 이유**

(단위: %)

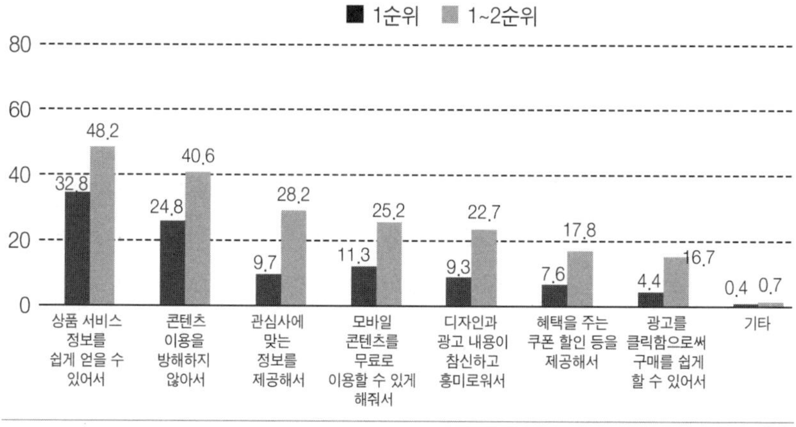

자료: 「2017 온라인광고 산업 동향 조사 및 분석」(한국인터넷진흥원, 2017).

며 선호하는 온라인광고가 검색광고였다. 구체적으로 96.6%의 응답자들이 검색광고에 접촉한 것으로 나타나 모든 온라인광고 유형 중에서 가장 많이 경험한 광고였으며, 62.8%의 응답자들이 1~2순위로 가장 선호하는 온라인광고 유형으로 검색광고를 선택했다.

또한 같은 보고서에서 선호하는 온라인광고 유형을 선택한 가장 중요한 이유가 '상품 및 서비스 정보를 쉽게 얻을 수 있어서'(48.2%), '콘텐츠 이용을 방해하지 않아서'(40.6%), '관심사에 맞는 정보를 제공해서'(28.2%) 순서로 나타나서 가장 선호하는 검색광고에 대한 인식을 알 수 있다.

광고의 가치(advertising value)는 학술적으로 정보성(informativeness), 오락성(entertainment), 방해성(intrusiveness) 차원으로 설명된다. 인터넷에서의 광고의 가치를 처음 제안한 두코페(Ducoffe, 1996)에 따르면 소비자들은 광고의 가치를 인식할 때 해당 광고가 얼마나 유용한 정보를 제공하고 즐거움을 주며 미디어나 콘텐츠 이용을 방해하지 않는지를 평가해 결정한다. 다시 말하면 소비자의 콘텐츠에 대한 몰입이나 이용을 방해하지 않으면서 필요한 제품정보를 유쾌하고 흥미로운 방식으로 전달하는 광고가 이상적이며 높은 가치를 지닌 광고로 인식된다.

따라서 앞서 살펴본 조사 결과는 광고의 가치 관점에서 이해할 수 있다. 검색광고의 가장 큰 장점은 소비자의 관심과 필요를 직접적으로 반영하여 원하는 정보를 원하는 시점에 제공한다는 것이다. 소비자가 스스로 정해서 입력하는 검색어가 소비자의 명확한 의도를 내포하기 때문에 검색어를 소비자가 무엇을 원하는지를 정확히 파악하고 이를 반영해 상품, 서비스 광고를 노출하기 때문에 높은 정보성이 있다. 또한 검색이라는 능동적인 행위에 반응해 관심과 필요를 표현한 시점에 즉각적으로 광고를 전달하기 때문에 방해감이 적다. 소비자들이 콘텐츠 이용에 방해를 받지 않으면서 상품 정보와 관심 있는 정보를 제공받을 수 있는 검색광고를 가장 선호할 수밖에 없는 것이다. 여기에 검색광고가 소비자에게 흥미와 오락까지 제공한다면 높은 가치를 제공하는 이상적인 광고라고 할 수 있다.

2) 광고주 관점에서의 검색광고 가치

전체 광고시장의 성장이 둔화되고 미디어와 플랫폼의 다양화가 가속화되고 있는 광고 환경에서, 효과적인 미디어 선택에 대한 광고주의 의사결정이 더욱 중요해지고 있다. 온라인광고 매출액 중 검색광고는 디스플레이광고와 함께 많은 비중을 차지해 왔으며 광고주의 관점에서 검색광고가 효과적인 유형으로 인식되어 왔다.

실제 한국인터넷진흥원의 보고서 「2017 온라인광고 산업 동향 조사 및 분석」에 의하면 2016년 6월부터 2017년 6월까지 기간 중 온라인광고를 집행한 광고주 200명을 대상으로 조사했을 때 온라인광고의 유형 중 검색광고의 집행이 50.5%로 디스플레이광고(48.9%)보다 높아 가장 선호하는 온라인광고로 나타났다.

광고주들은 여러 유형의 온라인광고 중 검색광고를 '매출 연계', '광고 요금 적정성', '브랜드 홍보 및 상품 정보 안내', '고객 관리' 목표 측면에서 검색광고가 가장 적합하다고 인식하는 것으로 나타나 광고주들에게 긍정적인 가

그림 10-4 **온라인 매체와 광고 유형별 비중**

(단위: %)

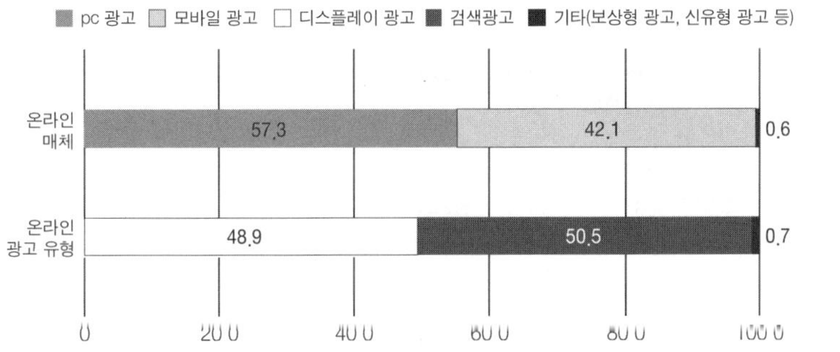

자료: 「2017 온라인광고 산업 동향 조사 및 분석」(한국인터넷진흥원, 2017).

그림 10-5 **광고목적별 온라인광고 유형 적합도**

(단위: %)

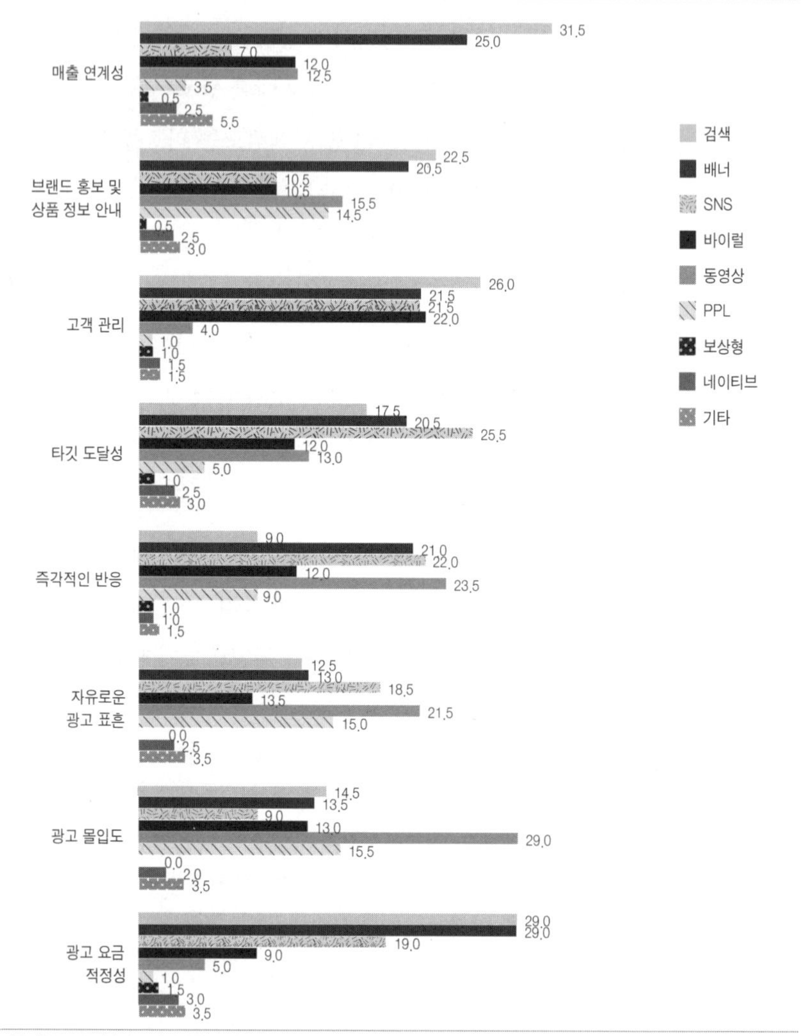

자료: 「2017 온라인광고 산업 동향 조사 및 분석」(한국인터넷진흥원, 2017).

치가 있다고 볼 수 있다.

같은 조사에서 광고주들이 각 온라인광고 유형의 광고목표와의 적합성을 평가했을 때 검색광고가 '매출 연계성'(31.5%), '브랜드 홍보 및 상품정보 안내'(22.5%), '고객 관리'(26.0%), '광고 요금 적정성'(29.0%) 측면에서 가장 적합한 광고로 나타났다.

검색광고는 CPC(cost per click: 이용자가 광고를 클릭할 때마다 일정한 광고비를 지급) 방식의 과금 특성으로 인해 적은 규모의 예산으로도 집행이 가능해 통상적으로 레거시 미디어를 통한 광고비를 감당하기 힘든 중소 상공인들에게 접근성이 높다. 네이버, 카카오(다음) 등 대부분의 인터넷 사업자들은 대기업 위주의 디스플레이광고 매출보다 중소 상공인 위주의 검색광고 매출이 높은 편인데, 네이버의 경우 2018년에 광고를 위해 제공하는 키워드가 약 2100만 개에 달하며 한 달 평균 10만 원 이하의 검색광고를 집행하는 광고주가 64%라고 밝혔다. 한 달에 50만 원 이하의 광고를 집행하는 광고주까지 포함하면 83%에 이르러 검색광고가 한정된 예산으로 광고를 운영하는 중소 상공인에게 유용한 마케팅 수단임을 알 수 있다.[1]

2015년에 발표된 연구 결과에 의하면 네이버 광고주가 검색광고비로 100원을 지출하면 평균 약 203~231원의 경제적 가치가 발생하므로, 광고비 지출을 차감하면 약 103~131원의 순이익을 얻는다고 추정되었다.[2] 이는 2009년 구글의 수석 경제학자 할 베리언(Hal Varian)이 구글의 검색광고가 광고비 대비 2~2.3배의 경제적 가치를 창출한다는 연구 결과와 유사하다. 또한 하버드대학 경영대학원 마이클 루카(Michael Luca) 교수와 그의 동료 데이지 다이(Daisy Dai) 교수의 2015년 연구 결과에 의하면 온라인 지역 정보 서비스인 옐프(Yelp)에 검색광고를 집행한 적이 없는 7210개의 식당을 선정해 연구에 대해 알리지 않고 3개월 동안 광고를 집행했을 때 조회 수 25%, 문의 전화 13%, 웹사이트의 클릭률 9%의 증가를 보였으며, 이 효과는 검색광고를 중단했을 때 사라졌다.[3] 이는 검색광고의 긍정적 효과뿐 아니라 검색광고가 인지

---

1 http://businesspost.co.kr/BP?command=article_view&num=100519

2 https://www.edaily.co.kr/news/read?newsId=01351366609472896&mediaCodeNo=257

표 10-1 **광고주의 검색광고 인식**

문항	전체평균
검색광고는 효과적이다.	4.88
검색광고는 매출증대에 도움을 준다.	4.63
검색광고는 비용 대비 효율적이다.	4.01
검색광고는 집행하기 어렵지 않다.	4.51
검색광고는 신뢰할 수 있다.	4.53
검색광고는 가치가 있다.	4.85
검색광고는 기대를 충족시켜 준다.	4.29
검색광고는 만족스럽다.	4.26
검색광고는 계속 효과적일 것이다.	4.54
검색광고의 전망은 밝다.	4.47
검색광고의 가치는 지속될 것이다.	4.54
검색광고가 없어진다면 내(우리) 영업은 타격을 받을 것이다.	4.54
앞으로도 계속 검색광고를 이용할 것이다.	5.40
계속 검색광고를 이용할 가능성이 높다.	5.43

주: N=657, 7점 척도를 이용한다. 1점은 '전혀 동의하지 않는다', 7점은 '매우 동의한다'이다.
자료: 최세정(2017, "광고주 관점에서 검색광고의 가치").

도가 낮은 중소 상공인에게 특히 유용하다는 것을 시사한다.

2017년에 검색광고를 집행하는 국내 광고주 약 650명을 대상으로 진행된 조사에 의하면, 검색광고에 대한 인식은 대체로 긍정적이었다. 검색광고에 대해 7점 척도(1='전혀 동의하지 않는다', 7='매우 동의한다')를 이용해 평가했을 때 대부분 4점 이상으로서 긍정적인 것으로 나타났다. 특히 검색광고는 효과적이며(4.88), 매출 증대에 도움을 주고(4.63), 집행하기 어렵지 않으며(4.51), 가치가 있다(4.85)고 인식했다. 또한 주목할 만한 결과는 앞으로 검색광고를 계속 이용하겠다는 응답이 높게 나타났다(5.40).

구매에 관심이 있는 소비자들이 자발적으로 검색하는 경우 검색광고의 효과는 더욱 클 것이며 특히 구매로 연결되는 전환율을 제고할 수 있다는 점에

3 https://www.hbrkorea.com/magazine/article/view/3_1/page/1/article_no/935

서 광고주에게는 매우 중요한 가치가 있다. 최근 미디어 커머스의 성장과 함께 온라인 판매에 의존하는 소상공인들에게 특히 검색광고는 유용하게 이용될 수 있다.

3) 미디어/플랫폼 관점에서의 검색광고 가치

미디어 기업들의 주요 비즈니스 모델은 구독료와 광고다. 둘 중 하나를 이용하기도 하고 둘을 조합한 양면 시장 모델을 이용하기도 한다. 양면 시장 모델은 동일한 미디어 혹은 플랫폼을 통해 두 개의 다른 고객 집단들에게 동시에 가치를 제공해 수익을 창출하는 것을 의미하는데 그 가치는 두 집단 서로에게 의존적이고 상호작용으로 결정된다. 즉 미디어는 이용자와 광고주 집단으로부터 각각 구독료와 광고비의 수익을 얻을 수 있다. 이용자 기반이 확대되면 구독료를 통한 수익이 증가할 뿐 아니라 광고 미디어로서 영향력과 매력이 증대되기 때문에 광고비 수익도 증가한다. 콘텐츠 혹은 서비스와 광고를 각각 동시에 판매하는 이중 상품 시장에서 미디어의 콘텐츠 혹은 서비스의 이용자 수는 구독료를 결정하고, 광고주는 단순 이용자 수와 함께 이용자들의 인구통계학적·심리학적 특성 등도 광고의 주요 기준으로 고려한다.

최근 중요성을 아무리 강조해도 무리가 아닌 것이 데이터다. 빅데이터, 알고리즘, 큐레이션 등 데이터를 이용해 소비자에게 필요한 정보, 콘텐츠, 서비스를 제공하는 것이 중요하기 때문에 소비자에 대한 좋은 품질의 데이터를 확보하는 것은 필수적이다. 검색은 소비자가 본인 스스로 관심 있는 혹은 필요로 하는 정보를 요청하는 행위이기 때문에 검색어와 검색 패턴을 통해 소비자 관심과 필요에 대한 비교적 정확한 데이터를 얻을 수 있다. 장기간에 걸친 검색행위 데이터의 분석은 소비자의 구매 여정을 파악하고 표적 소비자에게 적정 시점에 적합한 광고를 전달할 수 있도록 중요한 인사이트(insight)를 제공할 수 있다. 즉, 검색을 운영하는 미디어 기업 혹은 플랫폼은 다른 미디어나 플랫폼이 가지기 힘든 소비자에 대한 우수한 데이터를 확보하며 이를 통해 양면 시장의 두 고객 집단인 광고주와 소비자를 더 만족시킬 서비스를 개발할 수 있다.

또한 광고는 종종 회피의 대상이 된다. 수많은 광고에 접하며 피로감을 겪은 소비자들은 학습을 통해 광고를 회피하는 방식을 활용한다. 레거시 미디어의 광고도 회피 대상이지만 상대적으로 수동적 이용의 양상이 강한 레거시 미디어를 이용할 때보다 능동성, 상호작용성이 강한 온라인 미디어를 이용할 때 광고 회피가 더 적극적으로 나타난다. 심지어 최근 이용률이 증가하고 있는 광고 차단 프로그램은 온라인광고를 전면적으로 차단한다. 애드블록 플러스(Ad Block Plus)와 같은 광고 차단 프로그램은 온라인 미디어를 이용할 때 배너광고, 동영상광고를 포함한 모든 광고를 차단해 광고주는 광고를 노출할 기회조차 얻지 못한다. 하지만 검색광고는 소비자의 자발적·능동적 행위인 검색의 결과 제시되므로 차단 대상이 아니어서 광고주에게도 유용한 광고 노출의 기회가 되며 미디어, 플랫폼에는 유용한 광고 상품으로서 수익을 창출하는 가치가 있다.

2 ㅣ 검색광고의 미래

1) 광고기술 발전과 광고의 진화

다양한 기술의 발전은 광고에 영향을 주며 새로운 형식의 광고를 가능하게 한다. 2002년에 개봉되었던 SF 영화 〈마이너리티 리포트(Minority Report)〉는 미래 세계에서의 광고와 마케팅의 모습을 보여주었다. 주인공인 톰 크루즈(Tom Cruise)가 쇼핑몰에서 벽면에 설치된 디지털 스크린을 통해 개인화된 광고를 보고 의류 매장에서 본인의 정보와 과거 구매 이력을 반영해 상품을 추천받는 장면이 등장한다. 신분을 숨기기 위해 홍채를 이식한 후에는 본인이 아닌 홍채 원주인의 정보에 따라 맞춤형 서비스가 제공된다. 이렇게 개개 소비자를 인지해 해당 소비자만을 위한 맞춤형 메시지와 서비스를 전달하는 광고와 쇼핑 환경은 더는 미래가 아닌 현실이다.

현재의 광고는 빅데이터, 사물인터넷, 인공지능, 알고리즘 등 다양한 기술과 접목해 소비자가 필요로 하는 것이 무엇인지 파악하고 이를 반영하는 맞춤형 메시지를 적절한 시간과 환경에서 전달하고 가상현실, 증강현실 등을 활용해 소비자의 흥미와 몰입을 유도하는 형식으로 메시지를 구현하고 상호작용을 가능하게 한다.

예를 들어 지하철역, 버스 정류장, 쇼핑몰 등의 공간에 아날로그 광고판 대신 디지털 화면을 통해 다양한 정보와 광고를 제공하는 디지털 사이니지(digital signage)는 수동으로 광고를 교체해야 하는 아날로그 광고판과 달리 실시간으로 광고 교체가 가능하고 시간대별로 다른 광고를 보여줄 수 있다. 또한 근거리무선통신(NFC: near field communication), 동작 인식 기술 등을 이용하여 소비자의 행위에 반응하고 양방향으로 소비자와 소통할 수 있다. 영화처럼 개개인 소비자의 특성을 반영한 광고를 노출하는 형태로 진화할 것으로 기대되며, 3D 기술과 함께 가상현실, 증강현실의 기술을 활용하는 형태도 가능하다. 그렇다면 광고에서 대표적인 기술 활용의 영역은 무엇인가?

(1) 맞춤형 광고

맞춤형 광고(customized advertising)는 개인화 광고(personalized advertising)라고도 불리는데, 소비자를 전체 혹은 집단으로 여기지 않고 소비자 개개인에 대한 정보를 활용해 각 소비자에게 최적화하여 제작·전달하는 광고를 의미한다. 온라인 맞춤형 광고(online behavioral advertising)는 소비자의 인구통계학적 속성뿐 아니라 라이프스타일, 관심사, 과거 구매 기록, 검색 기록, 위치 공간 등 행동 기반의 디지털 데이터를 수집·분석해 얻어낸 인사이트를 바탕으로 개별 소비자에게 맞춤형 메시지를 전달할 수 있다. 온라인 맞춤형 광고는 활용되는 정보에 따라 세 가지 유형으로 나뉠 수 있다(안순태, 2012).

첫 번째 유형으로서 맥락광고(contextual advertising)는 비교적 단순한 형태의 맞춤형 광고로서, 소비자가 방문한 웹사이트나 이용하는 애플리케이션에서의 행동 정보를 이용한다. 즉, 소비자가 방문한 웹사이트 혹은 애플리케이션의 콘텐츠와 관련이 있는 광고를 보여주는 것이다. 검색엔진을 이용할 때는 이용하는 검색어를 바탕으로 관련 광고를 노출한다. 두 번째, 프로파일(profile) 기반 온라인 맞춤형 광고는 소비자가 온라인 서비스 가입 혹은 등록 시 제공하는 인구통계학적 정보와 행태 정보를 결합해 소비자의 성향을 파악하고 이를 반영한 광고를 보여준다. 마지막으로, 행동 기반 맞춤형 광고는 소비자의 온라인 행위에 대한 정보를 수집·저장·분석해 개인화된 광고를 노출한다(양지연, 2009).

빅데이터의 활용은 이 모든 정보를 실시간으로 수집·분석하고 체계적으로 활용해 맞춤형 광고를 집행할 수 있도록 해주기 때문에 세 가지 유형의 광고를 종합한 형태라고 할 수 있다. 온라인 맞춤형 광고의 기획·제작·집행 과정에서 정확하고 효율적인 데이터 수집·축적·분석·이용이 필수적이며, 이러한 데이터 활용 과정과 관련된 기술의 발달은 소비자의 제품, 서비스 이용과 매체 이용 패턴을 실시간으로 분석·이용해 광고 메시지와 전달 매체를 실시간으로 결정·집행해 효율성과 효과의 극대화를 가능하게 한다. 이른바 '스마트 광고(smart advertising)'로도 불리는 온라인 맞춤형 광고는 실시간으로 축적된 행동 기반 데이터를 기반으로 소비자의 성향에 적합한 메시지를 전달할 뿐 아니라 소비자의 필요와 선호를 예측해 제품, 서비스를 제안하고 실제 구매 등의 효과로 이어지는지 파악이 가능한 형태로 진화하고 있다.

온라인 맞춤형 광고 발전에 견인차 역할을 하는 것은 광고를 게재하는 온라인 플랫폼의 빅데이터 활용이다. 구글은 소비자들이 이용하는 검색어를 바탕으로 일반 정보와 광고 등 필요한 정보를 제공하며, 검색광고 서비스의 운영을 통해 축적한 노하우를 활용하여 빅데이터 분석과 처리를 수행하는 빅데이터 플랫폼을 구축했다. 이러한 데이터를 통해 타깃 소비자에 대한 정보를 실시간으로 파악해 광고 노출을 최적화할 수 있다. 또한 구글은 소비자가 스마트폰을 통해 검색 중 노출된 광고의 효과를 광고 클릭 등의 온라인 행동뿐 아니라 위치 기반 정보를 이용해 실제 해당 매장을 방문했는지를 파악해 측정할 수 있다(McDermott, 2013). 마찬가지로 페이스북 등 소셜 미디어는 이용자의 인구통계학적 정보뿐 아니라 심리 상태, 사회관계 정보, 나아가 사진과 동영상 같은 비정형 데이터를 실시간으로 분석해 맞춤형 광고를 제공하며, 카카오와 네이버도 빅데이터 기술을 활용해 개별 소비자에 대한 온라인광고 타기팅의 정확성을 높이고 있다.

온라인 맞춤형 광고의 하나인 리타기팅 광고(retargeted advertising)는 리마케팅 광고(remarketing advertising)라고도 불린다. 소비자의 인터넷 브라우징 내역을 바탕으로 제휴된 웹사이트를 방문할 경우 과거에 방문했던 웹사이트의 상품 또는 디스플레이광고를 노출시키는 형태의 광고다. 예를 들어 소비자가 온라인 쇼핑몰 A에서 카메라 제품을 클릭하고 살펴보았다면 이후 다른 제휴 웹사이트를 방문했을 때 해당 제품의 광고를 보여주고 클릭하면 원래의 사이트로 돌아갈 수 있도록 한다.

2006년 프랑스 광고 서비스업체 크리테오가 개발한 리타기팅 광고 서비스는 현재 구글의 GDN(Google display network)이 대표적이다. 광고를 게재하기 원하는 많은 수의 다양한 웹사이트들과 제휴를 통해 네트워크를 형성하고 실시간으로 수집되는 소비자의 인터넷 행동 데이터를 기반으로 리타기팅 광고를 제공한다. 국내 업체로서는 다음이 DDN(Daum display network)을 통해 리타기팅 서비스를 제공하고 있다. DDN은 소비자의 인터넷 브라우징 정보뿐 아니라 자사가 제공하는 검색과 쇼핑 서비스 이용 정보를 기반으로 소비자의 취향과 욕구를 좀 더 종합적으로 정확히 파악해 이를 반영한 리타기팅 광고를 노출하는 것으로 알려져 있다.

그림 10-6 **리타기팅 광고 과정**

자료: http://retargetingnews.com

리타기팅 광고는 소비자의 인터넷 브라우징 등 행동 데이터를 실시간으로 분석해 소비자의 관심사와 필요를 파악하고 예측하여 이를 네트워크로 연결된 웹사이트 간에 실시간 공유하고 이를 반영한 맞춤형 메시지를 제공함으로써 광고혼잡도(clutter)가 높은 온라인 환경에서 비교적 효과가 높다. 스마트 기기의 보급과 빅데이터 기술의 발달은 더 정확한 소비자 인사이트를 추출해 온라인 맞춤형 광고의 효과를 제고할 것으로 기대된다. 모바일 기기를 이용한 광고는 소비자의 인구통계학적 특성, 인터넷 브라우징과 구매 이력뿐 아니라 위치 정보도 실시간으로 활용해 상호작용성, 연결성을 갖춘 맞춤형 광고가 가능하다. 빅데이터의 실시간 분석과 활용은 소비자가 필요로 하는 것을 소비자가 요구하기 전에 예측해 관련 광고를 노출하는, 진정한 맞춤형 광고도 가능케 할 것이다. 소비자 개개인의 성향, 관심, 필요와 시간적·위치 공간적 맥락을 고려한 정교한 맞춤형 광고는 소비자가 느끼는 광고에 대한 관련성과 정보적 유용성을 높일 수 있을 것으로 기대된다(김재휘 외, 2010).

리타기팅 광고는 소비자의 웹 브라우징 내력을 주요 기반으로 맞춤형 광고를 제공한다는 점에서 이전의 맞춤형 광고와 다르다고 할 수 있다. 명확히 정보를 요청하는 소비자에게 제공되는 검색광고와 달리 리타기팅 광고는 소비자가 직접 요청하지 않았는데도 데이터를 통해 소비자의 관심과 필요를 파악하고 반영해 맞춤형 메시지를 제공한다는 것이다. 또한 인터넷의 정보의 홍수와 외부의 방해로, 소비자가 집중하지 못하고 다른 웹사이트나 활동으로 이동하는 경우가 빈번하기 때문에 관심을 가지고 방문했던 사이트의 재방문을 유도하는 상기효과(reminder effect)도 기대할 수 있다. 하지만 리타기팅 광고는 고도화된 맞춤형 광고와는 거리가 있으며 정확도가 떨어져 이미 구매했거나 관심이 사라지거나 연관성이 없는 상품 광고를 계속 보여주어 오히려 거부감을 주기도 한다.

빅데이터와 광고기술(AdTech)의 발전은 맞춤형 광고의 정교화와 함께 패러다임이 변화했다. 소비자 데이터를 바탕으로 설정된 알고리즘을 기반으로 광고 거래를 자동화하는 프로그래매틱 바잉(programmatic buying)은 미리 특정 웹사이트에 광고를 노출할 계획을 세우는 매체 중심의 광고구매(media buying)가 아니라 타깃 소비자가 실제로 방문하는 웹사이트를 파악해 실시간 입찰을 통해 해당 웹사이트에 광고를 노출하는 소비자 중심의 광고구매(audience buying)를 가능케 하는 혁신적 시스템으로 평가된다. 즉, 디지털 환경에서 생성되는 막대한 양의 소비자 행위 데이터를 실시간으로 수집·분석·이용해 실제 타깃 소비자가 있는 곳을 찾아가 광고를 노출하고 이 소비자가 이후 이동하는 웹사이트(들)을 파악해 원하는 횟수만큼 동일한 광고를 노출할 수 있다. 계획된 광고 예산을 집행하면서 실시간으로 노출이 이루어지기 때문에 타깃 소비자에 대한 광고 효율성을 극대화할 수 있다.

리타기팅 광고를 프로그래매틱 1.0, 소비자 중심의 광고구매를 프로그래매틱 2.0 시대로 일컬으며, 나아가 프로그래매틱 3.0의 시대에는 다양한 집단이 소유한 데이터를 결합해 전방위적으로 소비자를 이해하고, 소비자 중심의 구매 깔때기를 고려한 광고(consumer-centric along the funnel)를 집행하는 방향으로 진화하고 있다(Gertz and McGlashan, 2016). 풍부한 정보를 종합적으로 활용하여 소비자 의사결정 과정의 맥락을 반영해 소비자가 필요로 하고 관심을 보일 광고를 전달하는 것이다.

미디어 기술과 기기의 발전과 함께 새로운 유형의 맞춤형 광고에 대한 기대가 높다. 모바일 광고는 소비자의 인구통계학적 특성, 웹 브라우징과 구매 이력뿐 아니라 위치 정보도 활용하여, 양방향성과 연결성을 갖춘 맞춤형 광고가 가능하다. 정보에 대한 정확한 분석은 소비자가 필요로 하는 것을 소비자가 요구하기 전에 예측해서 관련 광고를 노출하는 진정한 맞춤형 광고도 가능케 한다. 소비자 개개인의 성향, 관심, 필요와 시간적·공간적 맥락을 고려한 맞춤형 광고는 소비자와의 관련성과 관여도를 극대화해 효과적이지만 개인정보 이용, 사생활 활용 등에 대한 소비자의 불안과 거부감을 야기해 문제가 제기된다.

(2) 광고 플랫폼의 다변화

인공지능도 광고의 영역에 활발히 활용되어 새로운 플랫폼이 등장했다. 아마존 알렉사, 구글 홈, 구글 어시스턴트, 애플 시리, 마이크로소프트 코타나 등 글로벌 IT 기업들의 인공지능 기반 음성 인식 플랫폼 또는 인공지능 스피커와 함께 국내에서도 SK텔레콤의 누구(NUGU), KT의 기가지니(GiGA Genie), 삼성전자의 빅스비, 카카오의 미니, 네이버의 클로버 등의 음성 인식 서비스가 성장하고 있다. 특히 인공지능 스피커는 음성 인식을 통해 검색, 번역, 음악, 날씨, 상품 추천, 스마트홈 기기 제어 등 생활이나 쇼핑에 필요한 기능을 제공하며 다양한 서비스로의 확장과 함께 광고 플랫폼으로 진화하고 있다. 예를 들어 인공지능 스피커를 통해 피자 등 배달음식을 주문하고 일상품 등을 구매하며 다양한 콘텐츠를 구독할 수 있다.

챗봇은 인공지능을 기반으로 실시간 채팅 메신저를 통해 일대일 대화 방

표 10-2 인공지능 스피커의 커머스 서비스

	AI 플랫폼	AI 스피커	주요 서비스
아마존	알렉사	에코	음성으로 아마존에서 물건 주문
구글	구글 어시스턴트	구글홈	음성으로 구글 익스프레스에서 물건 주문
네이버	클로바	프렌즈, 웨이브	배달의 민족과 연동해 음식 주문
카카오	카카오 아이(I)	미니	배달과 장보기 서비스 추가 예정

자료: http://news.hankyung.com/article/2018012974621

식으로 소비자의 성향, 필요, 상황에 맞게 상호작용을 하며 제품을 추천할 수 있다. 챗봇은 별도의 애플리케이션을 다운로드받을 필요 없이 기존에 사용하고 있는 메신저의 익숙한 인터페이스를 통해 실시간으로 질문하고 정보를 얻을 수 있으며, 인공지능 스피커와는 달리 공공장소에서도 방해받지 않고 편하게 이용할 수 있다는 장점이 있다.

최근 국내에서도 다양한 분야에서 챗봇이 활용되고 있으며, 대표적으로 CJ오쇼핑, NH농협은행, 법률도우미, 네이버 등이 챗봇 서비스를 제공하고 있다. 또한 롯데그룹 계열사들은 롯데백화점의 '로사', 롯데닷컴의 '사만다', 롯데홈쇼핑의 '샬롯', 롯데카드의 '로카' 등 적극적으로 챗봇을 활용해 고객을 응대하고 제품 추천 서비스를 제공하고 있다. 그동안 다양한 개인화 마케팅이 시도되어 왔지만, 챗봇은 진정한 의미의 일대일 대화를 가능하게 함으로써 완벽한 개인화 마케팅을 구사할 수 있다. 일례로 세포라(Sephora)가 킥(Kik) 메시징 앱에 론칭한 챗봇은 10대들과 미용에 대한 팁을 나눈다. 챗봇은 10대 소비자 개개인에게 눈, 피부, 머리, 손톱 등 미용 관련 관심 분야를 묻고, 각자의 관심 분야에 맞춰 관련 제품과 미용 팁, 정보 가이드 등을 제공한다.

새로운 광고·마케팅 플랫폼으로서의 인공지능 스피커와 챗봇의 가능성은 일방향 커뮤니케이션이 아니라 쌍방향 커뮤니케이션을 통해 소비자와 의미 있는 관계를 형성할 수 있다는 데 있다. 장시간 지속적으로 이용한다면 소비자들에 대한 풍부한 정보를 직접적으로 확보할 수 있으며, 소비자들이 친구나 가족과 대화를 나누듯 의인화된 인공지능 스피커나 챗봇과 이야기를 나누어 소비자 개개인이 무엇을 좋아하는지 광고에 대해 어떤 느낌인지 등 친밀한 방식으로 정보를 수집할 수 있다. 또한 이러한 정보를 활용하여 맞춤형 서비스와 메시지를 제공함으로써 인공지능 스피커와 챗봇은 개인화 마케팅을 극대화할 수 있는 기회를 제공한다. 대화형 플랫폼으로 새로이 주목받고 있는 인공지능 스피커와 챗봇 외에도, 웨어러블 디바이스(wearable device) 등 소비자의 정보를 수집하고 요청에 따라 다양한 기능을 수행하는 플랫폼 성격의 기기가 빠르게 개발되어 소비자와의 접점이 확대될 것으로 예상된다.

2) 검색광고의 진화

그렇다면 검색광고는 기술의 발달과 함께 어떻게 진화할 것인가? 먼저 검색광고는 진정한 맞춤형 광고로 발전할 수 있다. 소비자가 원하는 것을 소비자가 요구하기 전에 미리 파악해 관련 정보를 제공하는 형태의 검색광고는 양방향성, 연결성, 이동성, 지능성 등 최근 미디어의 특성을 활용해 소비자와의 진정한 소통과 체험을 유도할 수 있을 것이다. 예를 들어 소비자가 검색을 시작하면 수동적으로 관련 정보를 제공하는 일회성 광고로 끝나지 않고, 다음으로 소비자가 필요로 할 정보를 예측하고 더 많은 정보와 서비스를 알아서 제공해 이용을 자연스럽게 유도하는 상호작용 바탕의 소통형, 단계형 검색광고가 가능하리라 생각한다. 또한 모바일 인터넷을 기반으로 다각적인 측면에서 광고의 맞춤형을 동시에 수행할 수 있을 것이다. 즉 소비자의 아이덴티티(identity)뿐만 아니라 지역적(위치 기반), 시간적 매칭, 날씨 등 환경적 요인을 바탕으로 전방위적으로 모두 부합하는 맞춤형 광고를 제공할 때 그 효과를 극대화할 수 있을 것이다. 특히 상품이나 서비스 구매와 관련해 소비자가 의사결정 과정 중 어떠한 단계에 있는지 구매 여정을 이해하고 적용해 소비 맥락을 반영한 정교한 맞춤형 검색광고를 제시할 수 있다.

한편 인공지능 스피커와 챗봇의 등장은 음성이나 텍스트 기반의 인터페이스의 활용과 함께 소통과 관계의 중요성을 강조한다. 검색광고는 단순한 정보 전달이 아니라 친밀한 형태의 추천으로 진화할 수 있다. 검색광고는 소비자의 능동적 요청에 의해 원하는 정보와 서비스를 제공하는 것이지만 정보 제공에 머물지 않고 오랜 기간 친밀한 대화를 통해 수집된 정보를 분석해 해당 소비자 자신도 인지하지 못할 수 있는 과거 이력 혹은 선호를 바탕으로 친구나 개인비서와 같이 의인화된 대상이 선제적으로 상품이나 서비스를 추천한다면 상대적으로 거부감을 줄이고 신뢰도를 높일 수 있다. 오늘날 많은 소비자들은 정보의 홍수 시대에 살면서 정보 과부화(information overload)로 인한 스트레스와 〈햄릿증후군〉이라는 결정 장애를 경험하고 있다. 따라서 정보를 원하지만 '아무 정보나'가 아니라 '좋은 정보만'를 원한다. 나아가 전문가에 의해 걸러지고 필요에 맞게 잘 가공된 정보를 원한다. 이러한 큐레이션(curation) 서비스를 제공할 수 있는 최적의 광고 형태가 검색광고다. 콘텐츠형 검색광고인 네이버의 파워컨텐츠가 예가 될 수 있을 것이다. 네이티브 광고(native advertising)처럼 미디어의 콘텐츠 형식에 부합해 콘텐츠 소비를 방해하지 않는 형태도 중요하지만, 더 중요한 것은 광고에 담겨 있는 내용이다. 현대 소비자들은 광고와 정보를 단순히 이분법적으로 구분하는 것이 아니라 광고라 하더라도 정보적·오락적 가치가 높으면 우호적으로 반응한다. 정보원이 누구인지 파악하기 어려운 많은 정보에 둘러싸인 소비자들에게 오히려 공신력 있는 기업이 전문가에게 의뢰해 검증된 정보를 이해하기 쉽고 흥미롭게 구성해 제시한다면 유용하지 않을까?

결국 현재의 검색광고, 노출형 광고, 동영상광고 등의 형태를 바탕으로 한 단순한 구분은 무의미할 것이다. 검색을 요청하는 방식이 텍스트뿐 아니라 음성, 이미지(예: 구글 렌즈, 네이버 스마트렌즈 등) 등으로 확장되면서 검색광고의 제시 형태도 텍스트를 넘어 음성, 이미지, 동영상 등으로 다양화해지고 있으며, 최근 더 직관적이고 이해가 쉬운 음성, 이미지 기반 검색과 동영상 기반 검색 결과에 대한 선호도가 증가하고 있다. 앞으로 사물인터넷이 활성화되고 우리 자신의 신체를 포함한 모든 사물이 스마트 미디어화된다면 모든 광고는 당연히 맞춤형이어야 하며 소비자의 의도가 직접적으로 혹은 간접적으로 드러난 것이냐 등 맞춤형의 기반, 노출 맥락, 상호작용 유형 등을 세밀하게 분석해 반영해야 할 것이다.

물론 걸림돌은 있다. 기술적인 발달은 차세대 맞춤형 검색광고를 이미 상당한 수준으로 가능케 하지만 기만적인 광고, 개인정보와 사생활 보호에 관한 소비자의 우려와 규제적인 측면들이 고려되어야 한다. 예를 들어 2013년 미래창조과학부와 공정거래위원회는 각각 '인터넷 검색서비스 발전을 위한 권고안'과 '인터넷 검색서비스 산업 모범거래기준'을 마련해 인터넷 사업자에게 소비자가 광고와 일반 검색 결과를 명확히 구분할 수 있도록 표시할 것을 권고했다. 그러나 연구 결과에 따르면 표시 형식과 상관없이 검색 서비스 이용자들은 광고와 일반 검색 결과를 대체로 잘 구분했으며 검색 의도와 부합하는 검색광고의 정보적 가치를 높이 평가해 우호적인 태도를 보였다(안정민·최세정, 2014). 광고임을 숨기고 소비자를 기만하거나 개인정보를 불법으로 이용하는 등의 행위는 엄격히 규제되어야 하겠지만, 광고는 소비자들뿐만 아니라 광고주와 미디어 사업자에게 중요한 가치가 있다는 것을 간과해서는 안 된다. 특히 소비자들의 관점에서 광고는 중요한 정보적 가치가 있으며 소비자들은 개인정보와 정보의 가치, 이 둘 사이의 균형(trade-off)을 생각한다는 것을 이해해야 한다. 또한 가치가 부족한 광고를 계속 노출하는 기업이나 미디어는 결국 소비자들이 외면할 것이기 때문에 소비자들의 신뢰를 얻기 위한 사업자들의 자정 노력이 매우 중요하다.

미래의 검색광고는 어떠할까? 소비자의 마음과 기분을 읽는 검색광고가 곧 등장하지 않을까? 스마트폰이나 인공지능 스피커로 맛집을 검색했는데 알아서 내가 평소에 좋아하는 음식과 식당 취향, 일정, 날씨를 반영해 직장 근처 새로 생긴 식당에 일정에 맞는 약속 시간으로 예약을 하고, 최근 실린이 식당을 소개한 기사를 제공하며, 메뉴 추천을 하며 할인 쿠폰을 제공하고, 함께 식사할 사람들에게 예약 확정 문자를 보내며, 약속 시간 전에 알람을 울리고, 출발하면 지도 서비스로 길을 안내하며, 식사가 끝나면 연계된 간편 결제 서비스를 이용해 지불하고, 식당에 대한 만족도를 물어 다음에 반영한다면 어떨까? 광고가 두드러지는 것이 아니라 다양한 관련 서비스와 콘텐츠에 녹아들어 긴 호흡으로 소비자의 구매 여정에 제공된다면 더욱 가치가 높아지지 않을까? 더 많은 흥미로운 변화와 혁신이 일어날 것이라고 예상하지만, 부족한 상상력으로 한계를 느낀다. 하지만 기술과 광고의 미래에는 한계가 없으리라 믿으며 새로운 광고의 모습을 기대한다.

참 고 문 헌

김재휘·성보경·부수현. 2010.「온라인 맞춤형 광고의 유용성, 편의성, 프라이버시 침해 위험성이 광고 수용의도에 미치는 영향」. ≪광고연구≫, 87, 263~302쪽.

안순태. 2012.「행동 기반 맞춤형 광고의 자율규제에 관한 연구」. ≪방송통신연구≫, 81, 156~181쪽.

안정민·최세정. 2014.「검색광고 규제에 대한 법적 고찰: 이용자 인식조사를 바탕으로」. ≪언론과 법≫, 13(1), 153~180쪽.

양윤직·조창환. 2012.「광고매체별 광고회피 수준과 요인 연구」. ≪광고연구≫, 92, 355~382쪽.

양지연. 2009.「온라인 맞춤형 광고: 개인정보보호와 정보이용의 균형점을 찾아서, 미국 FTC와 EU의 가이드라인에 비추어」. *Law & Technology*, 5(2), 3~26쪽.

Ducoffe, R. H. 1995. "How Consumers Assess the Value of Advertising." *Journal of Current Issues & Research in Advertising*, 17(1), pp.1~18.

Gertz, O. and D. McGlashan. 2016. "Consumer-Centric Programmatic Advertising." in Busch O.(ed.), *Programmatic Advertising: Management for Professionals*, pp.55~73. Switzerland: Springer International Publishing.

찾 아 보 기

기타

지은이

권오윤

현재 계명대학교 광고홍보학과 조교수이다. 서강대학교 경영학과 졸업 후 메조마케팅코리아(현 메조미디어)에서 미디어 플래너, 크로스미디어에서 미디어 플래닝 팀장으로 근무했다. 텍사스-오스틴 대학교(The University of Texas at Austin)에서 광고학 석사와 박사 학위를 받았다. 주요 연구 관심 분야는 네이티브 광고와 콘텐츠 마케팅, VR 기기를 활용한 광고 전략, 소비자 감정과 구매 동기이다.

김지영

성균관대학교 경영학과 조교수이다. 미국 퍼듀 대학교(Purdue University)에서 경영학 박사 학위를 취득했다. 미국 롱아일랜드 대학교(Long Island University)와 이화여자대학교에서 조교수로 근무한 경력이 있다. 주요 관심 분야는 디지털 마케팅과 마케팅 경쟁 전략 및 온라인 광고와 경매 등이다.

문장호

숙명여자대학교 홍보광고학과 부교수이다. 미국 남가주대학교(University of Southern California)에서 석사 학위를, 텍사스-오스틴 대학교에서 박사 학위를 취득했다. 캘리포니아 주립대학교 플러턴 캠퍼스(California State University Fullerton)에서 조교수로 근무했다. 주 관심 분야는 디지털 광고전략, 소셜 미디어, 몰입미디어 등이다.

부수현

경상대학교 심리학과 부교수이다. 중앙대학교 심리학과에서 소비자 및 광고심리학 전공 박사 학위를 받았다. '점심보다 비싼 디저트를 왜 사 먹는지?', '쓸모없다는 것을 잘 알면서, 왜 예쁜 쓰레기를 가지고 싶은지?', '왜 오늘 할 일을 내일로 미루는지?' 등과 같은 비합리적 소비자 의사결정을 연구하고 있다.

이병규

네이버 사업정책실에서 근무하고 있다. 성균관대학교 법학전문대학원에서 상법학으로 학술박사 학위를 취득했으며, NHN Business Platform SA운영정책부서, 네이버 경영지원실에서 근무했다. 주 관심 분야는 IT정책, 광고 및 전자상거래 법제, 핀테크 규제 등이다.

최세정

고려대학교 미디어학부 교수이다. 이화여자대학교 신문방송학과를 졸업한 후 광고회사 오리콤에서 AE로 일했다. 미시건 주립대학교(Michigan State University)에서 광고학 석사, 매스미디어(광고) 박사 학위를 받은 후 텍사스-오스틴 대학교 광고학과에서 조교수와 부교수로 근무했다. 주요 관심 분야는 소비자 심리, 뉴미디어, 디지털 마케팅, 애드테크 등이다.

한울아카데미 2170

검색광고의 이해

지은이 | **권오윤·김지영·문장호·부수현·이병규·최세정**
저술 지원 | **한국온라인광고협회·한국광고학회**
펴낸이 | **김종수**
펴낸곳 | **한울엠플러스(주)**
편집책임 | **최진희**

초판 1쇄 발행 | **2019년 10월 10일**
초판 2쇄 발행 | **2020년 10월 20일**

주소 | 10881 경기도 파주시 광인사길 153 한울시소빌딩 3층
전화 | 031-955-0655
팩스 | 031-955-0656
홈페이지 | www.hanulmplus.kr
등록 | 제406-2015-000143호

Printed in Korea.
ISBN 978-89-460-7170-4 93320 (양장)
978-89-460-6681-6 93320 (무선)

* 책값은 겉표지에 표시되어 있습니다.
* 이 책은 강의를 위한 학생용 교재를 따로 준비했습니다.
강의 교재로 사용하실 때는 본사로 연락해 주시기 바랍니다.